# 죄인과 의인

최남열
목사

사람들은 죄와 죄인이라는 말을 싫어한다. 나 역시 그 말이 싫다. 그러나 성경을 이해하려면 죄와 죄인이라는 말을 반드시 알아야 한다. 그래서 이 책에서 죄와 죄인에 대해서 여러 번 기록하고 있다. 또 여러 번 기록하는 말은 의인이다. 의인이라는 말은 다른 어떤 어떤 책에서도 기록되지 않고 오직 성경에서만 기록하고 있다. 의인이라는 말은 죄가 없다는 말이다. 의인이라는 말은 죄인이라는 말에 반대 개념으로 사용되는 말이다. 또 여러 번 기록하는 말은 죄 사함이다. 죄 사함이란 말은 죄인이 죄를 사함, 곧 용서받았다는 말이다. 죄인이 죄 사함 없이는 의인이 될 수 없다. 죄 사함은 돈으로 되는 것이 아니고 권력으로도 되지 않는다. 오직 피로만 해결이 된다. 구약에는 짐승의 피로 죄 사함을 받고(히 9:12) 예수님이 피를 흘리신 후에는 예수님의 피로 죄 사함을 받는다(히 9:12, 롬 5:9). 죄인은 죄 사함 없이 의인이 될 수 없다.

앞에서 기록하고 있는 죄와 죄인을 말하려면 반드시 성경의 이 말씀을 이해해야 한다. 이 말씀은 "모든 사람이 죄를 범하였으매"(롬 3:23)라는 말이다. 아담이 선악과를 먹은 후에 태어나는 사람은 다 죄인이다. 아담이 선악과를 먹기 전에는 죄와 죄인이라는 말이 없었지만, 아담이 선악과를 먹은 후에는 죄와 죄인이 등장한다. 아담 한 사람이 선악과를 먹었지만 사람은 다 아담 안에 있었기에 다 죄인이 된 것이다. 다 죄인이라는 말에는 어느 누구도 예외가 없다. 아들이나 딸이나 왕의 자녀나 천한 사람의 자녀나 다 죄인이다. 그래서 "모든 사람이 죄를 범하였으매"(롬 3:23)라는 말을 여러 번 기록하고 있다.

그리고 이 책에서 많이 나오는 말은 예수님의 피 흘리심과 죽으심을 기록하고 있다. 이 말이 성경에서는 빠지면 안 되는 말이다. 그래서 줄곧 예수님이 피를 흘리시려고 유대 땅 베들레헴에 탄생하셨다(마 2:1). 예수님의 탄생은 마리아를 통하여 성령으로 잉태하였다. 이런 기록은 죄인으로는 도저히 이해가 되지 않는 부분이다. 그러나 성경은 이 부분을 기록하고 있고 십자가에서 피를 흘리시고 죽으셨다. 이런 부분을 여러 번 기록하고 있다. 이 부분이 이해가 되면 그 사람은 하나님이 그에게 은혜를 베푸신 것이다. 그런 사람이 믿음을 가지고 죄 사함을 받는다.

죄인과 의인이라는 책을 서점에서 손에 들면 어떤 사람은 손에서 그 책을 놓을 수 없는 사람이 있을 것이다. 나는 그런 사람을 위해서 이 책을 몇 년에 걸쳐서 기록했다. 이 책을 기록한 사람은 결코 젊은 사람이 아니다. 이제는 인생의 황혼에 머무는 사람이다. 이 책을 기록함이 나에게는 수고였지만 그 수고가 즐거움과 설렘을 담고 있었다.

이 책을 기록하면서 가장 마음이 아픈 것이 있다. 그것은 나이가 많아서 눈이 침침해지고 있다는 것이다. 누군가 나의 기록을 대신해서 할 수 있는 사람이 옆에 있었으면 하는 마음이다. 베토벤은 1800년부터는 정상적인 소리를 분간할수 없을 정도의 난청을 앓게 되었고 1819년에는 청력을 완전히 잃게 되었다. 그렇지만 그는 위대한 작곡가이며 피아노 연주가였다. 나 역시 젊어서 눈이 잘 보일 때 이 책을 기록했다면 얼마나 좋았을까 생각한다. 그래도 그것이 나의 마음이고 생각이지 현재는 그렇지 않다. 그렇다고 안경을 끼고 있는 사람도 아니다. 현재 시력이 나쁜 것도 아니다. 그러나 글을 쓰려고 책상에 장시간 앉아서 성경을 보면서 내 마음에 들려오는 소리를 기록하기에는 부족하다.

지금은 〈죄인과 의인〉이라는 책을 첫 번째로 세상에 내놓지만 앞으로 더 많은 책이 서점을 메울 것이다. 그리고 이런 말을 한번 남기고 싶다. 어떤 책이든지 책을 세상에 선보인 사람은 위대하다. 이번 첫 책을 내면서 이미 써진 원고임에도 최종 수정을 하면서 많은 날과 시간이 여기에 투입되었다. 기록한 내용이 앞뒤가 어울리지 않아 바로 잡는 일과 성경을 그대로 기록하는 일이 쉽지 않았다. 맑은 샘 출판사에 여러분에게 깊이 감사를 드린다.

# 차례

# 감사하라

어떤 사람은 원망하며 살고, 어떤 사람은 감사하며 산다.

원망하며 사는 사람은 매사에 원망하며 불평한다.

이런 사람은 건강하지 못하다.

원망과 불평으로 사는 사람은 경제적 부도 따르지 않는다.

원망과 불평으로 사는 사람은 모든 면에서 좋지 않다.

그런데 어찌해서 원망으로 살까요?

그것은 자연인이기 때문이다.

자연인이란 부모를 통해서 태어난 것을 말한다.

아담이 범죄한 이후에 태어난 인간은 다 자연인이다.

자연인에게는 영이 죽어 있다.

인간에게는 영과 혼과 육이 있다.

그런데 아담이 범죄한 이후에 인간은 혼과 육은 있지만 영은 죽었다.

"선악을 알게 하는 나무의 열매는 먹지 말라 네가 먹는 날에는 반드시 죽으리라"(창 2:17). "여자가 그 나무를 본즉 먹음직도 하고 보암직도 하고 지혜롭게 할 만큼 탐스럽기도 한 나무인지라 여자가 그 열매를 따 먹고 자기와 함께 있는 남편에게도 주매 그도 먹은지라"(창 3:6).

원망과 불평으로 사는 사람은 영이 죽은 사람이다.

이런 사람이 영이 살면 원망과 불평이 사라지고 감사하며 살게 된다.

영이 살려면 내 혼과 육은 살아 있으나 영이 죽었다고 인정해야 한다.

"그는 허물과 죄로 죽었던 너희를 살리셨도다"(엡 2:1).

인간은 허물과 죄로 죽었다.

이것을 인정하고 받아들여야 한다.

그리고 그가 살리셨다고 믿어야 한다. 그는 예수님이십니다.

영이 산 사람은 감사하며 산다. 이런 사람은 건강도 부도 따르게 된다.

# 성경은 베스트셀러

이 세상에는 책이 많이 있다. 우리가 이 세상에서 읽고 있는 책의 저자가 사람이다. 그러나 성경의 저자는 하나님이시다. 그래서 성경만 책이라고 했다. 성경은 베스트셀러이다.

성경은 하나님의 감동으로 된 책이다.

성경의 저자는 다 있다. 저자가 미상인 것도 있다. 예를 들면 창세기, 출애굽기, 레위기, 민수기, 신명기 이것을 모세 오경이라 한다. 모세가 저자이다. 모세가 기록했지만 모세의 말이 아니라 하나님의 감동을 따라 기록한 책이다.

하나님은 말씀하시고 모세는 기록했다. 하나님은 모세를 사용했다.

모세 오경은 예수님이 오시기 전 1440년 이전에 기록했다.

갈라디아서는 AD56년 경에 기록했다. 갈라디아서의 저자는 바울이다.

성경은 1,500년 동안 기록한 책이다.

성경의 주제는 일관된 주장으로 믿음과 구원이다.

예수님을 통해서 믿음으로 구원에 이르게 하는 지혜가 있다.

그러면 예수님은 누구인가?

하나님의 아들이며 하나님이다.

예수님을 통해서 구원을 이루는 것이 성경을 기록한 목적이다.

성경은 1,500년 동안 기록하고 저자는 37명이다.

# 유대인이 돈을 대하는 태도

유대인의 부모는 자녀에게 돈과 경제를 가르친다. 자녀가 태어나면 자녀에게 장난감이 아니라 동전을 준다. 어려서부터 자녀들에게 돈을 가지고 놀 수 있도록 한다. 돈과 친숙하게 만드는 것이다.

우리는 돈을 자녀에게 주는 것이 아니라 장난감을 준다. 아들에게는 총이나 칼이나 자동차를 사 주고, 딸에게는 인형을 사 준다. 그 장난감도 비싼데도 부모는 그것을 사 준다.

유대인에게 돈이란 부자가 되어서 마음껏 물건을 사라고 있는 것이 아니다. 돈은 그들에게 더럽다고 생각하지도 않는다. 유대인들에게 돈은 잘 살기 위해 꼭 필요한 것이기에 재정 교육을 어릴 때부터 시킨다. 의식주와 더불어 세상을 살아가는 데 필수라는 것을 교육한다.

돈은 기회를 만들어 주고 사람을 축복할 수 있는 도구라고 그들은 생각한다. 그들은 돈을 많이 벌기 위해서 노력하고 힘들게 번 돈은 함부로 사용하지 않는다. 돈은 벌기는 어렵지만 쓰기는 쉽다는 사실을 항상 마음에 새기고 산다.

그들은 돈을 꼭 필요한 곳에만 사용한다. 부자 유대인들은 아주 지독하게 검소한 구두쇠로 살아간다. 그러나 그렇게 힘들고 어렵게 모은 돈이라도 꼭 필요한 곳에는 엄청난 액수를 기부한다.

유대인들은 부자가 되려고 하면 먼저 검소한 구두쇠가 되라고 가르친다. 그들은 "아끼고 또 아끼라"고 가르친다. 유대인들은 "가난은 집안의 50가지의 재앙보다 훨씬 나쁘다" 말한다. 돈으로 행복을 살 수 없다고 말하지만 그렇지 않다. 돈 없이 할 수 있는 것은 별로 없다.

돈 없이 행복하기는 사막에서 오아시스를 찾기만큼 어렵다.

누구나 부자 되고 싶어 한다.

부자가 되면 돈에 구애받지 않고 입는 것, 먹는 것, 가지는 것에서 모두 자유한다.

# 감사를 잊고 사는 사람들

헬렌 켈러는 보지도, 듣지도, 말하지도 못하는 중복 장애인이었다. 그런데 그는 작가 겸 사회사업가로 살다가 갔다.

그는 평상시 소망이 하나 있었다. 그것은 다름이 아닌 사흘을 보는 것이었다. 만일 내가 사흘을 볼 수 있다면 첫날은 나를 가르쳐주신 설리번 선생님의 얼굴을 오랫동안 바라보는 것이고, 산으로 가서 아름다운 꽃과 풀을 보는 것이었다. 둘째 날은 아침 일찍 일어나 먼동이 트는 모습을 보고 밤에는 영롱하게 빛나는 별을 보는 것이었다. 마지막 셋째 날은 큰길로 나가 부지런히 출근하는 사람들의 활기찬 표정을 보고 싶다. 그리고 아름다운 영화를 보고 집으로 돌아와 사흘간 눈을 뜨게 해주신 하나님께 감사의 기도를 드리고 싶다고 했다.

우리는 헬렌 켈러가 말하는 것을 매일 다 보고 즐길 수 있다.

그가 말한 첫날 자기를 가르쳐주신 선생님을 오랫동안 보는 것이 아니라 매일 볼 수 있고 365일 볼 수 있다. 이것에 얼마나 감사한가? 그는 잠깐 동안 보기를 원했다. 또 산으로 가서 아름다운 꽃을 보기를 원했다. 우리는 산에서도 꽃을 보고, 들에서도 꽃을 보고, 아니면 꽃집에서도 볼 수 있다.

둘째 날에 먼동이 트는 모습을 매일 보고 있다. 우리는 얼마나 감사하고 있는가? 또 밤에는 영롱한 별이 빛나는 모습을 언제나 볼 수 있다. 그런데도 우리는 감사가 없이 살아왔다.

셋째 날에 부지런히 출근하는 사람들의 활기찬 모습을 매일 보게 된다. 그런데 우리는 이것을 보기는커녕 내가 먼저 버스를 타고, 내가 먼저 전철을 타야지만

생각했다. 그리고 버스 안에서나 지하철 안에서 사람들이 많으면 불평하고 짜증을 냈다. 그리고 그는 아름다운 영화를 보는 것이었다. 우리는 언제나 영화를 볼 수 있다. 영화관에서도 볼 수 있고, 집에서도 텔레비전을 통해서 볼 수 있고, 스마트폰으로도 볼 수 있다. 이런 것에 우리는 얼마나 감사하며 살고 있는가?

우리의 일상생활에서 일어나는 작은 일에 감사를 잊지 말아야 할 것 같다.

# 구제를 할 때에

　사람들은 구제를 잘하지 않는다. 구제란 기부라고 생각한다. 타인에게 구제할 때에 성경은 나팔을 불지 말라고 했다. 그러나 구제를 하게 되면 입이 간질간질하다. 누군가에게 말하고 싶다. 누가 좀 물어보았으면 좋겠다 생각한다. 그러나 누가 물어보는 사람이 없어서 답답할 때도 있다.

　유대인들은 돈을 모을 때는 지독한 구두쇠같이 아끼고 아끼다가 구제할 때는 크게 한다고 한다. 그들은 어떻게 그렇게 할 수 있을까? 어머니는 자녀에게 돈을 가르치고 경제에 대해서 가르친다. 그리고 돈을 모으고 구제할 때는 크게 하라고 가르친다. 어머니가 가르친다고 자녀가 따를까? 부모의 가르침에 자녀가 따르기를 바란다면 부모가 먼저 솔선수범해야 한다. 구제하라고 가르친다면 먼저 부모가 먼저 구제를 몸소 실천해야 한다. 이것이 교육이다. 교육은 야단친다고 되는 것이 아니다. 몸소 알고 있는 바를 실천하는 것이 교육이다. 도적질하지 말라고 부모가 말했다면 부모가 먼저 도적질을 하지 말아야 한다. 이것이 교육이다.

　일본을 가면 일본인들에게서 배울 것이 있다. 일본 사람들을 욕하지만 다 그렇지는 않다. 그들에게서 배울 것은 도적질을 하지 않는다는 것이다. 집안 싸리 대문에 자전거를 세워 놓았다. 자전거에 자물통으로 잠그지 않고 세워 놓았다. 그런데 어느 누구 하나 건드리지 않는다는 것이다. 우리는 어떤가? 자전거마다 자물쇠를 채어 놓았다. 그것만이 아니다. 자물쇠로 채워 놓아도 자전거의 부속을 빼서 간다. 이렇게 교육은 먼저 말로 하지 말고 행동으로 보여야 한다. 구제 역시 부모가 하면 자녀는 말하지 않아도 하게 되어 있다. 부모가 하지 않는 교육은 실효를 거두기 어렵다.

성경은 구제하라고 가르치고 구제할 때는 오른손이 하는 것을 왼손이 모르게 은밀하게 하라는 것이다. 그리고 구제할 때는 나팔을 불어 동네방네에 알리지 말라는 것이다. 왜 그런가요. 언젠가는 알려진다는 것이다. 조금 늦을 뿐이다. 그리고 또 한 가지는 하늘에 계신 하나님이 보시고 갚아주신다는 것이다. 하나님이 보시고 갚으시면 적게는 10배, 100배, 1,000배, 10,000배로 갚으신다. 이 세상에서 아무리 사업을 잘하고 잘해도 10배를 남기기 어렵다. 그런데 하늘에 계신 하나님은 가장 작은 것이 10배이고 크게는 만 배로 갚는다.

# 일기를 쓰는 사람들

일기를 매일 쓰고 있다. 2008년부터 일기를 쓴 것 같다. 벌써 18년이 되어 가는 것 같다. 10년이면 강산이 변한다고 하는데 많이 변한 것 같다. 벌써 10년 이상이 지났으니 나이가 들어 그만큼 늙었다. 그렇지만 일기는 매일 기록하고 있다. 일기를 기록하면 그날 무엇을 했는지를 알 수 있고 또 어디를 언제 갔다가 왔는지도 알 수 있다. 특별히 기억될 만한 일이 기록되어 있어서 두고 두고 기억이 된다. 일기는 하루 마치고 저녁에 기록하지만 그렇지 못하면 다음 날 일찍 기록을 한다. 그렇지 않으면 일기를 빼놓을 수 있다.

일기는 그 옛날 초등학교 시절에 방학이 되면 담임 선생님은 방학 책과 과제를 준다. 그 과제 가운데에는 반드시 일기가 있다. 이 일기는 매일매일 기록해야 일기인데 이것을 기록하지 않고 있다가 방학이 끝나고 개학 때쯤 되어 바쁘게 일기를 쓰게 되는 경우가 많다. 그러면 일기가 아니고 지어 내서 소설같이 쓰기도 하고 그날 비가 왔나 눈이 왔나 모를 때도 있다. 선생님이 보면 그날 눈이 왔는데 누군가는 비가 와서 어디를 가지 못했다고 기록한 사람도 있을 것이다. 선생님도 그것을 보면서 웃을 것이다. 이것이 초등학교 시절 일기이다.

지금의 일기는 그때 일기와는 다르다. 누가 일기를 검사하는 사람도



죄인과 의인

없고 나 혼자 기록하고 나 혼자 어느 날 일기를 읽어 본다. 지금의 일기는 거짓이 없고 진실하고 솔직하다. 그리고 후회와 만족이 담긴 글이 일기다. 이 일기를 보면 참 재미있다. 또 이렇게 어려운 시기가 있었구나. 또 새끼들을 낳아서 기른 이야기도 있다. 지금은 기억하고 싶지 않은 일도 있다.

일기는 오늘보다 나은 내일을 위한 기록이라고 생각한다. 오늘을 반성하고 내일을 향하여 나아가는 자신만의 다짐하는 디딤돌이 일기이다.

# 이발을 하는 사람들

매일 일기를 쓰는 사람도 있고, 일기를 쓰지 않는 사람도 있다. 일기를 쓰면 어느 날 무엇을 했는지 알 수 있다. 특별히 머리를 했는데 언제 했는지 기억이 잘 안 나면 일기를 보면 알 수 있다. 아 그래 그때 머리를 했지. 한 달에 한 번은 이발을 한다. 이발을 하면 너무나 좋을 때도 있고 그렇지 않을 때도 있다. 너무나 좋을 때는 내가 생각했던 대로 했으면 좋다. 그렇지 않으면 돈 주고 기분이 좋지 않다.

이발을 할 때는 영등포 시장에 있는 이발소에 갔다. 버스 타고 전철 타고 걸어서 갔다고 오면 시간이 너무 많이 걸린다. 그래서 몇 달 전부터 동네 '나이스 가이'라는 남자 이발소에 갔다. 이곳은 집에서 걸어서 5~10분 정도 걸린다. 이발을 하려고 가면 언제나 사람들이 이발을 하려고 줄을 서서 순번을 기다리고 있다. 이발사는 여자 이발사로 3명이 있다. 3번의 이발했는데 3명의 이발사한테 한 번씩 다 해보았다. 다각각 다르게 이발을 하는 것을 느꼈다. 이발과 염색을 하는데 한 사람은 염색 통을 들고 하는데 두 사람은 장갑을 끼고 장갑 위에 염색약을 부어서 이곳에서 찍어서 염색을 한다. 이발도 다 다르다. 어떤 이발사는 조금 자르고 염색을 하지만, 어떤 이발사는 머리를 자르지도 않고 염색을 하고 그다음에 머리를 감고 이발을 한다. 보통 남자 이발소에

 죄인과 의인

서는 감히 상상도 못 하는 일이다. 이발을 하는 데 순서가 무엇이 중요하느냐 하지만 순서가 바뀌면 처음은 당황한다. 그러나 이것이 여러 번 반복하다가 보면 지금의 이발 순서가 익숙해지는 것 같다. 이발을 하려고 가면 제일 먼저 하는 일이 온도를 체크하고, 핸드폰 번호를 기록하고 순서를 기다리면 이발을 하게 된다.

이발을 하면 하루가 행복하다고 한다. 아무리 이발을 잘해도 그 행복은 다음 날까지 가지 못한다는 것이다. 하룻밤을 자고 나면 그 행복은 사라진다. 결혼식을 위해서 이발을 하고 미용실에서 머리를 아름답게 해도 결혼식이 끝나고 하룻밤이 지나면 그 머리의 모습은 사라지고 어제의 행복을 맛볼 수 없다. 그래서 아무리 이발을 잘하고 미용실에서 머리를 잘해도 행복은 그날뿐이다. 이발을 하고, 미용실에서 머리를 하면 그 기쁨, 그 즐거움은 그날뿐이지 더 이어지지는 않는다.

# 결혼은 신중하게

우리의 하루는 이웃과의 관계 속에서 시작이 된다.

이웃을 사랑한다면 간음할 수는 없다.

성경은 이렇게 기록하고 있다.

"음욕을 품고 여자를 보는 자마다 마음에 이미 간음하였느니라"(마 5:28).

이 세상에서 간음과 성경에서 간음은 다르다.

성경의 간음은 마음의 간음이고 이 세상에서 간음은 행동의 간음이다. 성경의 간음은 마음에 음욕을 품으면 간음으로 본다. 이런 경우는 누가 간음을 했는지 모르고 자신과 하나님만 안다. 그러나 이 세상에서 간음은 행동으로 나타나기에 누구나 볼 수 있다. 나 외에 다른 사람이 볼 수 있다. 그러므로 성경이 말하는 간음은 이 세상에서의 간음보다 더 먼저이다.

또 성경은 이렇게 기록하고 있다.

"누구든지 음행한 이유 없이 아내를 버리면 이는 그로 간음하게 함이요 또 누구든지 버림받은 여자에게 장가드는 자도 간음함이니라"(마 5:32).

성경은 음행한 일이 없는데 아내를 버린다든지, 음행한 일이 없는데

 죄인과 의인

남편을 버리면 그것은 간음이라고 하고 있다. 우리가 보는 이혼은 이런 종류의 이혼이 아니라고 본다. 그렇다면 이혼 사유가 될 수 없다는 것이 성경의 내용이다.

또 간음을 하지 않았는데 그곳에 장가를 들든지, 시집을 가면 그것은 간음이라 했다. 그러므로 어떤 이유로든지 이혼은 음행한 일이 있어야 가능하고 그런 일이 없으면 이혼 사유는 안 된다는 것이다.

결혼은 신중해야 하고 결혼을 했으면 결코 이혼을 해서는 안 된다는 것이 성경의 핵심이다. 이것이 바로 이 땅에서 사는 인간에게 적용이 된다면 아름다운 세상이 될 것이다.

# 이웃을 사랑하라

우리는 매일 매시간 사람을 만난다. 이 만나는 사람이 선한 이웃일 수도 있고, 원수일 수도 있다. 선한 이웃이면 너무나 좋다. 이웃을 대하는 데 무리가 없고 자유롭다. 그러나 원수일 경우는 신경이 많이 쓰인다.

만약 단독 주택이 아니라 아파트라면 어떨까? 아파트에 거주할 경우에는 대다수가 엘리베이터를 이용하게 된다. 좁은 공간 엘리베이터에서 만약 만난다면 어떻게 하지 생각한다. 그러므로 이웃과의 관계를 잘해야 한다.

인간의 행복은 어디에 있을까? 먼저는 인간관계라고 본다. 인간관계를 잘하려면 자신이 손해를 보면 된다. 타인이 손해를 보면 인간관계는 깨진다. 그런데 보통 많은 사람들이 타인에게 유익이 되도록 살지 않고 자기 자신에게 유익이 되도록 사는 데 익숙하다. 이런 사람들은 결코 인간관계가 어렵다. 이 관계를 해결하는 길은 내가 손해 보고 타인에게 유익이 되도록 하면 된다.

돈이 많은 사람은 걱정한다. 내가 가진 돈을 누가 가지고 가면 어떻게 하지 생각한다. 그러나 이웃을 사랑하면 이것은 문제가 되지 않는다. 나만을 위한 재산의 증식이 아니라 타인에게도 내 재산을 베풀면 나를 해하지 않고, 내 재산을 탐내지 않는다.

이렇게 살면 내 이웃이 다 선한 이웃이 되고 원수는 없다. 이렇게 살아도 원수가 되면 시간을 가지고 기다리면서 내가 손해를 보고 베풀어야 한다. 이것은 결코 쉬운 일이 아니다. 이런 사람은 많지 않다. 원수가 선한 이웃이 되기를 바라기보다 원수가 망하고 해를 받기를 원한다. 그러면 결코 문제는 풀리지 않는다.

성경은 이렇게 기록하고 있다.

"원수를 사랑하며 너희를 박해하는 자를 위하여 기도하라"(마 5:44).

원수 사랑은 쉽지 않다. 원수를 사랑하고 원수를 위해 기도하는 것은 쉽지 않다. 이런 사람은 하나님에게 죄 사함을 받은 사람은 가능하다. 주님이 내 죄를 용서하셨으니 나도 원수를 사랑한다고 말할 수 있다. 원수는 이웃일 수도 있고, 남편일 수도 있고, 아내일 수도 있고, 부모일 수도 있고, 형제일 수도 있다.

인간관계에서 성공하면 모든 것에서 성공한다.

# 기도하며 살리라

신앙인에게 기도는 필수이다. 특별히 기독교인에게 기도는 뺄 수 없는 일이다. 교회에 다니는 신앙인이면 기도를 꼭 해야 한다.

기도는 영혼의 호흡이라고 한다. 성경 데살로니가 전서 5장 17절에 "쉬지 말고 기도하라"고 기록하고 있다. 이 말은 기도를 계속하라는 말이다. 숨도 쉬지 말고 하라는 말이 아니다. 기도를 계속하라는 말이다. 기도는 교회에서도 할 수 있고, 집에서도 할 수 있고, 걸어가면서 할 수 있고, 버스 안에도 할 수 있고, 전철 안에서도 할 수 있다. 일을 하면서도 할 수 있다. 소리를 내서도 할 수 있고, 조용히 소리를 내지 않고도 할 수 있다.

일을 하면서 기도할 때가 많다. 일을 생기면 기도를 한다. 전능하신 하나님에게 기도한다. 기도는 나보다 힘이 있고, 도울 수 있는 분에게 도움을 청하는 것이 기도이다. 우리 신앙인에게는 나보다 힘이 있고 능력이 많으신 분이 하나님이시다. 이분에게 언제나 기도한다.

어느 날 눈이 내리려고 할 때 나는 기도를 했다. "이 눈이 한반도 상공을 지나가게 해주세요"라고 기도했다. 또 "내 기도를 들으시니 감사합니다"라고 했다. 눈이 내리려고 몇 발 내리다가 그치고, 또 내리다가 그치기를 5번 정도를 반복했다. 그리고는 다시는 눈이 내리지 않았다. 나는 "하나님 감사합니다" 했다. 그 후로 눈은 내리지 않았다. 또한 가지 기도를 했다. 기온이 영하로 내려갔는데 "영상의 기온을 주세요. 너무나 추워요." 그리고 "내 기도를 들으시니 감사합니다" 했다. 그랬더니 영하의 기온에서 영상의 기온으로 유지되었다.

항상 하나님께 감사하고 있다. 신앙인에게 기도는 응답이 없는 것이 아니라 기도를 하지 않아서 응답이 없다. 하나님에게 도움을 구하는 것이 기도인데 도움을 구하지 않은 사람에게 도울 수는 없다.

우리 인생에게 도움을 구하는 일은 너무나 많다. 그러기에 하나님은 구하라고 했다. 성경 마태복음 7장 7~8절 "구하라 그리하면 너희에게 주실 것이요 찾으라 그리하면 찾아낼 것이요 문을 두드리라 그리하면 너희에게 열릴 것이니 구하는 이마다 받을 것이요 찾는 이는 찾아낼 것이요 두드리는 이에게는 열릴 것이니라".

기도는 모든 사람에게 필요하다. 그러나 어떤 사람은 전능자 하나님에게 구하는 사람이 있고 어떤 사람은 전능자 하나님에게 구하지 않는 사람도 있다. 이것의 차이는 믿음이 있느냐 없느냐에 달려 있다. 죄 사함을 받고 구원받으면 의인이 되어서 모두 다 전능자 하나님에게 기도한다.

하나님은 오늘도 피조물인 인간의 기도를 들으시고 응답하신다. 매일매일 기도하고 항상 기도해서 전능자 하나님의 응답으로 살아야 한다. 이것을 하나님은 기다리고 계신다.

자식이 부모에게 이것을 해주세요 하면 부모는 짜증을 낼 때도 있다. 바쁜데 이것을 해 달라고 하니 하면서 화를 낼 때도 있다. 그러나 자식이 부모에게 도움을 구하니 기쁘다. 그래서 자식의 도움을 거절하지 않고 도와준다.

하나님은 짜증 내지 않고 언제나 우리의 기도를 들으신다.

하나님은 졸지도 주무시지도 않고 우리의 기도를 들으신다.



죄인과 의인

# 평범한 일상의 기적

인간이 살아가는 데 있어서 두 종류의 사람이 있다.

어떤 사람은 모든 것이 기적인 것처럼 살아가고, 어떤 사람은 아무 것도 기적이 아닌 것처럼 살아간다. 하늘을 날고 물 위를 걷는 것이 있다면 그것은 기적이다. 6개월 시한부 선고를 받은 암 환자가 5년이 지나도 건강하게 살아 있다면 또한 기적이다. 반에서 꼴등만 하던 아이가 반에서 일등을 했다면 이것 역시 기적이다. 사고를 당해서 걷지 못하던 사람이 물리치료를 받고 운동을 해서 걷는다면 이것 역시 기적이다.

우리 주위에는 많은 기적이 있다. 그런데 사람들은 기적으로 여기고 있지 않다. 부모로부터 가난하게 살던 사람이 부자의 반열에 선 사람이 있다면 그는 기적이다. 현대그룹 정주영 회장은 시골에서 가난하지 않고 밥은 먹을 수 있었지만 남들이 말하는 부자는 아니었다. 그는 현대라는 회사를 만들고 많은 사원을 두고 있었다. 그는 시골에서 나와 무에서 유를 만든 장본인이다. 자동차가 없던 나라에 국산 현대자동차를 만들었다. 그리고 우리나라 사람들이 타고 다닐 수 있도록 만들고, 외국 사람들이 타고 다닐 수 있도록 만든 사람이다. 이것은 기적이다.

성경에도 기적을 기록하고 있다.

보리떡 5개와 물고기 2마리로 5,000명을 먹었다는 기록이 있다. 이것은 누가 봐도 믿을 수 없는 일이다. 그러나 배불리 먹고 열두 광주리가 남았다고 했다. 이것은 기적이다. 이것은 인간이 만든 기적이 아니라 예수님이 친히 하신 기적이다. 또 엘리야라는 선지자가 있었다. 그는 가장 악한 왕 아합이 다스릴 때에 선지자였다. 이 왕은 악한 왕으로 소문이 나 있었다. 그런데 하나님은 그에게 악한 왕 아합을 찾아가서 하나님의 말씀을 전하라고 했다. 하나님은 내 말이 없으면 이 땅에 수년 동안 비와 이슬이 내리지 않는다고 했다. 그리고 요단 앞 그릿 시냇가에 머물라고 했다. 아합에게 잡히면 죽기 때문이다. 하나님은 까마귀를 통해서 그에게 아침에도 떡과 고기를 저녁에도 떡과 고기를 가져왔고 그릿 시냇가의 물을 마셨다. 하나님이 그를 살린 것은 기적이다.

지금도 하나님은 기적이 필요하시면 나타내신다.



죄인과 의인

# 쓰레기를 줄이는 방법들

우리나라는 큰 나라가 아니다. 우리나라 대한민국 인구가 5,000만 명이다. 면적은 넓은가? 그렇지 않다. 남과 북이 갈라져 있어서 더더욱 조그마한 나라이다. 이 조그마한 나라에서 쓰레기가 하루에 얼마나 나올까? 집에서 나오는 쓰레기는 공장에서 나오는 제품처럼 산더미이다. 이 쓰레기가 매일 같이 단독 주택에서, 아파트에서, 빌라와 다세대에서 쏟아져 나온다. 이 쓰레기를 바라보면서 걱정을 한다. 이 조그마한 땅덩어리를 가진 나라에서 쓰레기가 매일 이렇게 쏟아져 나오면 머지않아 사람들이 발을 디디고 다닐 땅은 없겠다 생각한다. 국민이 생각을 바꾸지 않으면 이 나라는 쓰레기 대란이 올 것이다. 이 대란을 줄이기 위해서는 교육이 필요하다.

교육이란 가르침이다. 가르치는 것은 말이 아니다. 참교육은 가르치는 말과 실천이 뒤따라야 한다. 먼저 어른이 가르치고 실천하는 나라가 되지 않으면 쓰레기 문제는 어렵다. 먼저 쓰레기를 철저하게 분리해서 각자의 집에서 배출해야 한다. 그리고 재활용할 수 있는 것과 재활용이 불가능한 것을 구분해서 배출해야 한다. 배출 시에 재활용할 수 있는 것은 재활용이 가능하도록 취급해야 한다. 예를 들면 박스를 배출 시에는 테이프와 택배 스티커를 떼고 배출해서 재활용할 수 있도록 하면 된다. 또. 스티로폼 역시 테이프와 택배 스티커를 떼고 배출하면 된다. 박스를 배출 시 고구마나 감자 박스면 최대한 재활용할 수 있도록 깨끗하게 사용하고 배출하면 된다. 비닐 역시 재활용이 가능한 것과 불가능한 것을 구분해서 배출하면 쓰레기를 줄일 수 있다. 먼저 어른들이 솔선수범하여 청년들과 학생들이 보고 배울 수 있도록 하면 된다.

그리고 이 일을 취급하는 분들에게 감사해야 한다. 쓰레기를 정리하는 아파트의 경비와 미화원들에게 감사해야 한다. 그리고 차량을 통해서 싣고 가는 분들에게 감사해야 한다. 박스와 비닐, 캔, 병, 스티로폼, 페트병들을 다루는 분들에게 감사해야 한다. 이분들이 있기에 아파트나 주택이나 도로가 깨끗하다. 도로를 청소하는 분들에게도 감사해야 한다. 정부 부처 공무원들도 이 모든 일에 앞장서서 모범을 보이면 이 나라는 미래가 있다.

그렇지 못하면 나라의 장래는 없다. 환경이 깨끗하지 못하면 갖가지 질병이 발생하게 될 것이고 악취로 사람이 살 수 없는 곳이 될 것이다.

# 책을 읽는 사람들

책을 읽는 사람이 있고, 책을 읽지 않는 사람이 있다.

책은 사람에게 간접 경험을 하게 한다. 책을 통해서 직접 경험하지 못한 일을 경험하게 한다. 사람들이 이 세상에서 직접 경험을 다 할 수 있는 시간이 없다. 사람이 이 땅에 머무는 연수를 성경은 기록하고 있다. "우리의 연수가 칠십이요 강건하면 팔십이라도 그 연수의 자랑은 수고와 슬픔뿐이요 신속히 가니 우리가 날아가나이다"(시편 90:10). 사람이 이 땅에 사는 연수는 70세이고 건강하면 80세까지 살 수 있다고 기록하고 있다.

지금은 100세까지 장수할 수 있다고 한다. 만약 100세까지 사람이 산다고 할지라도 수고와 슬픔뿐이고 신속히 간다고 했다. 이 삶 속에서 사람이 다 경험하지 못하기에 책을 통하여 간접 경험을 하게 된다. 이런 간접 경험을 책을 통하여 하지 못한다면 사람은 그 분야에 뒤떨어지고 모르게 된다. 어떤 분야를 모르면 책을 통하여 알게 된다. 만약 법을 공부한 사람은 의학에 대해서는 모른다. 의학에 대해서 모르는 사람은 의학의 강의를 듣든지 아니면 책을 통하여 지식을 소유하게 된다. 법을 공부한 사람은 신학에 대해서는 모른다. 이 모르는 분야는 강의나 책을 통하여 지식을 가지게 된다. 이 모르는 지식을 가지게 되는 것이 책이다. 그러므로 책은 누구에게나 필요하다.

책은 새로 출간하는 신간이 있고, 이미 출간된 책이 있다. 아직 출간되지 않는 분야의 책도 있을 수 있다. 책을 구입하려면 서점에서, 인터넷에서, 중고서점에서 구입할 수 있다. 어느 곳에서나 책을 구입하면 된다.

책을 많이 읽으면 그 분야의 전문가 된다.

책을 많이 읽는 나라는 유대인이다. 유대인은 세계에서 가장 많은 책을 읽는 사람들이다. 유대인은 가정에서 많은 책을 읽는다. 유대인은 부모가 가정에서 책을 많이 읽는다. 유대인의 탈무드에 보면 이렇게 기록하고 있다. "책을 너의 벗으로 삼고 책꽂이를 정원으로 삼아라, 그리고 벗의 아름다움을 즐기며 정원의 열매를 따 먹고 책의 향기를 즐기도록 해라." 이토록 유대인은 책을 많이 읽고 책을 친구로 여긴다. 책꽂이를 정원으로 삼아 그 열매를 따 먹는 민족이 유대인이다. 그리고 그들은 책의 향기를 즐긴다.



죄인과 의인

# 좁은 문으로 들어가라

세상에는 좁은 문이 있고, 넓은 문이 있다.

좁은 문이란 무엇일까?

좁은 문은 길이 좁고 찾는 사람이 많지 않은 문이다.

이 문을 성경에서는 생명의 문이라고 한다. 생명의 문이란 죄 사함을 받은 사람들이 들어가는 문이다. 아담 이후에 인간은 다 죄인입니다. 어느 누구도 다 죄인이다. "모든 사람이 죄를 범하였으매 하나님의 영광에 이르지 못하더니"(롬 3:23)라고 했다. 죄인이란 죄가 있다는 것이고 의인이란 죄가 없다는 것이다. 의인이 들어갈 수 있는 문이 좁은 문이다.

죄인이 의인이 되려면 방법은 한 가지이다. 예수님이 죄인인 나를 위해 피 흘려 죽으셨으니 나의 죄가 사해졌다고 믿는 것이다. 내 죄를 예수님이 다 십자가에서 해결했다고 믿는 것이다. 그러면 의인이 되는 것이고 이런 사람은 좁은 문으로 들어갈 수 있다.

이 좁은 문으로 들어갈 수 있는 사람은 극히 적다. 이 좁은 문은 생명의 문이다. 넓은 문으로 들어가는 사람이 있다. 넓은 문은 멸망으로 들어가는 문이다. 멸망이란 생명으로 들어갈 수 없는 것을 말한다. 죄인은 멸망의 문으로 들어간다. 권세와 부귀가 있어도 죄인은 넓은 문으로 들어간다. 넓은 문으로 들어가는 사람은 많다. 대다수의 많은 사람은 넓은 문으로 들어간다.

멸망의 문을 피하는 길은 의인이 되어야 한다. 좁은 문은 돈으로 갈 수 없다. 학력으로도 갈 수 없다. 죄 없는 의인만 갈 수 있다.



죄인과 의인

# 지혜의 왕 솔로몬

이스라엘의 솔로몬 왕이 있었다. 아버지 다윗 왕을 이어 이스라엘의 왕이 되었다. 그는 이스라엘 백성들을 재판하기 위하여 하나님에게 지혜와 지식을 구했다. 하나님은 솔로몬 왕의 기도에 응답하시고 지혜와 지식을 주셨다. 하나님은 솔로몬 왕의 기도에 응답하기 전에 이렇게 말씀하셨다.

"이스라엘 백성을 누가 능히 재판하겠습니까?"

그러자 하나님은, "이런 마음이 네게 있느냐. 네가 부와 재물과 영광과 원수의 생명과 장수를 구하지 않았고 오직 이스라엘의 백성들을 재판하기 위하여 지혜와 지식을 구했다."

참으로 하나님의 마음에 드는 사람이었다. 왕이면 백성들을 어떻게 바르게 재판할 수 있지 생각해야 한다. 옛날에는 사법부가 없었고 사법부의 판사들이 있지 않고 나라의 통치자 왕이 사법부의 일을 했다.

솔로몬의 기도에 하나님은 매우 만족했다. 그래서 하나님은 솔로몬에게 지혜와 지식을 주고 부와 재물과 영광도 주었다. 하나님은 솔로몬에게 이전에도 이후에도 이런 일이 없으리라 했다. 그래서 솔로몬은 하나님의 이름을 위하여 성전을 건축하고 자기 왕위를 위하여 궁궐을 건축하기로 결심한다.

하나님은 이런 왕을 높이 들어 사용하시고 하나님의 지혜는 그에 생
애를 아름답게 꽃피우게 했다.

# 솔로몬을 찾은 스바 여왕

하나님은 솔로몬에게 지혜를 주었다. 이 지혜를 가지고 있음이 온 이스라엘뿐 아니라 이방 나라까지 알리어지게 되었다. 그러자 스바 여왕이 진짜 솔로몬에게 지혜가 있는지 확인하기 위해서 솔로몬 왕을 찾아갔다. 그리고 솔로몬 왕을 시험했다고 성경은 기록하고 있다.

성경은 "스바 여왕이 솔로몬의 명성을 듣고 와서 어려운 질문으로 솔로몬을 시험하고자 하여 예루살렘에 이르니 매우 많은 시종들을 거느리고 향품과 많은 금과 보석을 낙타에 실었더라 그가 솔로몬에게 나아가 자기 마음에 있는 것을 다 말하매 솔로몬이 그가 묻는 말에 다 대답하였으니 솔로몬이 몰라서 대답하지 못한 것이 없었더라"(대하 9:1-2).

또 스바 여왕은 솔로몬의 지혜와 그가 건축한 궁과 그의 상의 음식물과 그의 신하들의 좌석과 그의 신하들이 도열한 것과 그들의 공복과 술 관원들과 그들의 공복과 여호와의 전에 올라가는 층계를 보고 정신이 황홀하여 왕께 말하되 내가 내 나라에서 당신의 행위와 당신의 지혜에 대하여 들은 소문은 진실하다. 우리의 삶을 풍요롭게 아름답게 살려면 하나님의 지혜가 있어야 한다.

이 지혜는 공부를 해서 얻는 것이 아니다. 하나님이 주시지 않으면 안 된다. 하나님은 지금도 솔로몬에게 주었던 지혜를 사람들에게 주시기를 원하신다. 그러면 어떤 사람이 이 지혜를 소유하게 되는가? 그것은 하나님을 알고 그에게 기도하는 사람이 소유하게 된다.

하나님을 안다는 것은 어려운 말이다. 자식이 부모를 안다고 하나 사실은 부모를 잘 모른다. 전혀 알지 못하는 것은 아니지만 많이 알지 못한다. 자식이 부모를 안다고 하면 부모의 말에 따르지 않을 사람이 없다. 자식이 부모의 말을 따르는 사람은 그렇게 많지 않다.

하나님의 마음을 아는 사람이 얼마나 있을까? 대다수가 모른다. 그러기에 실수를 한다. 그러나 솔로몬은 하나님의 마음을 알았다. 그가 이스라엘의 왕으로서 무엇이 있어야 하는지를 하나님은 아셨다. 이것을 그는 알았기에 하나님은 만족하셨고 흡족하셨다. 그래서 그에게 하나님은 지식과 지혜를 주셨다.

그러면 하나님을 아는 방법이 있을까?

성경은 이렇게 기록하고 있다.

"사람이 물과 성령으로 나지 아니하면 하나님의 나라에 들어갈 수 없느니라 육으로 난 것은 육이요 영으로 난 것은 영이니"(요 3:5-6)라고 했다.

물로 나는 것은 육이고, 성령으로 나는 것은 영이다.

성경은 이렇게 기록하고 있다.

"오직 하나님이 성령으로 이것을 우리에게 보이셨으니 성령은 모든 것 곧 하나님의 깊은 것까지도 통달하시느니라"(고전 2:10).

성령이 임해야 하나님을 알 수 있다. 하나님을 아는 사람이 되면 하나님의 지혜만 아니라 다른 것도 주실 수 있다.

성경은 이렇게 기록하고 있다.

"너희 중에 지혜와 총명이 있는 자가 누구냐 그는 선행으로 말미암아 지혜의 온유함으로 그 행함을 보일지니라"(약 3:13).

# 열매로 나무를 알지니

감나무인지 몰라도 열매인 감을 보면 감나무인지 바로 알 수 있다. 배나무 역시 배나무인지 몰라도 열매인 배를 보면 배나무인지 알 수 있다.

성경은 이렇게 기록하고 있다.

"거짓 선지자들을 삼가라 양의 옷을 입고 너희에게 나아오나 속에는 노략질하는 이리라 그들의 열매로 그들을 알지니 가시나무에서 포도를, 또는 엉겅퀴에서 무화과를 따겠느냐"(마 7:15-16).

'거짓 선지자'란 선지자는 참 선지자가 있고, 거짓 선지자가 있다. 거짓 선지자가 참 선지자같이 양으로 오지만 실제로는 참 선지자가 아니라 거짓 선지자이다. '선지자'란 예언자로서 구약 성경에 나온다. 그들은 앞으로 될 일을 미리 말하는 선지자이다. 구약의 선지자 가운데 이사야 선지자는 예수님이 이 땅에 육신을 입고 유대 땅 베들레헴에 탄생하기 전 600~800년 전에 예언한 선지자이다. 이런 선지자는 그 당시에 참 선지자인지 거짓 선지자인지 모르지만, 예수님이 600~800년이 지난 후 유대 땅 베들레헴에 탄생하는 것을 보니 그 선지자는 참 선지자였다는 것을 알 수 있다.

그런데 거짓 선지자인데 참 선지자같이 양으로 나아오나 그들이 열매인 행동으로 그들을 알 수 있다. 좋은 나무는 좋은 열매를 맺지 나쁜 열매를 맺을 수 없다. 나쁜 나무이기에 나쁜 열매를 맺는다. 아름다운 열매를 맺지 아니하는 나무마다 찍혀 불에 던진다고 했다. '아름다운 열매'란 참 선지자로 맺는 열매를 말한다. 그러나 나쁜 열매를 맺는 거짓 선지자는 불에 던지어진다. 불이란 지옥을 말한다.

　우리의 열매인 행동을 보면 그 사람을 알 수 있다. 성경은 이렇게 기록하고 있다. "그들의 열매로 그들을 알지니"(마 7:16)라고 했다. 그래요. 열매로 그 사람을 알 수 있다.

# 백부장의 믿음

성경은 믿음을 말하는 책이다. 믿음이 없다면 성경을 읽고 읽어야 한다. 자연인이 믿음을 가지려면 성경을 읽든지, 성경을 공부하든지 설교를 들어야 한다. 믿음을 가지려면 하나님의 말씀인 성경을 들어야 한다. 믿음은 듣는 데서 시작된다. 성경은 이렇게 기록하고 있다. "믿음은 들음에서 나며 들음은 그리스도의 말씀으로 말미암았느니라"(롬 10:17). 믿음을 가지려면 들어야 한다. 성경을 읽으면 듣게 되고, 설교를 통해서도 듣게 되고, 성경 공부를 통해서도 듣게 된다.

믿음을 가지면 믿음의 크기는 다 다르다. 어떤 사람은 믿음이 크고, 어떤 사람은 믿음이 작고, 어떤 사람은 믿음이 더욱 작은 사람이 있다. 예수님은 가끔 믿음이 작은 자들아 했다. 얼마나 믿음이 작으면 믿음이 작은 자들아 했을까? 주님은 제자 도마에게 이런 말씀을 하셨다. "믿음 없는 자가 되지 말고 믿는 자가 되어라"(요 20:27). 예수님은 물 위로 걷다가 물에 빠지는 베드로를 향하여 "믿음이 작은 자여 왜 의심하였느냐"고 했다. 믿음이 작으면 의심한다.

성경에 나오는 백부장은 믿음이 큰 사람이다. 자기 하인이 중풍으로 집에 누워 몹시 괴로워했다. 이때 백부장은 가버나움이라는 동네 계신 예수님을 찾아갔다. "내 하인이 몹시 중풍으로 괴로워합니다." 이 이야기를 들은 예수님은 "내가 가서 고쳐 주리라"(마 8:7)고 했다. 백부장은 대답하기를 "내 집에 들어오심을 감당할 수 없으니 다만 말씀으로만 하세요. 그러면 내 하인이 낫습니다." 예수님은 들으시고 이스라엘 중 아무에게서도 이만한 믿음을 보지 못했다. 백부장에게 이르시되 "가라 믿은 대로 될지어다"(마 8:13) 하니 그 즉시 하인이 나았다. 백부장의 믿음은 크다. 믿음이 큰 사람은 주님을 감동 시키고 주님은 그 믿음을 통해서 일을 하신다.

# 판단하지 말라

사람들은 타인을 판단하며 살고 있다. 판단하는 것은 결코 좋은 행위가 아니다. 타인을 판단하는 데 좋은 점을 말하면 판단이 아니다. 판단하는 데 단점을 말하는 것이 판단이다. 성경은 이렇게 기록하고 있다. "비판을 받지 아니하려거든 비판하지 말라 너희가 비판하는 그 비판으로 너희가 비판을 받을 것이요 너희가 헤아리는 그 헤아림으로 너희가 헤아림을 받을 것이니라"(마 7:1-2). 내가 타인을 판단하면 타인도 나를 판단한다는 것이다.

내가 누구를 판단했으면 그 사람이 나를 판단하기도 하겠지만 대다수는 그 사람이 아니라 다른 사람이 나를 판단한다는 것이다. 그러므로 그런 판단을 받지 아니하려면 내가 타인을 판단하지 말라는 것이다. 그러나 대다수의 많은 사람은 나 아닌 타인을 판단하면서 살고 있다.

하나님은 인간에게 말이라는 언어를 주셨다. 이 언어는 대화의 수단이다. 이 대화가 얼마나 중요한지 모른다. 사람에게만 언어를 주었을까? 아니라고 생각한다. 공중을 나는 새에게도, 육지에 살고 있는 많은 짐승에게도 그들의 언어가 있다고 본다. 물에서 살고 있는 물고기에게도 그들의 언어가 있다고 본다. 그들의 언어를 인간이 모를 따름이다. 그러나 그들끼리는 대화가 되기에 그들도 살고 있다.

그런데 하나님은 인간에게 성경을 통해서 비판하지 말라는 것은 인간의 삶을 정상적으로 살라는 것이다. 타인을 말할 때 장점을 말하면 문제는 되지 않는다. 그러나 인간은 타인의 단점을 많이 말하고 있다. 단점을 말하지 아니하려면 입에 재갈을 물려야 한다. 성경은 이렇게 기록하고 있다. "누구든지 스스로 경건하다 생각하며 자기 혀를 재갈 물리지 아니하고 자기 마음을 속이면 이 사람의 경건은 헛것이라"(약 1:26)라고 했다. 입에 재갈을 물린다는 것은 무슨 의미일까? 이것은 이렇게 설명할 수 있다.

우리가 타고 다니는 말의 입에 쇠로 된 재갈을 물린다. 이것은 주인의 의도대로 말을 사용하고자 하는 것이다. 말이 말을 듣지 아니하면 이 재갈을 물린 말의 고삐를 잡아당기면 그 말은 주인의 의도대로 움직인다. 소의 코에 코뚜레를 만들어 소를 주인의 의도대로 갈 수 있도록 한다. 밭을 갈든지, 수레에 짐을 싣고 갈 때도 소의 코에는 코뚜레가 있어서 자신의 의도대로가 아니라 주인의 의도대로 움직인다. 인간에게는 이런 재갈을 타인이 물리는 것이 아니라 자기 자신이 자신의 입에 재갈을 물려야 한다는 것이다. 이런 삶이 없으면 순수한 경건이 이루어질 수 없다. 인간의 삶은 언어에서 시작되고, 언어로 삶을 마무리한다.

멋있고 부유한 삶도 언어에 있다. 어떤 말을 일상에서 사용하느냐에 따라서 삶이 달라진다. 항상 타인을 비판하고 살면 그 사람은 타인으로부터 비판을 평생 받으면서 살게 되어 있다. 그러므로 비판이 아니라 격려와 위로와 용기와 칭찬을 하면서 살아야 한다. 그러면 그런 삶은 좋은 삶이 되고 아름다운 삶이 된다.

   죄인과 의인

# 세상의 소금이니

신앙인을 향하여 성경은 소금이라고 했다. '신앙인'이란 믿음을 가지고 사는 사람들을 말한다. 믿음으로 죄 사함을 받는다. 예수님이 2,000년 전에 이 땅에 육신으로 오셔서 십자가에서 죽으셨다. 그분은 죄가 없는 분이나 인간은 다 죄인이다. 그러나 예수님은 하나님의 아들이며 하나님이시다. 죄 없는 분이 죄 있는 인간을 위해 대신 죽으셨다. 이것을 대속이라고 한다. 누군가를 위해서 대신 죽으신 것을 말한다. 예수님은 온 인류를 위해서 죽으셨다. 이 죽으심이 내 죄를 위해 죽으셨으니 내 죄가 사함을 받았다고 믿는 것이다.

죄 사함을 받은 사람은 구원받은 사람이다. 죄 사함 받은 사람, 즉 구원받은 사람을 신앙인이라고 한다. 이들이 세상의 소금이다. 구원받은 사람 외에 다른 사람은 세상의 소금이 될 수 없다. 오직 구원받은 사람만이 세상의 소금이다. 이 소금이 맛을 잃었다면 무엇으로 짜게 하겠느냐. 세상에는 소금을 대신할 것이 없다.

구원받은 신앙인 역시 그 맛을 잃으면 무엇으로도 짜게 할 수 없다. 만약 소금이 짠맛을 잃으면 쓸데없고 유익이 없다. 그러므로 밖에 버리어지고 사람에게 밟힐 뿐이다. 신앙인 역시 그 맛을 잃으면 아무 쓸데가 없게 되고 세상 사람들에게 발로 밟힐 뿐이다. 신앙인은 세상 사람들에게 쓸데없는 사람이 아니라 쓸 데 있는 사람이다.

　노아 당시에도 다 쓸데없었지만, 노아는 쓸 데 있었다. 하나님은 쓸 데없는 인간은 다 물로 쓸어 버렸고 쓸 데 있는 인간은 남기었다. 쓸 데 있는 인간으로 노아와 노아의 가족을 남기었다. 지금도 쓸 데 있는 사람은 남기고 살리신다. 아무리 코로나가 극성을 부려도 쓸 데 있는 사람은 남기신다. 어느 시대에도 남기는 사람이 있다. 이 남기는 사람 이 그 시대의 그루터기이다.

# 말로 시작하는 하루

사람이 눈을 뜨면 시작하는 것이 말이다. 건강한 사람이나 환자나 모두 동일하다. 어찌하면 환자는 눈만 뜨면 말을 한다. 그는 물을 달라고 할 수도 있고, 화장실에 가야 하니 나를 일으켜 달라고 할 수도 있다. 이것이 다 말이다. 건강한 사람이고 신앙인이라면 눈을 뜨면 새벽에 기도하러 갈 것이다. 이것이 새벽 기도이다. 새벽 기도라고 하지만 새벽예배를 드리러 간다.

우리나라에 처음 기독교가 들어왔을 때는 새벽 기도가 활발했다. 기독교가 우리나라에 들어온 지가 100년이 지났다. 그런데 40년 전만 해도 새벽 기도를 거의 다 나갔다. 그러나 점점 새벽 기도가 시들어 가다가 지금은 코로나로 인하여 낮 예배도 어려워지기에 새벽 기도는 희미하다.

기도는 말이다. 말로서 이루어지는 것이 기도이다. 찬양도 곡조가 있는 말이다. 신앙인의 하루는 기도로 시작한다. 예수님도 산에서 밤을 새우며 기도하셨다. 성경에 이렇게 기록하고 있다. "쉬지 말고 기도하라"(살전 5:17). 예수님은 제자들에게 이렇게 기도하라고 가르쳤다. 이것이 주기도문이다. 기도를 마치면 아침을 먹을 때에도 기도하고, 식사를 한다. 식사를 하면서도 대화를 한다. 이것이 말이다. 이 대화의 수단인 말을 하나님은 인간에게 주셨다. 이 대화는 아담에게도 나타나고, 노아에게서도 나타난다.

하나님은 아담에게 모든 짐승이나 새나 물고기에게 이름을 짓도록 했다. 노아는 아들이 셋이 있었고 며느리도 셋이었고 아내도 있었다. 8명의 식구가 살았다. 노아는 가장으로서 하나님이 40주야로 비를 내릴 때 방주를 짓도록 했고 방주로 들어가게 했다. 노아는 아들들과 며느리들과 아내와 대화를 했을 것이다. 노아가 방주를 짓고 있을 때 세 아들은 모임을 가지고 아버지가 방주를 만들고 계시는데 만약 비가 아니 오면 우리는 어떻게 하지. 다른 사람들은 방주를 짓지 아니해서 재산이 그대로 있지만 우리는 방주를 만들면서 재산이 다 없어졌다. 어찌하지, 했을 것이다. 이것이 대화 말이다. 성경에는 기록하고 있지 않지만 노아의 방주 비디오에 보면 이런 이야기가 나온다.

이때에 세 아들에게 어머니는 이렇게 말씀하신다. 너희 아버지의 말씀을 따르라고 한다. 이것이 말이다. 하나님은 노아에게 방주를 만들라고 하셨고 노아는 방주를 만들었다. 만약 노아가 다른 사람들과 같이 방주를 예비하지 않았다면 노아와 노아의 가족은 40주야의 비로 살아남지 못했을 것이다. 이와 같이 하나님과 노아의 대화와 노아와 노아 가족의 대화가 무척이나 중요하다.

가족 간의 대화가 점점 없어지고 있다. 이때 우리는 대화를 많이 해야 한다. 일방적인 명령의 대화가 아니라 상호 존중하면서 자신의 마음속에 담고 있는 생각을 말하면서 살아야 한다. 신앙인에게는 기도만이 아니라 전도만이 아니라 타인의 말에 귀를 기울이는 경청이 있어야 한다. 하나님은 인간에게 귀는 둘을 주시고, 입은 하나를 주셨다.

이것은 의미가 있다. 말하기보다는 듣는 것을 먼저 하라는 것이다.

성경은 "듣기는 속히 하고 말하기는 더디 하며"(약 1:19)라고 했다. 대화를 가장 잘못하는 사람은 상대방의 말을 듣지 아니하고 자신의 말만 하는 것이다. 대화는 듣고 말해야 실수가 없고 원만한 대화를 할 수 있다.

# 도무지 맹세하지 말라

성경은 맹세하지 말라고 한다. '맹세'란 일정한 약속이나 목표를 꼭 실천하겠다고 다짐하는 것이다. 맹세는 대개 하나님의 이름을 걸고 하는 경우가 많다. 거짓 맹세일 경우에도 하나님의 이름으로 맹세한다. 이것은 시간 낭비일 뿐이다.

성경은 이렇게 기록하고 있다. "나는 너희에게 이르노니 도무지 맹세하지 말지니"(마 5:34). 하늘로도 하지 말고, 땅으로도 하지 말고, 예루살렘으로도 하지 말라, 머리로도 하지 말라고 한다. "하늘로 하지 말라"는 것은 하나님의 보좌이기 때문이다. 하늘이 '하나님의 보좌'란 권력자가 앉는 권위와 위엄의 자리로 주로 '왕의 보좌', '하나님의 보좌'를 말한다. 왕의 보좌에서는 국사와 재판이 이루어지고 이때 보좌는 공의로 견고히 서며 인자와 진리로 유지된다. 그러므로 하늘로도 맹세하지 말라는 것은 하나님의 보좌로서 그곳에서 나라의 일을 처리하고 재판하는 곳이기 때문이다.

"땅으로도 맹세하지 말라"는 것은 하나님의 발등상이기 때문이다. 발등상이란 하늘이 하나님의 보좌이면 땅은 그분의 발등상으로 발을 디디고 계신 곳이다. 그러므로 하늘이나 땅이나 그분이 계시어서 국사를 처리하고 재판하는 곳이기에 맹세의 대상이 될 수 없다는 것이다.

"예루살렘으로 하지 말라", 이것은 큰 임금의 성이기 때문이다. 예루살렘은 그분이 계신 곳이다. 그러니 그분의 통치가 미치는 곳이기에 맹세하지 말라고 하신다.

"머리로도 하지 말라"고 하신다. 이것은 인간은 머리카락 하나도 희고 검게 할 수 없으니 맹세하지 말라. 만약 머리카락 하나라도 희게도 하고, 검게도 할 수 있다면 맹세를 할 수 있지만 그것도 하지 못하는 사람이 어찌 맹세를 할 수 있느냐. 하지 말라 하신다.

우리는 이 땅에 살면서 어떻게 말을 해야 할까요? 예수님은 맹세하지 말고, 옳다 옳다 하든지, 아니라 아니라 하라고 하신다. 이것에서 벗어나면 다 악으로부터 나온 것이라고 했다. 그러므로 우리는 옳다든지 아니다든지 하고 도무지 맹세는 하지 말라고 하신다.

사람은 무엇인가 할 수 있다고 생각하나 그렇지 못하다. 만약 비가 내리면 내리지 못하게 할 수 없다. 하나님의 손에 달려 있다. 그분이 비를 내리게 하기도 하고, 그치게도 할 수 있다. 눈도 마찬가지이다. 그러기에 우리는 하나님에게 기도할 뿐이다. 맹세도 마찬가지이다. 내가 이렇게 하겠다고 했는데 되게 하는 것은 하나님이기 때문이다. 그러므로 도무지 맹세는 하지 말라고 끝을 맺었다.

# 뱀 같은 지혜

사람에게는 지식보다 지혜가 필요하다. 지식은 배워서 습득하는 것이고, 지혜는 배우지 않아도 누군가 주면 가지는 것이다. 사람들은 지식을 얻으려고 시간과 돈을 투자한다. 그러나 지혜를 얻으려고 시간을 투자하는 사람들은 많지 않다.

사람들은 지식보다 지혜를 더 소유하려고 노력한다. 지식이 결코 필요 없다는 것이 아니다. 지식과 지혜를 비교하면 지혜가 더 낫다는 것이다. 지식을 가지려면 학교나 강의나 독서를 통해서 얻게 된다. 얼마나 많은 시간을 투자해서 지식을 얻는지 모른다. 그러나 이 많은 시간과 수고와 재물이 투자되어도 사용하지 못하는 경우가 많다. 대학을 졸업하고 전공과 상관이 없는 곳에서 일하는 사람들이 많다고 한다. 그러나 지혜는 그렇게 많은 시간과 노력을 투자하지 않고 얻는다.

지식은 배움에서 얻어지나 지혜는 하나님을 통해서 얻어진다. 하나님은 솔로몬이 지식과 지혜를 구하자 그에게 지식과 지혜를 주셨다. 하나님은 지식과 지혜만 주신 것이 아니고 부와 재물과 영광도 주셨다.

성경은 이렇게 기록하고 있다. "내가 네게 지혜와 지식을 주고 부와 재물과 영광도 주리니 네 전의 왕들도 이런 일이 없었거니와 네 후에도 이런 일이 없으리라"(대하 1:12). 지식을 가진 사람은 부와 재물을 가지지 않을 수 있으나 지혜를 가진 사람은 부와 재물이 따르게 된다.

솔로몬은 예루살렘에서 이스라엘을 다스리게 되는데 예루살렘에서 은과 금을 돌같이 많게 하고 백향목을 평지의 뽕나무같이 많게 하였다. 예수님은 제자들에게 이렇게 말씀하십니다. "내가 너희를 보냄이 양을 이리 가운데로 보냄과 같도다 그러므로 너희는 뱀같이 지혜롭고 비둘기같이 순결하라"(마 10:16). 제자들에게 양을 이리 가운데 보냄과 같다는 것은 죽을 수가 있다는 것이다. 양이 이리 가운데 가면 죽는다. 이것을 피하는 길은 뱀같이 지혜롭게 하라는 것이다.

뱀의 지혜는 피하는 데 있다. 뱀이 사람을 만나면 싸우려고 달려드는 것이 아니라 슬슬 피한다. 언제 뱀이 나타났는지 모를 정도로 도망간다. 이것이 뱀의 지혜이다. 예수님도 제자들에게 이런 뱀의 지혜가 있어야 산다는 것이다. 그러면 비겁하게 제자들에게 피하기만 하라는 것은 아니다.

예수님은 바로 이어서 "비둘기같이 순결하라"고 했다. 이 말은 제자들에게 피하고 피하다가 죽을 때가 오면 피하지 말고 죽으라는 것이다. 예수님은 제자들에게 다시 말씀하시기를 "사람들을 삼가라 그들이 너희를 공회에 넘겨주겠고 그들의 회당에서 채찍질하리라"(마 10:17)고 했다. 이것은 죽음이 기다리고 있기에 뱀같이 지혜롭게 피하기도 하고 피하다가 죽음의 때가 오면 그때는 비둘기같이 순결하게 죽으라는 것이다.

현대를 사는 사람들에게도 이런 삶이 필요하다.

# 선한 사람과 악한 사람

사람은 귀하다. 하나님이 만든 어느 피조물보다 귀하다.

하나님이 창조하시는 마지막 날 사람을 만드시고 '심히 좋았더라' 했다. 하나님이 만든 모든 피조물을 만드시고는 '좋았더라' 했으나 사람을 만들고는 '심히 좋았더라' 했다.

이렇게 귀한 존재인 인간 중에도 선한 사람이 있고, 악한 사람이 있다. 그러면 언제부터 선한 사람과 악한 사람으로 나누어졌을까? 그것은 아담이 선악과를 먹기 전에는 모든 사람이 선한 사람이었다. 그러나 아담이 선악과를 먹은 이후에는 사람은 다 악한 자가 되었다.

성경은 이렇게 기록하고 있다. "의인은 없나니 하나도 없으며 깨닫는 자도 없고 하나님을 찾는 자도 없고 다 치우쳐 함께 무익하게 되고 선을 행하는 자는 없나니 하나도 없도다"(롬 3:10-12). 아담이 범죄한 이후에 성경은 '선을 행하는 자는 하나도 없고 다 악한 자'라고 했다. 그러므로 이 세상에 선한 사람이 있느냐 없다. 아담이 범죄한 이후에 인간에게 하나님은 이렇게 말씀하셨다. "여호와께서 사람의 죄악이 세상에 가득함과 그의 마음으로 생각하는 모든 계획이 항상 악할 뿐임을 보시고 땅 위의 사람 지으셨음을 한탄하사 마음에 근심하시고 이르시되 내가 창조한 사람을 내가 지면에서 쓸어버리되"(창 6:5-7)라고 했다.

노아 당시에 하나님은 사람을 땅에서 비로 쓸어 버렸다. 그렇게 사람을 만들고 심히 좋아하셨는데 아담이 범죄한 이후에 사람을 보시고 한탄하시고 마음에 근심하셨다. 그래서 비를 40주야로 내리어 쓸어 버리셨다. 오직 노아와 노아의 아내와 세 아들과 세 며느리만 남기고 다 쓸어 버렸다. 노아 이후에 악한 사람들은 다 죽었으니 선한 사람만 있는가?

그렇지 않다. 선한 사람은 없고 다 악한 사람뿐이다. 사람들이 볼 때 선한 사람이 왜 없어요 선한 사람이 있어요. 돈이 없어서 약을 살 수 없는 사람에게 돈을 받지 않고 약을 주는 약사가 있다면 그는 선한 사람일까? 우리가 보면 선한 사람이나 하나님이 보실 때는 선한 사람이 아니라는 것이다. 그래서 이 악한 사람 즉 죄인을 위해서 예수님이 유대 땅 베들레헴에 오셨고 십자가에서 죽으셨다.

이 피 흘리심이 죄인을 의인 되게 하며 악한 사람을 선한 사람 되게 한다. 이 피 흘리심이 나의 죄를 사했다고 믿으면 의로운 사람이 되고, 의인이 되고 선한 사람이 된다. 성경은 이렇게 기록하고 있다.

"독사의 자식들아 너희는 악하니 어떻게 선한 말을 할 수 있느냐 이는 마음에 가득한 것을 입으로 말함이라 선한 사람은 그 쌓은 선에서 선한 것을 내고 악한 사람은 그 쌓은 악에서 악한 것을 내느니라"(마 12:34-35).

선한 사람은 선한 말을 하고 악한 사람은 악한 말을 한다. 악한 자는 선한 자가 되어야 선한 말을 할 수 있다. 사람이 무슨 무익한 말을 하든지 심판 날에는 심문을 받는다고 성경은 기록하고 있다.

악한 사람은 선한 사람이 되어야 한다. 이 세상에 선한 사람만 있으면 싸움도, 전쟁도 없고 평화와 기쁨만 존재할 것이다. 하나님은 이 세상 모든 사람이 선한 사람 되기를 바라신다.

# 양보다 더 귀한 사람

사람이 얼마나 귀한가를 생각한다.

사람은 사람이기에 귀한 존재인지를 모른다. 그러나 하나님이 보시는 사람은 너무나 귀하다. 귀하고 귀하기에 사람을 창조할 때에도 생각을 많이 하시고 많은 배려를 해 주셨다.

하나님이 사람을 창조할 때에 첫날에 창조하지 아니하고 맨 마지막 날 여섯째 날에 사람을 창조하셨다. 만약 첫째 날에 사람을 만들었다면 다 죽었을 것이다. 먹을 것도 없고 빛도 비도 없으니 사람이 살 수 없어서 죽었을 것이다. 하나님이 하늘도 만들고, 땅도 만들고 풀도 만들고, 채소와 열매 맺는 나무와 하늘을 나는 새와 바다의 물고기와 땅의 가축과 짐승을 만들고 사람을 창조하셨다. 사람이 이 얼마나 귀한 존재인가?

그것만이 아니다. 하나님이 사람을 귀하게 여기는 것은 하나님의 아들을 십자가에서 죽게 하셨다는 것이다. 왜 하나님의 아들이 십자가에서 죽으셨나요? 그것은 죄로 말미암아 멸망하지 않고 영원히 살게 하기 위해서이다. 사람이 범죄한다. 선악과를 먹지 말라고 했으나 선악과를 먹어 죄인이 되고 만다. 이때 버려두지 아니하시고 하나님의 아들 예수를 보내셔서 십자가에서 사람의 죄를 대신해서 죽게 하셨다.



죄인과 의인

이것을 믿고 죄 사함을 받은 우리는 하나님이 죄 사함의 선물로 성령을 부어 주신다. 이때로부터 우리는 성령의 인도를 따르게 된다.

죄 사함을 받은 사람에게 하나님은 거듭남을 주시어 죽은 영을 살리신다. 이때로부터 예배가 신령과 진정으로 이루어진다. 성경은 이렇게 기록하고 있다.

"하나님이 세상을 이처럼 사랑하사 독생자를 주셨으니 이는 그를 믿는 자마다 멸망하지 않고 영생을 얻게 하려 하심이라"(요 3:16).

하나님의 아들 예수님이 사람을 얼마나 사랑하는지 모른다.

어느 날 예수님이 유대인의 회당에 들어가셨는데 한쪽 손 마른 사람이 있었다. 그날은 안식일로 예수님에게 안식일에 병을 고치는 것이 옳은가요 물었다. 이때 예수님은 이렇게 말씀하셨다.

"너희 중에 어떤 사람이 양 한 마리가 있어 안식일에 구덩이에 빠졌으면 끌어내지 않겠느냐"(마 12:11).

사람이 양보다 얼마나 더 귀하냐 하셨다. 그렇지요, 짐승인 양을 위해서 예수님이 십자가에서 죽으셨다고 기록하지 않고 세상을 사랑하사 독생자를 주셨다고 기록하고 있다. 그러므로 사람은 최소한 양보다 소보다 더 귀한 존재이다. 이것을 우리는 잊지 말아야 한다.

그렇다면 사람이 아무리 어렵고 힘들어도 자신을 학대하고 자살하면 안 된다. 예수님은 사람이 양보다 더 귀하기에 안식일이라도 선을 행하는 것은 옳다고 하셨다. 안식일은 유대인에게 일하면 안 되는 쉬는 날이 안식일이다. 예수님이 병자를 고침은 일을 하는 것으로 고발하려고 한다. 이들이 바리새인들이다. 바리새인들은 율법학자이다. 율법에 대해서 너무나 잘 아는 사람들이나 예수님의 마음의 깊은 뜻은 모르는 사람이다.

지금도 하나님의 말씀을 잘 안다고 하는 사람이 하나님의 깊은 마음은 모르는 사람이 많다. 하나님의 말씀보다 예수님의 마음을 아는 일이 더 중요하다. 사람들은 자신에 대해서 얼마나 알고 있는지 생각해 보아야 한다. 오직 돈에만 국한되어 있지는 않은지 생각해 본다. 여행만 생각하고 있지는 않은지 생각해 본다. 먹는 것만 생각하고 있지는 않은지 생각해 보아야 한다. 최소한 짐승보다는 더 귀한 존재가 사람이라면 어떻게 살아야 되는지 알아야 한다. 자신을 절대 낮게 평가해서도 안 되고, 타인과 비교해서도 안 된다. 집이 내 집이 아니고 전세나 월세를 살아도 타인과 비교해서는 안 된다. 집이 없으면 계획을 세워서 집을 마련하면 된다. 만약 집이 전세나 월세라 해도 비굴하게 살지 않았으면 한다.

나라는 존재를 하나님이 양보다 더 귀한 존재로 여긴다고 생각하면 힘이 생길 것이다. 말을 잘못하고 외모가 조금 떨어져도 사람이기에 우리는 그를 예수님의 마음으로 귀하게 여기어야 한다. 그리고 그에게 도움을 주어야 한다. 그에게 말 한마디라도 따뜻하게 대해 주어야 한다. 왜요? 하나님이 양보다 더 귀하게 여기기에 그렇게 해야 한다. 이게 하나님의 마음을 아는 사람이다.



죄인과 의인

# 잘 풀리는 말의 습관

사람에게는 각자의 습관이 있다. 아침에 일찍 일어나는 것도 습관이고, 늦게 일어나는 것도 습관이다. 현대그룹의 정주영 회장은 아침 일찍 일어나는 습관이 있었다. 그는 일찍 일어나서 식사하고 출근했다고 한다. 이런 습관은 좋은 습관이다. 밤에 늦게 자는 것도 습관이고, 밤에 늦게까지 야식을 먹는 것도 습관이다. 밤에 늦게까지 야식을 먹는 습관은 아주 나쁜 습관이다.

말하는 것도 습관이다. 어떤 사람은 말을 하려면 욕이 빠지면 말이 안 되는 사람이 있다. 이것도 습관이다. 어떤 사람은 말을 점잖게 한다. 이것 역시 습관이다. 좋은 습관은 자신의 생애를 좋게 만들지만, 나쁜 습관은 자신을 불행하게 만든다. 말에는 이런 말이 있다. 입만 열면 원망하고 불평하는 사람이 있다. 이런 사람은 불행한 생애를 살게 된다.

이런 사람은 자연인이다. 혼과 육만 있는 사람이다. 이런 사람은 원망이 많다. 이런 사람은 현실만 보고 사는 사람이다. 또 모든 것을 부정적으로 말한다. 이런 사람은 말이 바뀌려면 거듭나야 한다. 혼과 육만 있는 것이 아니라 영이 있는 사람이 되면 말이 바뀐다. 사람이 바뀌어야 말이 바뀐다. 사람이 바뀌지 않으면 말은 절대로 바뀌지 않는다.

사람이 바뀌려면 거듭나야 한다.

"사람이 거듭나지 아니하면 하나님의 나라를 볼 수 없느니라"(요 3:3) 또 "사람이 물과 성령으로 나지 아니하면 하나님의 나라에 들어 갈 수 없느니라"(요 3:5).

물은 부모를 통해서 한 번 이 땅에 태어나는 것을 말하고 성령은 하나님의 영이 살아나는 것을 말한다. 죽은 영이 살 때 비로소 말이 달라진다.

이런 사람은 원망과 불평의 말이 아니라 감사한 말로 살게 된다.

원망은 불행한 생애를 살지만, 감사는 행복한 생애를 살게 된다.

성경은 이렇게 기록하고 있다.

"범사에 감사하라 이것이 그리스도 예수 안에서 너희를 향하신 하나님의 뜻이니라"(살전 5:18).

범사에 감사하는 것은 하나님의 뜻이라고 했다. '범사'란 매사에, 매 사건으로 감사하라는 것이다. 범사에 감사로 사는 사람은 일이 잘 풀리고, 원망과 불평으로 사는 사람은 일이 풀리지 않고 꼬이게 된다. 일이 잘 풀리고, 일이 잘되기를 바라는 사람은 말을 할 때 "감사합니다, 감사해요" 한다. 일이 잘되고 안 되는 것은 행동에 있는 것이 아니라 말에 있다. 어떤 말을 하느냐에 따라서 일을 잘 풀리고 안 풀린다. 사람들은 일이 잘되는 것이 행동에 있는 것으로 생각하나 말에 있다.

성경은 이렇게 기록하고 있다.

"혀는 능히 길들일 사람이 없나니 쉬지 아니하는 악이요, 죽이는 독이 가득한 것이라"(약 3:8).

버스를 타고 출근할 때에도 운전기사에게 "감사합니다" 하면 잘 되지만 내가 돈 내고 버스를 타는데 왜 감사해하는 사람은 일이 잘 풀리지 않는다. 내릴 때에도 기사에게 "감사합니다" 해보세요. 처음은 너무나 어색하지만 여러 번 하다가 보면 익숙해지고 일은 잘 풀리기 시작한다. 며칠 전 버스에서 내리면서 "감사합니다" 했더니 기사도 "감사합니다" 했다. 처음 기사에게 "감사합니다" 하는 말을 듣게 되었다. 처음부터 "감사합니다" 하지 않았다. 너무나 어색해서 "수고했습니다" 하다가 "감사합니다"로 바뀌게 되었다. 이렇게 해보니 너무나 좋다. 지금은 "감사합니다"를 하루에 100번 한다.

이것이 계속되면 일은 점점 잘 풀리게 될 것이다. 잘 풀리는 말은 감사에 있다. 일이 잘 풀리지 않는 사람이 있다면 "감사합니다"를 계속하면 일이 풀리기 시작한다. 찬물이 뜨거운 물이 되려면 금방 되지 않는 것 같이 감사도 계속하다가 보면 일이 풀리는 순간을 경험하게 될 것이다. 하루를 감사로 시작해서 감사로 마치세요.

# 훈계를 좋아하는 사람과
# 징계를 싫어하는 사람

사람은 좋아하는 것이 있고, 싫어하는 것이 있다. 음식도 좋아하는 음식이 있고 싫어하는 음식이 있다. 어떤 사람은 국수를 그렇게 좋아하는 사람이 있다. 국수만 있으면 다른 것이 필요 없다. 국수 중에 비빔국수가 있고, 물 국수가 있다. 어떤 국수든지 좋아하고 특별히 물 국수를 좋아하는 사람이 있다.

훈계를 좋아하는 사람이 있다. '훈계'란 타일러서 잘못이 없도록 주의를 주는 것, 또는 주의를 주는 말이다. 유대인들은 자녀가 태어나면 《토라》라는 그림책에 꿀을 발라 준다. 무의식적으로 아이는 '책은 달콤한 것'이라는 인상을 가지게 한다. 토라는 율법인데 그들은 그 딱딱한 율법을 가르칠 때 달콤하다, 맛있다는 생각을 가지게 한다. 그리고 책을 가까이하고 책 읽는 습관이 되어 5~6세에 자연스럽게 종교적인 내용부터 사회 전반의 이야기가 담긴 《탈무드》를 읽게 한다.

이것 역시 훈계이다. 우리에게도 이런 《토라》와 《탈무드》 같은 법 아니 규칙이나 규율을 가지고 살았으면 한다. 그래야 이것에 근거해서 가르침을 받고 그것에 근거해서 훈계도 하게 된다. 우리에게는 이런 것이 없기에 야단, 꾸중, 책망만 있다. 학교에도 이런 것이 없고, 집에도 없고 나라에도 없다. 오직 존재하는 것이 헌법이고, 법이다. 이것

 죄인과 의인

을 평생 읽어 본 일이 없고 대학에서도 법대나 가야 법을 공부하게 된
다. 법을 전공하지 않은 사람은 평생 국회법이나 나라의 헌법은 듣는
일도 없고 가르침을 받은 일도 없다. 우리가 아는 법은 운전면허시험
을 치르기 위해서 공부하는 교통법규 정도 알고 있다. 그러기에 우리
는 무엇에 근거해서 자녀를 훈계할 수가 없다.

유대인들은 그들의 전통에 따라 어머니가 읽어주는 책은 《성경》으로
아이들이 좋아하는 것은 영웅들에 관한 이야기이다. 모세가 이스라엘
백성들을 이끌고 애굽을 탈출한 이야기나 다윗과 거인 골리앗의 이야
기를 아이들이 열심히 듣는 이야기이다. 아이들은 몇천 년 전의 오랜
역사를 단번에 거슬러 올라가서 자기가 그곳에 있는 것처럼 상상력을
전개하게 된다. 그러므로 그들에게서 시인이 나오고 작가가 나온다.
세계 노벨상을 받는 사람이 나온다.

우리에게 토라나 탈무드가 없기에 우리가 소유하고 있는 성경은 아
이들에게 가르칠 수 있다. 이것이 우리 어머니의 일로 자리를 잡으면
얼마나 좋을까 생각한다. 토라나 탈무드 역시 성경에 근거해서 나온
것으로 생각한다. 성경만 어머니가 읽어주고 듣게 하면 이런 효과를
우리도 기대할 수 있다고 생각한다.

우리는 어떤 훈계를 누구에게 들을 수 있는지 생각해 본다. 가정에
서 부모에게 훈계를 들을 수 있는지 아니면 유치원에서 선생님에게 들
을 수 있는지 생각해 본다.

우리에게 훈계는 무엇일까? 성경은 분명히 기록하기를 "훈계를 좋
아하는 자는 지식을 좋아하거니와 징계를 싫어하는 자는 짐승과 같으
니라"(잠언 12:1). 우리에게 훈계가 있는지 무엇이 훈계인지 생각하게
한다. 훈계를 들으면 그 훈계를 통하여 지식을 가지게 되어야 한다.

아이들이 부모에게 이런 것을 들어야 하는데 우리에게는 훈계가 없다. 오직 우리에게 있는 것은 징계만 있을 뿐이다. '징계'란 조직 구성원의 의무 위반에 대한 제재를 말한다. 징계는 조직 구성원이 맡은 바 직무를 좀 더 성실하게 수행하고 행동 규범을 준수하게 하기 위한 통제활동으로 의무 위반자에 대한 제재를 통해 구성원들의 잘못된 행동을 교정하는 데 목적이 있다. 훈계는 잘못을 하기 전에 들을 수 있는 것이고, 징계는 잘못을 했을 경우 의무 위반에 대한 제재이다. 다른 말로는 훈계는 예방이고 징계는 치료이다.

징계에 대해서 생각해 보기로 한다. 성경은 징계를 싫어하는 사람은 짐승과 같다고 했다. 그러므로 징계도 받아야 한다. 징계도 싫어하지 말고 좋아해야 한다는 말이다. 징계는 의무를 위반했을 경우 제재를 받는 것이다. 교통법규의 예를 들면 쉽게 알 수 있다. 우리나라는 많은 사람들이 운전면허증을 가지고 있다. 이들에게는 교통법규가 있는데 그중에 고속도로를 주행할 경우 구간에 기록된 속도가 나와 있다. 주행속도를 시속 100킬로 제한되어 있으면 100킬로로 가야 하고 좀 더 빨리 갈 경우에는 110킬로까지는 위반이 아닌 것으로 처리된다고 본다. 그런데 시속 100킬로로 가야 할 구간에 120킬로로 가면 교통법규 위반으로 징계가 주어진다. 또 운전자가 음주운전 하면 안 되는데 음주운전 시에 알코올 농도가 있는데 그 측정에 위배되면 음주운전으로 처리되면 징계로 면허취소도 된다. 만약 이런 징계가 없으면 차가 다니는 도로가 무법천지가 될 것이다. 이러면 사고는 다반사이고 중상과 사망이 이어질 수밖에 없다. 그래서 대리기사 제도가 생기어 술을 마시고도 집에 갈 수 있고 다음 날은 자신의 자가용으로 출근할 수 있다.

  훈계도 필요하지만 징계도 필요하다. 부당한 징계도 있을 수 있으나 징계 자체를 부정하거나 없애면 안 된다. 그래서 징계를 싫어하는 사람은 사람이 아니라 짐승 같다고 성경은 기록하고 있다.

  훈계는 성경을 통해서 하면 좋을 것 같다. 종교가 다른 불교나 기타 종교에서 어찌 성경만 이야기하느냐 할 것 같은데 성경이 가장 좋으리라 생각한다. 유대인들의 경우를 생각하면 더더욱 그렇다. 훈계가 잘되면 징계도 싫어하지 않고 좋아하리라 생각한다.

# 줄어드는 재물과 늘어나는 재물

사람은 누구나 재물이 줄어드는 것을 원하지 않고, 늘어나는 것을 원한다. '재물'이란 돈을 말하는데 돈이 점점 줄어드는 것을 바라는 사람은 없다. 그런데 재물이 점점 줄어드는 삶을 살고 있는 사람들이 많이 있다. 어떻게 살면 재물이 줄어드는가를 생각해 본다.

성경은 기록하기를 "망령되이 얻은 재물은 줄어가고"라고 했다. '망령되이'란 늙거나 정신이 흐려서 말이나 행동이 정상을 벗어난 상태를 말한다. 망령되이 얻은 재물이란 말이나 행동이 정상에서 벗어난 상태에서 얻은 재물은 점점 줄어든다. 정상에서 벗어난 상태란 거짓말로 재물을 모은다든지, 타인을 속여서 재물을 모으는 것을 말한다. 과일을 구입했는데 앞줄은 멀쩡하고 속은 썩은 상태인데 정상적으로 팔아서 이익을 챙기는 행위는 재물이 줄어드는 것이다. 회사에서 직원들에게 월급을 정상적으로 주지 않고 조금 월급을 주고 회사는 이익을 챙기면 재물은 늘어나지 않고 줄어든다. 회사 직원들의 월급을 제날짜에 주지 않고 미루고 월급을 주지 않는다면 그 회사의 사장은 재물이 줄어든다. 이런 사실을 얼마나 알고 있는지 모르겠다.

정상적인 말과 행동이 아닌 방법으로 재물을 모으는 사람이 많이 있다. 이런 사람은 재물이 줄어들어 부자가 될 수 없다. 이런 방법은 죄

 죄인과 의인

인의 방법이요, 악인의 방법으로 재물이 늘어나는 것이 아니라 줄어든다.

죄인과 악인은 자연인 모두이다. 자연인이란 부모를 통해서 태어난 모든 사람이다. 부모를 통해서 태어난 모든 사람은 죄인이다. 죄인은 정상적인 방법보다 비정상적인 방법으로 재물을 모은다. 이런 방법은 재물이 늘어나는 방법이 아니고 줄어든다.

성경은 기록하기를 "너희 재물은 썩었고 너희 옷은 좀먹었으며 너희 금과 은은 녹이 슬었으니 이 녹이 너희에게 증거가 되며 불같이 너희 살을 먹으리라 너희가 말세에 재물을 쌓았도다 보라 너희 밭에서 추수한 품군에게 주지 아니한 삯이 소리 지르며 그 추수한 자의 우는소리가 만군의 주의 귀에 들렸느니라"(약 5:2-4).

일을 시키고 삯을 주지 않으면 하나님이 일하심으로 재물이 썩고 옷이 좀먹고 금과 은이 녹이 슬어 쓸모없게 된다는 말이다. 재물이 줄어들지 않고 늘어나기를 원하면 망령되이 재물을 얻으면 안 된다.

반대로 재물이 늘어나는 경우는 손으로 성실하게 모으는 것이다. 성경은 기록하기를 "손으로 모은 것은 늘어가느니라"(잠 13:11). 손으로 모은 것은 정상적인 말과 행동으로 돈을 모으는 경우이다. 성실하게 일하고, 부지런히 일하고, 눈 가림으로 일하지 않는 것을 말한다.

아침부터 저녁까지 성실하게 일한 사람의 재물은 늘어간다. 현대 창업자 정주영 회장은 현대를 창업하기 전에 쌀가게에서 일을 했다고 한다. 그는 그곳에서 일하면서 주인의 마음에 들게 일을 해서 주인은 쌀가게를 아들에게 주지 않고 정주영 씨에게 주었다고 한다. 그는 그곳에서 돈을 많이 모았다. 현대는 건설 현장에서 성실하게 낮과 밤을 가리지 않고 일을 했다고 한다. 경부고속도로 건설 현장에서도 그는 사원들과 땀을 흘리는 일을 했고 난공사가 있을 때도 그 일을 끝내려고 머리를 싸매고 직원들과 같이 뛰었다고 한다. 외국 건설 현장에서도 정상적인 방법이 아닌 방법을 동원해서 현지에서 큰일이 발생하였지만, 마침내 그는 정상적인 방법을 주문해서 건설 현장의 일을 마무리한다. 이렇게 정상적인 방법으로 일을 하면 재물은 늘어난다고 성경은 기록하고 있다.

정상적인 방법은 하나님의 방법이다. 이런 방법에 하나님은 재물이 늘어나도록 도우신다. 성경 창세기에 야곱의 아들 가운데 열한 번째 아들 요셉은 형들에 의해서 구덩이에 던지어지기도 하고, 애굽의 종으로 팔리기도 한다. 종으로 팔리워 그곳에서 일을 성실하게 하다가 집 여주인의 모함으로 감옥에 갇히기도 하지만 그는 그곳에서 나와 애굽의 총리가 된다. 드라마와 같은 일이 현세에서 벌어졌다. 야곱은 흉년이 들었고 애굽은 쌀이 남아돌아서 이웃 나라에서 쌀을 팔러 와서 동생 요셉을 만나게 된다. 그는 하나님이 애굽의 총리로 세우시고 흉년을 예비하여 쌀을 준비케 하여 애굽도 살고, 이스라엘도 살린다. 정상적인 방법으로 사는 사람은 고난과 모함이 있을 수 있으나 마침내 하나님이 세우시고 도우신다. 그러므로 재물은 늘어나게 되고 높은 지위를 얻게 된다. 하나님의 정상적인 방법은 의인의 방법이다.

의인은 죄인이 죄 사함을 받으면 죄인이 의인이 된다. 사람의 죄를 위해서 십자가에서 사람들의 죄를 다 사하셨다. 이것을 믿으면 죄를 사하신다. 죄를 사함 받으면 죽은 영을 살리신다. 죄인은 영이 죽었지만 의인이 된 사람은 죽은 영을 살리신다. 이런 사람은 하나님이 도와주시어 재물이 늘어난다.

   죄인과 의인

# 재물을 의지하는 사람과
# 의지하지 않는 사람

사람은 강하지 않고 약해서 어떤 것에 의지하며 살고 있다. '의지'란 다른 것에 몸을 기대는 것이며, 다른 것에 마음을 기대어 도움을 받는 것이다. 어떤 사람은 재물을 의지하는 사람이 있다. 그런 사람은 악인이며 죄인이다. 죄인은 자연인을 말하며 부모를 통해서 태어난 사람 모두가 자연인이요, 죄인이요, 악인이다. 이런 사람은 모두 재물을 의지하며 살아간다. 재물을 최고로 여기며 사는 사람이다.

재물을 얻기 위해서 갖은 노력을 한다. 그러나 재물이 행복을 주지는 못한다. 재물이 있으므로 재물이 없는 사람보다는 소유할 수 있는 것이 많이 있다. 그러나 행복까지는 다 재물로 살 수 없다. 재물이 있음으로 행복의 조건은 될 수 있지만 재물 자체가 행복은 아니다.

사람들은 복권을 구입하여 복권이 당첨되면 행복합니까? 물으면 그렇지는 않다. 그런데 자기 자신이 원하는 재물을 얻었다면 행복할 수 있을까? 그렇지 않다. 잠깐은 행복하지만 영원히 행복하지는 않다. 재물은 행복의 조건은 될 수 있다. 그러나 재물 자체가 행복이 될 수는 없다. 그런데 재물을 자신이 원하는 만큼 얻었다고 하면 다른 어느 것을 추구해야 한다. 그런데 재물을 의지하면 불행이 찾아온다. 성경은 재물과 하나님 중에서 하나를 선택하라고 한다.

"너희가 하나님과 재물을 겸하여 섬기지 못하느니라"(마 6:24)라고 했다. 한 사람이 두 주인을 섬기지 못한다는 것이다. 재물을 사랑하면 하나님을 미워하고, 하나님을 사랑하면 재물을 미워해야 한다.

한 사람이 둘을 섬기지 못하고 사랑할 수 없다. 악인이며 죄인은 재물만 섬기고 사랑하다가 재물로 패망하게 된다. 재물만 따라가는 사람은 마침내 망하게 된다. 복권이 당첨이 되어 20억 정도 아니 그 이상을 받은 사람은 처음에는 행복하다가 마침내 얼마 가지 않아 불행한 사람이 많이 있다. 재물은 행복의 조건이지 행복 자체는 아니다.

재물을 의지하는 악인은 마침내 패망한다. 죄인이 망하고 악인이 망하면 죄인은 의인이 되어야 한다. 의인이 되려면 죄인은 죄 사함을 받아야 한다. 아담이 범죄한 이후에 사람은 다 죄인이 되었다. 죄인이 아닌 사람은 한 사람도 없고 다 죄인이다. 죄인을 위해서 예수님이 십자가에서 피 흘리어 죄를 다 사해 놓으셨다. 죄인인 것을 인정하고 믿으면 의인이 된다. 예수님 당시에 바리새인들이 자신은 의인이라 생각했다. 이때 예수님은 병든 사람에게 의사가 필요하고 건강한 사람에게는 의사가 필요하지 않다. 죄인에게 예수님이 필요하지 의인에게는 예수님이 필요 없다고 하셨다. 바리새인들은 예수님이 없이 의인이 되었으니 예수님이 필요 없는 사람이다.

우리에게도 죄인이라고 인정해야 예수님이 필요하지 의인이라면 예수님이 필요하지 않다. 죄인은 먼저 자기 자신이 죄인임을 인정해야 예수님의 피 흘림이 필요하며 죄 사함이 필요하다고 인정하고 믿어야 죄 사함을 받는다. 죄 사함을 받은 사람에게 하나님은 죽은 영을 살리신다. 죄인에게는 영이 죽었기에 죄 사함을 받으면 죽은 영을 살리신다. 영이 살면 의인으로 죄가 없는 사람이다.

이런 사람은 하나님을 의지하게 된다. 재물이 아니라 하나님을 의지하고 섬긴다. 이런 사람은 푸른 잎사귀 같아서 번성하게 된다. 성경은 기록하기를 "시냇가에 심은 나무가 철을 따라 열매를 맺으며 그 잎사귀가 마르지 아니함 같으니 그가 하는 모든 일이 다 형통하리로다"(시 1:3) 했다. 재물을 의지하는 것이 아니라 하나님을 의지하며 따라가는 의인은 번성한다. 재물을 의지하는 죄인으로, 악인으로 살 것인가 아니면 하나님을 의지하며 따라가는 의인으로 살 것인가?

사람은 태어나서 선택의 순간순간이 많이 있다. 하루에도 선택을 해야 하는 순간이 있다. 식당에서 어떤 음식을 먹을 것인가 선택해야 하고, 길을 갈 때도 어느 쪽으로 가야 하지 선택해야 하며 일생을 사는데도 어떻게 살 것인가 선택해야 한다. 그중에 죄인으로 살 것인가? 의인으로 살 것인가? 선택해야 한다. 의인이 되면 번성하고 죄인으로 악인으로 살면서 재물을 의지하면 패망하게 될 것이다.

# 매를 자청하는 입과 보전하는 입

사람의 입은 여러 가지 일을 한다. 먹는 일과 말하는 일이다. 사람의 지체 가운데 한 지체가 두 가지 이상 일을 감당하는 지체는 힘들다. 귀는 듣는 일을, 눈은 보는 일을, 코는 냄새와 호흡하는 일을 한다. 다리는 걷는 일을, 손은 들고, 가리키는 일, 잡는 일을 한다. 입은 먹는 일과 말하는 일이다. 먹는 일은 매번 반복되는 일이며 말하는 일은 눈을 뜨면 하는 일이다.

입의 일 중에서 말하는 일은 너무 중요하다. 이것이 대인관계와 대신 관계의 중요한 역할을 한다. 입을 사용함에 있어서 주의할 일이 많다. 성경은 입에 대해서 "듣기는 속히 하고 말하기는 더디 하며 성내기도 더디 하라"(약 1:19)고 했다. 말하는 것은 생각하고 생각해서 말하라는 것이다. 왜 그렇지요? 실수가 많기 때문이다. 가만히 있으면 될 일인데 입을 열어서 매를 맞는 일이다.

성경은 "미련한 자는 교만하여 입으로 매를 자청하고"(잠 14:3)라고 했다. 매를 맞는 일은 입으로 매를 자청해서 맞는 경우이다. '자청'은 어떤 일에 나서기를 스스로 청하는 것이다. 가만히 있으면 되는데 나서서 매 맞을 일을 스스로 청하는 경우이다. 매를 맞는 경우가 입으로 매를 자청한다는 것이다. 매를 맞는 일을 발로 자청하는 것이 아니고,

 죄인과 의인

손으로 매를 자청하는 것이 아니고, 입으로 매를 스스로 청하는 것이
다. 어리석은 일이지요. 왜 입으로 매를 자청하는가 하면 교만해서 그
일을 만드는 것이다. '교만'이란 원래는 '부풀다'라는 뜻으로 어떤 상태
가 평평한데 그것보다 부푼 상태가 된 것이 교만이다. 원래 상태보다
부풀어 오른 상태가 교만이다. 교만은 아주 나쁜 상태로 매를 입으로
자청한다.

교만하지 않으면 매를 맞을 일이 없는데 교만해서 매를 맞는다. 누
가 교만한가요? 미련한 자가 교만하다. 미련한 자는 죄인이요, 악인으
로 자연인을 말한다. 부모를 통해서 태어난 사람은 다 자연인이다. 이
사람들은 모두 죄인이요, 악인이요, 미련한 사람이다. 이런 사람은 교
만해서 입으로 매를 자청한다. 자연인의 교만은 너무 잘난체하는 것이
다. 모르면 겸손해야 하는데 교만해서 그 일로 매를 맞게 된다. 사람
은 입을 어떻게 여느냐에 모든 일이 달려 있다. 죽고 사는 것도 입에
달려 있고, 매를 맞고 갇히는 일도 입에 달려 있다.

죄인은 입을 여는데 조심해야 매를 적게 맞는다. 다윗의 아들 압살
롬은 아버지 다윗에게 거짓으로 헤브론으로 올라가야 한다고 한다. 하
나님에게 서원해서 지키어야 한다고 거짓으로 말한다. 아버지 다윗은
하나님 그러면 그렇게 하라고 한다. 그리고 아버지를 몰아내고 왕위를
찬탈하는 일을 한다. 이 일로 그는 죽게 된다. 얼마나 미련한 사람이
요, 그 일이 미련한 사람의 입을 통해서 매를 자청한다.

반대로 지혜로운 사람은 입술을 보전한다. 성경은 "지혜로운 자의
입술은 자기를 보전하느니라"(잠 14:3)라고 기록하고 있다. 지혜자는
의인으로 입을 열지 않고 다물고 있다. 그러므로 자기 자신을 보전한
다. '보전'은 온전하게 보호하여 유지하는 것이다. 어떤 사건이 생겼을

경우 입을 함부로 열지 않고 자기 자신을 보호하고 지키는 것이다. 이런 사람이 지혜로운 사람이다. 이런 사람은 매를 맞지 않고 자기 자신을 지킨다. 창세기 나오는 요셉은 형들에 의해서 구덩이에 던지어지고, 미디안 상인에게 팔리고, 종으로 팔리었다. 그리고 보디발의 집에서 가정 총무의 일을 한다. 그곳에서 보디발의 아내의 모함을 받고 감옥에 갇힌다. 그래도 입을 열지 않고 감옥에 있다가 애굽의 총리가 된다. 감옥에 갇히게 되었을 때도 입을 열지 않고 닫는 사람이 지혜로운 사람이다. 이 일로 그는 감옥에서 나와 총리가 된다.

지혜로운 사람은 함부로 입을 열지 않는다. 이 일이 그에게 바보 같게 보이지만 그 일이 그를 보전하는 일이고 그를 빛나게 하는 일이다. 성경은 "의인의 빛은 훤하게 빛나고 악인의 등불은 꺼지느니라"(잠 13:9)라고 했다. 지혜로운 사람은 의인으로 입을 지키다가 훤하게 빛나지만 악인의 등불은 꺼져간다.

미련한 사람으로 살 것인가? 지혜로운 사람으로 살 것인가? 선택해야 한다.



죄인과 의인

# 망하는 집과 흥하는 집

식당을 개업하면 흥하기를 원한다. 어떻게 하면 흥할까? 성경은 "악한 자의 집은 망하겠고 정직한 자의 장막은 흥하리라"(잠 14:11) 했다. 성경은 진리이다. '진리'란 변하지 않는 것을 말한다. 얼마나 변하지 않아야 진리인가? 영원히 변하지 않아야 진리이다. 성경이 만약 진리가 아니라면 벌써 베스트셀러 자리를 내놓았을 것이다.

성경은 "악인들의 길은 망하리로다"(시 1:6)라고 했다. 악인은 누구인가요. 죄인이 악인이다. 아담이 범죄한 이후에 사람은 다 죄인이다. 그러므로 자연인은 다 죄인이요, 악한 사람이다. 부모를 통해서 태어난 모든 사람은 다 죄인이고 악인이다. 악인은 망한다. 악인은 지금은 잘 되지만 언젠가는 망한다고 성경은 기록하고 있다. 성경이 망한다고 기록하고 있으면 맞는 말이다. 성경은 진리이기 때문이다.

죄인이 망하고, 악인이 망하는 것은 두 가지 면에서 망한다.

첫 번째는 이 땅에서 망하고 두 번째는 죽은 후에 망한다. 이 땅에서 사업을 하든지, 출세를 하든지, 무슨 일을 하든지 망한다. 노아는 당대에 의인이었지만 다른 사람들은 죄인이요, 악인으로 40주야 비를 내리어 다 쓸어 버린다. 하나님은 노아 당대에 사람들을 만든 것을 한탄하신다. 사람의 죄악이 세상에 가득하고, 그들의 모든 계획이 항상 악할 뿐이었기 때문이다. 하나님은 "내가 창조한 사람을 지면에서 쓸어버리되"(창 6:7) 한다. 악인들의 계획이 항상 악했다고 기록하고 있다. 소돔과 고모라에 유황과 불을 내리어 악인들을 멸하신다. 소돔과 고모라의 악인들은 성적 타락을 한다. 그들을 살릴 수가 없었다.

두 번째는 이 땅에서만 아니라 죽은 후에 하늘나라에 들어갈 수 없기에 망하는 사람이다. 악인들은 죄인으로 죄 사함이 없다. 이들은 현세만 있지 내세는 없다. 하늘나라가 없는 삶은 가장 비참한 삶이다. 하늘나라는 사람이 살아 있을 때 준비해야 한다. 아무리 바빠도 죽은 후에 가는 하늘나라는 준비하고 있다가 부르면 가야 한다. 부르면 갈 수 없어요 하고 부름에 응하지 않을 수는 없다. 이 땅에서 검찰이 부르면 불응한다. 그러나 언젠가는 강제로 부르게 되듯이 우리도 부르면 가야 한다. 이 준비는 어느 것보다 우선이다. 이것을 미루면 언젠가 후회하게 된다. 기회는 그렇게 많지 않다. 이 기회를 놓치지 말고 잡아야 한다.

의인은 두 가지 면에서 흥한다. 이 땅에서 흥하고 죽은 후에 흥한다.

첫 번째 이 땅에서 의인은 흥한다. 성경은 "정직한 자의 장막은 흥하리라"(잠 14:11) 했다. 여기서 '정직한 자'란 의인을 가리키고 '장막'은 집이다. 의인은 흥하게 된다. '의인'은 죄인이 죄 사함을 받으면 의인이 된다. "노아는 의인이요"라고 했다. 죄인이 죄 사함을 받으면 의인이 된다. 의인은 흥하고 번성한다. 노아는 의인으로 당대에 살았고, 다른 사람들은 다 죽었다. 그러나 의인 노아는 하나님이 살리셨다. 다윗은 의인으로 일개 목동으로 살다가 많은 시련이 있었지만, 마침내 이스라엘의 왕이 된다. 요셉은 의인으로 열두 형제 가운데서 애굽에 팔리고 종살이를 하지만 자기 나라가 아닌 이방 나라에서 총리가 된다. 의인에게는 시련은 있지만 흥하게 만든다.

"의인에게는 어떤 재앙도 임하지 아니하려니와 악인에게는 앙화가 가득하리라"(잠 12:21). '앙화'는 죄의 앙갚음으로 받는 재앙이다. 죄인이며 악인은 죄의 값으로 받는 재앙이 너무나 크다는 말이다. 의인은 "시냇가에 심은 나무가 철을 따라 열매를 맺으며 그 잎사귀가 마르지 아니함 같으니 그가 하는 모든 일이 다 형통하리로다"(시 1:3) "의인들의 길은 여호와께서 인정하시나 악인들의 길은 망하리로다"(시 1:6).

두 번째 의인들의 삶은 이 땅에서만 흥하는 것이 아니라 죽은 후에도 하늘나라가 보장되어 있다. 사람은 하루에도 선택의 순간이 많이 있다. 길을 갈 때도 이 길로 갈 것인가? 저 길로 갈 것인가? 식당에서 음식을 주문할 경우에도 선택을 해야 된다. 짜장을 주문하든지, 우동을 주문하든지, 짬뽕을 주문하든지 선택을 해야 한다. 무엇인가를 주문하고 선택해야 한다. 사람의 일생도 선택해야 한다. 죄인으로 살 것인가? 의인으로 살 것인가?

의인에게는 하늘나라가 준비되어 있다. 이 준비는 사람에게 가장 값진 준비이다. 악인은 죄인으로 망하는 사람이고, 의인은 흥하는 사람이다.

# 지혜는 생명나무

사람에게는 목숨이 있고, 하나님에게는 생명이 있다. 사람에게 있는 목숨은 유한하고, 하나님에게 있는 생명은 영원하다. 사람의 목숨은 유한하기에 70년 살고, 더 살면 80~90년 산다. 100세까지 사는 사람도 있지만 한 번은 죽는다. 성경은 "한 번 죽는 것은 사람에게 정해진 것이요"(히 9:27)라고 기록하고 있다. 사람이 아무리 보약을 먹고 운동을 해도 한 번은 죽는다. 사람은 아무리 돈이 많아도 죽고, 천하를 호령해도 죽는다. 그러나 하나님은 영원하다. 이 세상이 창조되기 전부터 계시고 영원까지 계신다.

하나님에게 있는 생명을 인간에게 주실 때는 죄 사함이 있어야 한다. 예수님은 사람의 죄를 사하기 위해서 십자가에서 죽으셨다. 아담의 범죄로 사람들은 다 죄인이 되었다. 이 죽음이 십자가의 죽음이고 사람들의 죄를 사했다. 이것은 믿으면 죄 사함을 받는 것이다. 죄 사함을 받으면 죽은 영을 살리신다. 이것이 생명이고 영생이다.

하나님 안에 있는 생명을 사람에게 주신다. 성경은 이렇게 기록하고 있다. "내가 온 것은 양으로 생명을 얻게 하고 더 풍성히 얻게 하려는 것이라"(요 10:10). 여기서 '내가'는 예수님을 지칭하고 있다. 예수님은 유대 땅 베들레헴에 육신으로 오신 목적은 사람에게 생명을 주려고



죄인과 의인

오셨다. 예수님은 말씀으로 계시었으나 이 땅에 오실 때에는 육신으로 오셨다. 육체로 오신 것은 죄인인 사람을 죄에서 구원하기 위해서이다. 말씀으로는 피를 흘릴 수 없기에 육체를 입고 오신 것이다. 육체로 이 땅에 오실 때는 낮고 천하게 말 구유에 오셨다. 말 구유에 오신 아기 예수를 경배하려고 동방박사들이 별의 인도를 따라왔다. 하늘의 별들이 동방박사들을 인도하여 아기 예수가 누워 있는 곳까지 인도했다. 그들은 아기 예수를 찾을 때 황금과 유황과 몰약을 준비하고 왔다. 그들은 아기 예수를 경배하고 오던 길로 가려고 하는데 꿈에 현몽하여 그 길로 가지 말라는 음성을 듣고 갈 때는 다른 길로 가게 되었다.

예수님의 탄생은 죄에서 구원이다. 성경은 이렇게 기록하고 있다. "아들을 낳으리니 이름을 예수라 하라 이는 그가 자기 백성을 그들의 죄에서 구원할 자이심이라"(마 1:21). 사람들에게 12월 25일 크리스마스는 휴일이고 먹고 즐기는 날이고 여행하는 날이나 예수님은 죄인인 사람들을 죄에서 구원하기 위해서 탄생의 날이다. 사람들에게는 이렇게 기쁘고 즐거운 날이 없다. 나의 죄를 위해서 오신 날이기에 그렇다.

하나님의 생각과 사람들의 생각이 이렇게 다르다. 사람들은 먹고 마시고 즐기는 날이나 하나님에게는 인류를 구원하는 중대한 날이다. 하나님이 보시기에 인간의 말과 행동은 철이 없는 어린아이와 같다. 예수님의 탄생과 죽으심이 없었다면 사람들은 영원히 죄로 멸망 당하게 되었을 것이다. 그래서 그분의 탄생을 구세주 탄생이라고 한다. 감사하고 기쁜 성탄이다. 예수님의 오심은 사람들에게 생명을 주셨다. 예수님을 통한 지혜 역시 생명이다. 그러므로 지혜는 생명나무이다.

# 악인에게는 고통이
# 의인에게는 보물이

사람이 고통을 원하는 사람은 없지만 고통을 당하고 있다. 고통의 원인을 모르기 때문이다. 병이 들었으면 원인을 알아야 치료가 된다. 고통도 원인을 알면 고통에서 벗어날 수가 있다. 고통의 원인에 대해서 성경은 이렇게 답을 알려주고 있다. "악인의 소득은 고통이 되느니라"(잠 15:6)라고 했다. 사람의 고통은 여러 가지가 있다. 그중에서 한 가지는 악인으로 소득을 취했다는 것이다. 악인이라도 소득이 없으면 고통이 없는데, 소득을 가졌기에 고통이 따라온 것이다.

악인이 소득을 가지기 전에 먼저 할 일이 악인에서 벗어나야 한다. 악인은 죄인으로 죄인의 자리에서 벗어나면 악인에서 벗어나는 것이다. 죄인에서 벗어나려면 방법은 한 가지밖에 없다. 죄 사함을 받으면 된다. 죄 사함은 예수님이 2,000년 전에 십자가에서 인간의 죄를 사해 놓으셨다. 아담이 범죄한 이후에 태어난 사람은 다 죄인이다.

"모든 사람이 죄를 범하였으매 하나님의 영광에 이르지 못하더니"(롬 3:23)라고 했다. 사람은 다 죄인으로 태어났기에 죄인이라는 사실을 인정하고, 예수님이 십자가에서 나의 죄를 사하셨다고 믿으면 죄 사함을 받는다. 죄 사함을 받으면 성령을 부으시고 성령은 죽은 영을 살리신다. 아담의 범죄로 죽은 영을 살리면 성령이 인도한다.

   죄인과 의인

의인이 되면 소득이 고통이 아니라 즐거움이요, 기쁨이요, 만족이 된다. 의인의 소득은 많은 보물로 채워진다. 의인은 죄가 없는 사람이다. 예수님 당시에 바리새인들이 의인이었다. 이들은 예수님 없이 의인이 되었기에 예수님은 "건강한 자에게는 의사가 쓸데없고 병든 자에게라야 쓸 데 있느니라"(마 9:12)라고 했다. 너희는 나 없이 의인이므로 내가 필요 없다고 했다. 그렇다. 예수님이 없이 의인이라면 예수님이 필요 없다. 만약 우리에게 예수님이 없이도 의인이라면 그는 예수님이 필요 없다.

그런 사람은 나는 예수를 믿는 사람보다 더 착하게 살았다든지, 나는 도둑질한 적이 없다든지 하면서 자신을 의인으로 여기면 이미 의인이 된 것이다. 그런 사람은 죄 사함을 받지 못한다. 이미 죄가 없다고 하기 때문이다. 내가 죄가 있고, 죄인이라고 생각해야 예수님이 필요하다. 이런 일을 뒤로하고 소득만을 위해서 살면 그는 의인이 아니라 죄인이요, 악인이다.

자신이 죄인이라고 인정하고 죄 사함을 원해야 죄 사함을 받을 수 있다. 이런 사람에게 죄 사함이 주어진다. 죄 사함을 받고, 죽은 영이 살면 그때부터 하나님이 인정하신다. 의인의 집에는 "많은 보물이 있어도"(잠 15:6) 했다. 의인에게는 보물이 주어지는데 많은 보물이 주어진다. '보물'이란 '드물고 가치가 있는 보배로운 물건'이라는 말이다. 드물고 가치 있는 물건이 가득 차 있는 집이 의인의 집이다. 창세기에 나오는 요셉은 애굽에서 총리이었다. 이웃 나라들은 7년의 흉년에 쌀이 없었지만, 애굽에는 창고에 쌀이 가득 차 있었다. 이미 이런 때를 알고 7년 풍년에 쌀을 창고에 쌓아두고 쌓아두어서 쌀이 넘치고 있었다. 이런 일을 가능하게 한 사람은 요셉이다. 이미 그에게 이런 재앙이 있을 것을 알려주어서 미리 준비한 것이다. 애굽의 쌀은 보물이다. 이런 보물이 요셉 총리 집에 가득하고 애굽에 가득했다.

# 죄인의 재물과 의인의 재물

사람들의 관심은 여러 가지가 있다. 어떤 사람은 재물에 관심이 있고, 어떤 사람은 건강에 관심이 있고, 어떤 사람은 권세에 관심이 있다. 재물은 인간 누구에게나 관심의 대상이다. 재물은 누가 소유하느냐에 따라 다르다. 죄인이 재물을 가질 수도 있고, 의인이 재물을 가질 수도 있다.

아담이 범죄한 이후에 태어난 사람은 다 죄인이다. "모든 사람이 죄를 범하였으매 하나님의 영광에 이르지 못하더니"(롬 3:23)라고 했다. 죄인이 재물을 얻을 수 있다. 이 죄인의 재물은 의인을 위하여 쌓아 놓는 것이다. 성경은 "죄인의 재물은 의인을 위하여 쌓이느니라"(잠 13:22)라고 했다. 내 재물이고 내가 노력했지만, 이 재물이 내 것이 아니고 의인을 위하여 잠시 내가 보관하고 있는 것이다. 죄인의 재물은 청지기에 불과하다. 죄인의 재물은 관리인에 불과하다.

아브람의 가축의 목자와 롯의 가축의 목자가 다투게 된다. 아브람은 조카 롯에게 네가 좌하면 나는 우하고 네가 우하면 나는 좌하리라 한다. 롯이 먼저 요단 온 지역을 선택하고 아브람은 가나안 땅에 거주했다. 롯은 그곳에서 옮기어 소돔에 살게 된다. 이웃 나라와 소돔과 고모라에 전쟁으로 롯을 잡아가고 재물까지 노략질했다. 이런 소식을 들은 아브람이 훈련된 318명으로 단까지 쫓아가서 빼앗긴 재물과 조카 롯과 그의 재물과 부녀와 친척들을 다 찾아왔다. 또 하나님은 소돔과 고모라에 불과 유황을 부었다. 소돔 사람들은 하나님 앞에 악하며 큰 죄인이었다고 성경은 기록하고 있다. 그래서 하나님은 불과 유황을 부었다. 조카 롯은 그곳에 살지도 못하고 그 땅과 소유를 다 놓고 도망가는 신세가 되었다. 도망가다가 아내를 잃어버린다. 아내는 소돔과 고모라를 돌아보다가 소금 기둥이 되었다.

죄인으로서 맨 먼저 할 일이 재물을 소유하는 일이 아니고 죄인이 의인 되는 일이다. 죄인이 의인이 되고 재물을 소유해야 순서가 맞다. 죄인이 의인 되려면 어떻게 해야 하는가?

자연인은 다 죄인이다. 자연인이란 부모를 통해서 태어난 모든 사람은 죄인이고 악인이다. 죄인을 위하여 예수님이 2,000년 전에 십자가에서 피 흘려 죽으셨다. 이 죽음은 대속의 죽음이다. 인간이 다 죄인이기에 죄인을 위하여 피를 흘리시어 죄인의 죄를 사하셨다. 이것을 믿으면 죄를 사함을 받는 것이다. 죄 사함을 받으면 성령을 부으시고 성령은 죽은 영을 살리신다. 이것이 생명이고 영생이다. 이런 사람은 죄인이 아니라 의인이다. '의인'이란 죄 없는 사람이다. 성경은 "의인은 없나니 하나도 없으며"(롬 3:10)라고 했다. 죽은 영이 산 사람이 의인이다. 하나님은 의인에게 재물을 주신다.

의인의 재물은 자자손손에게 준다. 성경은 '선인'이라고 했지만, 선인은 의인이라는 말이다. 선인의 산업은 자자 손손에게 주신다. 아버지가 의인이면 이 재물을 의인 아들에게 주시고 그 아들은 의인인 아들에게 재물을 물려준다. 아브람의 가축의 목자와 롯의 가축의 목자가 다투게 된다. 이때 아브람은 조카 롯에게 네가 좌하면 나는 우하고 네



죄인과 의인

가 우하면 나는 좌하리라 하였다. 그래서 롯이 먼저 선택한 땅이 요단 온 지역을 택하고 아브람은 가나안 땅에 거주했다. 롯은 그곳에서 옮겨 소돔에 살게 되었다. 롯이 아브람을 떠나자 하나님이 아브람에게 너는 눈을 들어 너 있는 곳에서 북쪽과 남쪽 그리고 동쪽과 서쪽을 바라보라고 하신다. 이 바라보는 땅을 하나님이 너와 네 자손에게 주리니 영원히 이르리라 하신다.

죄인의 재물은 의인을 위하여 쌓이고, 의인의 재물은 자자손손에게 있게 하신다.

# 자기 집을 허무는 여인과 세우는 여인

남자는 여인을 잘 만나야 한다. 자기 집을 세우는 것은 남자가 아니라 여인이다. 어떤 여인은 시집을 가서 자기 집을 허무는 여인이 있고, 어떤 여인은 자기 집을 세우는 여인이 있다. 어떤 여인이 자기 집을 허무는가? 허무는 여인은 미련한 여인이다. 미련한 여인이란 죄인을 말한다.

죄인은 악인이고 미련한 사람이다. 여인도 미련한 남자를 만나면 고생하고 자기 집이 일어날 수가 없다. 미련한 여인은 죄인으로서 죄인을 벗어나야 한다. 죄인을 벗어나려면 죄 사함이 있어야 한다.

죄 사함은 예수님이 2,000년 전에 십자가에서 피로써 해결해 놓으셨다. 이 사실을 믿으면 죄 사함을 받는다. 구약에도 사람들이 죄를 범하면 제사장 앞에 짐승을 가지고 와서 짐승이 피를 흘리며 죽었다.

이런 일이 구약에 계속 이어졌다. 그러다가 예수님이 오셔서 단번에 자신의 몸으로 해결하셨다. 이 사실을 믿으면 죄 사함을 받고 성령을 부으신다. 그리고 아담의 범죄로 죽은 영을 살린다. 그러면 죄인이 의인이 되고 의인이 되면 미련한 사람이 아니라 지혜로운 사람이 된다.

집을 허물고 세우는 것은 사람의 얼굴에 있지 않고, 학벌에 있지 않고, 죄인이냐 의인이냐에 달려 있다. 사람들은 외모에 관심이 있으나 하나님은 외모를 보지 않고 죄인이냐 의인이냐를 보신다.



죄인과 의인

미련한 여인은 죄인으로 아무리 노력하고 공부해도 자기 집을 세우지 못한다. 성경은 "지혜로운 여인은 자기 집을 세우되 미련한 여인은 자기 손으로 그것을 허느니라"(잠 14:1) 했다. 성경은 진리이다. 성경을 진리라고 하는 것은 변하지 않는다는 말이다. 영원히 변하지 않는 것이 진리이다. 성경은 영원히 변하지 않는 진리이다.

롯의 아내는 미련한 여인으로 소돔과 고모라에 불과 유황을 내릴 때 도망가다가 소금 기둥이 된다. 미련한 여인의 비참한 최후를 본다. 자기 집을 세우는 여인은 지혜로운 사람이며 지혜로운 사람은 의인이다. '의인'이란 죄가 없다는 말이다. 아담이 범죄한 이후에 사람들은 다 죄인이다. 죄인이 죄 사함을 받으면 죄가 없는 의인이 된다. 의인에게 성령을 부으시고 의인에게 죽은 영을 살리신다. 이런 사람은 지혜로운 사람이 된다. 남자는 미련한 여인을 만나지 말고 지혜로운 여인을 만나야 한다. 죄 사함을 받은 의인은 지혜자이며 자기 집을 세우는 여인이 된다. 죄 사함을 받고 죽은 영이 산 여인을 만나면 그 집은 세워진다. '세운다'라는 말은 집안이 일어난다는 말이고 잘 된다는 말이다. 그래서 옛말에 집안에 여자가 잘 들어와야 한다고 했다. 어느 집이든지 여인 하나가 그 집안을 결정한다. 여인이 집을 세우기도 하고, 허물기도 한다.

선택을 잘해야 한다. 한 번 결혼해서 만나면 물건과 같이 물릴 수가 없는 것이다. 의인인 남자는 의인이며 지혜로운 여인을 만나야 하고, 지혜로운 여인은 의인인 남자를 만나야 자기 집을 세우고 일으킨다. 노아와 노아의 아내를 보면 노아도 의인이고 노아의 아내도 의인으로 40주야 비를 내리어 쓸어버릴 때 노아도 살리고 아내도 살리고 아들 셋과 며느리 셋을 살린다. 이들 모두는 의인이고 지혜로운 사람들이다.

# 악인은 주리고 의인은 포식하고

옛날에는 주리고 살았다. 그때가 1970년쯤 먹을 것이 없어서 배가 고프게 살았다. 옛날은 너무나 배가 고프고, 오늘날은 너무나 포식한다. '포식'은 배부르게 먹는 것이다. 다른 사람들은 몰라도 악인은 일상생활에 배가 주린다. 성경은 "악인의 배는 주리느니라"(잠 13:25)고 했다. 이 말은 악인의 삶이 경제적으로 어렵고 힘들다는 말이다.

악인은 죄인이다. 아담이 범죄한 이후에 인간은 다 죄인이다. 성경은 기록하기를 "모든 사람이 죄를 범하였으매 하나님이 영광에 이르지 못하더니"(롬 3:23)라고 했다. 인간은 다 죄인이고 악인이다. 부모를 통해서 태어난 사람은 다 죄인이고, 악인이다. 악인의 삶은 매달 주리고 주린다. 다음 달은 좀 넉넉할까? 생각하지만 그달도 부족하고 주린다.

이것의 원인이 무엇일까? 생각해야 한다. 일을 열심히 하지 않아서 그런가? 아니다. 하루에 8시간 일을 하는 사람이 12시간 일을 하면 어떨까? 조금 수입이 늘어날 수 있다. 그러나 여전히 넉넉하지 못하고 주린다. 12시간 일을 했는데 14시간 일을 하면 어떨까? 몸만 힘들지 수입에는 별 차이가 없고 몸만 고달프다. 이렇게 일을 하는 시간만 늘리면 몸은 지치고 지쳐서 견디지 못하는 상태에 이르게 된다. 이것이



죄인과 의인

과로이다. 과로는 일하는 시간이 많아서 몸이 견디지 못하는 상태이다. 과로나 과식이나 과음 모두 다 몸에는 해롭다. 과로하면 병든다. 과로로 수입이 늘어서 생활이 여유가 있는 것 아니다. 원인은 일하는 시간과 수입이 연관이 있는 것이 아니라 사람이 어떤 사람이냐에 달려 있다.

성경은 "의인은 포식하여도 악인의 배는 주리느니라"(잠 13:25) 문제는 악인에게 있다. 악인은 죄인으로 살면 삶이 주리고 주린다. 죄인에서 벗어나야 한다. 죄인에서 벗어나는 길은 의인이 되는 길밖에 없다. 죄인을 위해서 예수님이 유대 땅 베들레헴에 오셨고 십자가에서 죽으셨다. 이것을 대속이라고 한다. 인간이 죽어야 하는 죽음을 대신 죽으신 것이다. 이 죽음과 피 흘리심으로 인간의 죄를 다 사하셨다. 이것을 믿으면 죄를 사함 받고 의인이 된다. 죄 사함 받은 의인에게 성령을 부으시고, 죽은 영을 살리신다. 이것이 거듭남이다. 아담이 범죄한 이후에 인간은 영이 죽었는데 이 죽은 영을 살리신다.

죄 사함을 받고, 죽은 영이 살면 의인이고 생명이고 영생이다. 죄인으로 살고, 악인으로 살면 매일과 매달과 매년이 배가 주린 삶을 살게 된다. 평생을 일을 해도 집 한 채 마련하지 못하고 이 집에서 저 집으로 이사를 다니게 된다. 먹는 것도 늘 부족하고 은행에 저축을 하는 일은 생각조차 못 하게 된다. 경조사가 생기면 찾아갈 여유가 없다. 시간도 없고, 돈도 여유가 없다. 죄인과 악인으로 살면 1년 내내 여행 한 번 가지 못한다. 아니 평생 여행 한 번 가지 못한다. 이런 여유 없는 삶이 오늘날 결혼을 할 수 없게 만든 것이다.

젊은 남녀가 결혼을 포기하는 것은 경제적 여유가 없기 때문이다. 결혼을 생각조차 못 하는 남녀가 많이 있다. 이런 사람은 죄인과 악인에서 의인이 되면 경제적인 여유가 생기고 넉넉해진다. 성경은 기록하기를 "의인은 포식하여도"(잠 13:25)라고 했다. 무엇보다도 먼저 할 일이 죄인과 악인이 의인 되는 일이다. 의인이 되면 포식하는 삶이 시작된다.

성경은 기록하기를 "시냇가에 심은 나무가 철을 따라 열매를 맺으며 그 잎사귀가 마르지 아니함 같으니 그가 하는 모든 일이 다 형통하리로다"(시 1:3)라고 했다. 의인은 형통하나 죄인과 악인은 불통이다. 성경은 "의인들의 길은 여호와께서 인정하시나 악인들의 길은 망하리로다"(시 1:6)라고 했다. 죄인과 악인의 자리에서 하나님이 인정하는 의인의 자리로 옮기면 배가 주리지 않고 포식하게 될 것이다.

# 마음의 고통과 마음의 즐거움

행복은 어디에 있을까? 많은 사람들이 행복을 외적인 것에 두고 있다. 얼굴에 두고 있어 성형을 하고, 머리에 두고 있어 머리를 자르고, 꾸미고 있다. 옷에 두고 있어 많은 돈을 옷을 구입하는데 사용하고 있고, 신발에 두고 있어 비싼 구두를 구입한다. 그러나 사람의 행복은 외적인 것이 아니라 내적인 것이며 행복은 마음에 있다. 이것을 알면 인간은 행복으로 쉽게 갈 수 있다. '행복'이란 생활에서 충분한 만족과 기쁨을 느끼는 흐뭇함이다. 이 말은 우리의 삶 속에서 충분한 만족과 기쁨이 있으면 행복한 것이다.

어떤 사람은 마음의 고통이 있고, 어떤 사람은 마음에 즐거움이 있다. 마음의 고통은 어떤 사람에게 있을까? 마음의 고통은 죄인에게 있고, 악인에게 있다. 아담이 범죄한 이후에 태어난 인간은 다 죄인이다. 성경은 "모든 사람이 죄를 범하였으매"(롬 3:23)라고 기록하고 있다. 죄인에게는 즐거움이 없고 고통만 있다. 이 땅에서도 범죄자가 되어 수배 대상자라면 그에게는 한순간도 즐거움은 없고 고통만 있을 것이다. 음식을 먹어도 불안하고, 버스를 타도 불안하고, 전철을 타도 불안하고, 어디에 있어도 불안할 것이다. 잠을 자도 불안할 것이다. 자신이 거주하는 집에도 들어가지 못하는 신세일 것이다.

이 고통에 대해서 성경은 기록하기를 "마음의 고통은 자기가 알고 마음의 즐거움은 타인이 참여하지 못하느니라"(잠 14:10)라고 했다. 죄인으로 도망 다니는 마음의 고통은 자기만 알지 타인이 모른다는 말이다. 이 고통에서 벗어나는 길은 죗값을 치르는 길밖에 없다. 죗값을 치르면 죄에서 해방이 된다.

아담 이후에 태어난 사람은 다 죄인이다. 예수님은 죄인을 위해서 2,000년 전에 십자가에서 피 흘리시고 죽으셨다. 이 죽으심은 대속으로 인간의 죄를 대신한 것이다. 예수님이 피 흘리시고 죽으시므로 나의 죄를 사하셨다고 믿으면 죄를 사함을 받는다. 그러면 하나님은 죄 사함을 받은 사람에게 성령을 부으시고, 죽은 영을 살리신다. 이것이 거듭남이고 생명이고, 영생이다. 이런 사람은 마음의 고통에서 벗어나는 것이다. 이 일을 위해서 예수님이 오셨고 죽으셨다. 인간은 이 사실만을 기억한다면 불평이 아니라 감사로 살 수 있을 것이다.

죄인과 악인에게는 마음의 고통이 있고, 의인과 선인에게는 마음에 즐거움이 있다. 마음의 고통과 마음의 즐거움은 외적인 것이 아니라 내적인 것이다. 사람들이 마음의 고통과 즐거움을 위해서 진단을 잘해야 한다. 사람이 병들면 병원을 찾아서 의사를 만난다. 의사들이 잘 진단해야 고생도 덜 하고 병원비도 절약하고, 생명도 건질 수 있다. 병원을 찾으면 의사들이 진단을 잘 내리는 사람이 있는가 하면 오진을 하는 의사도 있다. 의사가 오진하면 환자가 고생하고, 병원비도 많이 내고, 수술 부위도 엉뚱한 곳을 하게 된다. 이러면 환자는 치료가 불가능하다.

마음의 고통도 진단을 잘 내리어야 한다. 마음의 고통과 즐거움은 외적인 것이 아니라 내적인 것이다. 예수님은 부활하신 후에 무덤을

 죄인과 의인

찾은 여인들을 향하여 평안하냐고 묻는다. 바울 서신에 보면 바울은 문안 인사에 "은혜와 평강이 너희에게 있을지어다"(엡 1:2)라고 했다. 평안하다는 것은 마음의 고통이 아니라 마음의 즐거움을 묻는 말이다. 마음의 고통은 죄인의 자리에서 의인의 자리로 옮기면 해결이 된다. 의인은 죄가 없다는 말이다. 죄 사함을 받으면 의인이 되고 의인이 되면 마음의 고통은 사라지고 즐거움만 자리를 잡게 된다.

의인에게는 기쁨과 즐거움만 있다. 마음의 즐거움도 타인이 참여하지 못한다. 부모도 모르고, 형제도 모르고, 자식도 모르고, 아내도 모르고, 자신만 안다. 마음의 고통과 마음의 즐거움 모두 자신만 알지 타인은 모른다.

# 사람을 얻는 지혜자

사람에게는 사람을 잘 만나는 일이 중요하다. 결혼도 남자와 여자가 잘 만나야 행복하다. 사업도 사람을 잘 만나야 한다. 사장과 직원이 잘 만나야 일이 잘된다. 부모와 자녀 관계도 역시 잘 만나야 한다. 이 관계는 만나는 관계보다 만들어진 관계이다. 이 관계가 잘 되면 좋은 가정이 되고, 행복한 가정이 된다. 이 모든 것이 어떤 사람이 되어야 좋은 관계를 유지할 수 있는지 생각하게 한다.

아담이 범죄 이전에는 다 의인이며 지혜자이었다. 아담의 범죄 후에 사람은 의인이 아니라 다 죄인이다. 이 범죄로 인간은 다 죄인이며 악인이다. 죄인을 위해서 2,000년 전에 예수님이 십자가에서 피 흘려 죽으셨다. 이 피 흘림과 죽으심으로 인간의 죄를 사하셨다. 이것을 인정하고 믿음으로 죄 사함을 받는 것이다. 죄 사함으로 하나님은 성령을 부으시고, 죽은 영을 살리신다. 죽은 영이 살아난 사람에게 생명이 있고, 영생이 있고 생명나무이다. 예수님이 오심은 인간에게 생명을 주려 오셨다. 성경은 예수님의 오심에 대해서 "내가 온 것은 양으로 생명을 얻게 하고"(요 10:10)라고 하였다. 예수님이 이 땅에 육체로 오심은 인간에게 생명을 주러 오셨다. 그래서 의인은 생명나무이며 다른 말로는 영생 나무이다.



죄인과 의인

의인이 기도할 수 있고 죄인도 기도할 수 있다. 성경은 "의인의 간구는 역사하는 힘이 큼이니라"(약 5:16)라고 했고, 또 성경은 "오직 너희 죄악이 너희와 너희 하나님 사이를 갈라놓았고 너희 죄가 그의 얼굴을 가리어서 너희에게서 듣지 않으시게 함이니라"(사 59:2). 하나님은 죄인의 기도를 듣지 아니하시고 의인의 기도를 들으신다. 의인은 기도를 통해서 하나님에게 도움을 받을 수가 있다. 많은 것 중에 지혜를 가질 수가 있다.

성경은 "지혜가 제일이니"(잠 4:7)라고 했다. 돈보다, 권세보다, 공부보다 지혜를 구해야 한다. 의인에게만 지혜를 주신다. 이 지혜는 하나님에게만 있다. 하나님이 주어야 인간은 받을 수 있다. 솔로몬 왕은 하나님에게 지혜와 지식을 구하자 하나님은 지혜와 지식을 주셨다. 지혜를 소유한 사람이 좋은 사람을 만나게 된다. 성경은 "지혜로운 자는 사람을 얻느니라"(잠 11:30)라고 기록하고 있다. 미련한 자는 사람을 얻을 수가 없다. 이 말은 미련한 자도 사람을 얻을 수 있지만 사람다운 사람은 지혜자가 얻는다.

지혜자에게 하나님은 좋은 사람을 붙여 주신다. 지혜자를 돕고 도울 수 있는 사람을 만나게 하신다. 사업을 해도 좋은 사람을 만나야 성공한다. 모든 관계는 인간관계에서 시작되고 인간관계에서 마무리가 된다. 좋은 인간은 지혜자를 알고 협력한다. 지혜자에게 꼭 의인만 붙여 주지 않고, 죄인이며, 악인도 붙여 주어서 지혜자를 돕게 만든다. 지혜자를 위해서는 사람만 아니라 짐승과 날씨까지도 돕게 만든다. 지혜자에게 악한 자도 붙여서 돕게 만든다. 사람을 얻는 사람은 미련한 자가 아니라 지혜자이며 의인이다. 지혜자를 하나님은 기뻐하신다.

# 가난한 사람을 불쌍히 여기라

이 세상에는 가난한 사람과 부한 사람이 살고 있다. 하나님의 관심은 가난한 자들에게 있다.

성경은 기록하기를 "인자가 자기 영광으로 모든 천사와 함께 올 때에 자기 영광의 보좌에 앉으리니 모든 민족을 그 앞에 모으고 각각 구분하기를 목자가 양과 염소를 구분하는 것 같이 하여 양은 그 오른편에 염소는 왼편에 두리라 그때에 임금이 그 오른편에 있는 자들에게 이르시되 내 아버지께 복 받을 자들이여 나와 창세로부터 너희를 위하여 예비된 나라를 상속받으라 내가 주릴 때에 너희가 먹을 것을 주었고 목마를 때에 마시게 하였고 나그네 되었을 때에 영접하였고 헐벗을 때에 옷을 입혔고 병들었을 때에 돌보았고 옥에 갇혔을 때에 와서 보았느니라 이에 의인들이 대답하여 이르되 주여 우리가 어느 때에 주께서 주리신 것을 보고 음식을 대접하였으며 목마른 신 것을 보고 마시게 하였나이까 어느 때에 나그네 되신 것을 보고 영접하였으며 헐벗으신 것을 보고 옷 입혔나이까 어느 때에 병드신 것이나 옥에 갇히신 것을 보고 가서 뵈었나이까 하리니 임금이 대답하여 이르시되 내가 진실로 너희에게 이르노니 너희가 여기 내 형제 중에 지극히 작은 자 하나에게 한 것이 곧 내게 한 것이니라 하시고"(마 25:31-40)라고 했다.

가난한 사람들에게 베푼 것이 하나님에게 베푼 것이라고 했다. 이 사실이 이해되어야 한다. 수학을 공부해도 이해가 되어야 하고, 영어를 공부해도 이해가 되어야 하고, 국어를 공부해도 이해가 되어야 한다. 어떤 음식을 만들려면 잘 모를 때에 요리사의 강의를 들었는데 이해가 가면 그 음식을 만들 수 있고, 그 맛을 낼 수 있다.

우리 주위에 가난한 사람들을 많이 보게 된다. 이때 이들이 하나님이 나를 만나게 한 사람들로 하나님이 관심을 가지는 사람들이다. 이들에게 한 것이 하나님께 한 것이라면 지나치지 않을 것이다. 그런데 그렇게 보이지 않고 그렇게 생각이 들지 않아서 지나치게 된다.

대전에 원종수라는 사람이 살고 있었다. 그는 기독교인이며 고등학교를 다니는 학생이었다. 그의 집은 무척이나 가난해서 밥을 제대로 먹지 못하고 배가 고프게 살았다. 그래도 기독교인으로 신앙을 가지고 살던 학생이었고 어머니 역시 믿음을 가지고 신앙생활 하던 분이었다. 그의 어머니와 그는 새벽 기도를 가곤 했다. 그러던 어느 날 어머니는 새벽 기도를 가고 올 때면 길가에 앉아 있는 할아버지 한 분을 집으로 모시고 왔다. 그 할아버지에게 종수의 단벌인 속옷을 벗어주라고 해서 벗어주었고, 배추를 넣고 끓인 죽을 그 할아버지에게 주었다. 그날 식사는 배추 죽으로 다 같이 식구들이 먹어야 하는데 그 할아버지가 다 먹었다고 한다. 종수는 원망이 생기고 불평이 생기지만 어머니의 말씀을 거역할 수 없어서 그대로 따랐다고 한다. 그러던 어느 날 새벽 기도에 가서 기도를 하려고 자리에 앉을 때 음성이 들렸다고 한다. 종수야 네가 좋다고 하시면서 네가 무엇을 원하느냐 물었을 때 돈이요 그런 마음이 들었으나 주일학교 때 자기를 가르친 선생님이 지혜가 제일이라고 했기에 지혜를 주세요 하고 바로 이어서 돈도요 했다. 그 후에 그는 하나님이 지혜를 주셔서 서울대 의대를 입학했고, 의대를 졸업하고 의사고시 1등으로 패스했다. 지금은 미국에서 암 전문의로 병원 2개를 운영하고 있다.

이런 일은 죄인으로는 불가능하다. 아담 이후에 태어난 사람은 다 죄인이다. 죄인을 위해서 예수님이 십자가에서 피 흘리시고 죽으시어 죄인들의 죄를 용서했다. 이 사실을 믿으면 죄 사함을 받고 성령을 부으시고 죽은 영을 살리신다. 그러면 죄인은 의인이 된다. 의인은 죄가 없다고 말이다. 의인으로 살면 이런 가난한 사람을 불쌍히 여긴다.

'불쌍히 여긴다'라는 말은 '긍휼히'란 말로 하나님이 인간을 긍휼히 여긴다. 이 말은 죄인인 인간들을 하나님이 사랑한다는 말로서 인간을 사랑하기에 자신의 육신을 인간을 위해서 내놓는 것이다. 죄인이 죽어야 할 죽음을 대신 죽으신 사랑이고 긍휼이고 불쌍히 여기는 것이다. 가난한 사람들을 사랑해서 그들에게 베푸는 행위가 불쌍히 여기는 것이다.

성경은 기록하기를 "가난한 자를 불쌍히 여기는 것은 하나님께 꾸어 드리는 것이니 그의 선행을 그에게 갚아주시리라"(잠 19:17)라고 했다. 가난한 사람들에게 베푼 사랑은 하나님에게 꾸어 주는 행위로 그 선행을 하나님이 갚아주신다고 했다. 이것은 멋진 일이다. 의인이 되어서 가난한 사람에게 베푸는 사랑은 하나님에게 하는 행위로 하나님이 갚아주신다. 천지 만물이 하나님의 것으로 하나님에게 한 사랑을 갚아주시는 데 몇 배로 갚아주실지 모른다. 하나님은 적게는 10배이고, 조금 많으면 백 배, 천 배, 만 배로 갚아주신다. 은행에 저금하면 2배를 줍니까? 아니다. 장사를 하면 2배 이익을 낼 수 있나요? 아니요, 사업을 해도 2배 이익을 내기는 쉽지 않다. 하나님은 적어도 열 배이고 많으면 만 배이다.

하나님의 관심은 의인에게 귀 기울인다. 그러면 하나님이 기뻐하신다. 하나님의 관심에 의로운 요셉이 관심을 가졌고, 하나님의 관심에 의로운 노아가 관심을 가졌다. 이런 사람을 하나님은 지키시고 도우신다.

# 선한 말은 꿀송이 같아서

사람은 눈을 뜨면 말을 한다. 사람만 말을 할까? 새도 말을 할 것이다. 새도 눈을 뜨면 그들의 언어가 있을 것이다. 그들은 어느 곳을 향해 날기도 하고, 어느 곳에 정착을 하기도 한다. 새가 나는 것을 보고, 또 날아서 어느 곳에 앉는 것을 보면 두 마리, 아니 네 마리가 앉는다. 그리고 그곳에서 먹이를 찾고, 다른 곳으로 이동을 한다. 그들만의 언어가 있을 것이다. 새들의 언어를 인간이 모르고, 인간의 언어를 새들이 모르고 있을 뿐이다.

하나님은 사람에게 말을 주셨다. 사람의 말에는 선한 말이 있고, 악한 말이 있다. 선한 말은 선한 사람이 한다. 그런데 선한 사람은 없다. 성경은 기록하기를 "선을 행하는 자는 없나니 하나도 없도다"(롬 3:12)라고 했다. 아담이 범죄하기 전에는 선한 사람이 있었다. 그러나 아담이 범죄한 이후에는 선한 사람이 하나도 없고, 다 악한 사람이다.

아담이 범죄한 이후에 인간은 죄인이요, 악한 사람이다. 죄인을 위하여 예수님이 2,000년 전에 십자가에서 피 흘리시고 죽으셨다. 이것이 대속이다. 인간이 지은 죄를 위하여 대신 죽으신 것이다. 이 죽으심으로 내 죄가 사해졌다고 믿으면 죄 사함을 받는 것이다. 죄 사함을 받으면 하나님은 죄 사함을 받은 선물로 성령을 부으신다. 이 전에도

 죄인과 의인

성령은 역사했지만, 그 사역은 안에서 성령이 역사하지 않고, 밖에서 역사했지만 죄 사함을 받은 후에는 성령이 안에 임재하는 것이다.

성령의 임재는 성령이 우리 안에 임한다는 것이다. 그러면 성령은 영원히 떠나지 않는다. 성령이 임하면 이때부터 성령의 충만을 기대할 수 있다. 성령을 받은 후에는 죽은 영을 살리신다. 아담이 범죄한 후에 사람은 영이 죽었으나 죄 사함을 받은 후에는 성령은 죽은 영을 살리신다. 죄 사함을 받고, 죽은 영이 살아나면 악한 사람이 아니라 선한 사람이다. 선한 사람이 되어야 선한 말을 한다.

성경은 "선한 말은 꿀송이 같아서"(잠 16:24)라고 했다. '꿀송이'에서 송이는 덩어리란 말이다. 선한 말은 꿀 덩어리같이 달다는 말이다. 꿀이 얼마나 답니까? 말할 수 없이 단 것이 꿀인데 꿀 덩어리는 더 말할 것이 없이 단 말이 선한 사람의 입에서 나오는 말이다. 선한 말은 성경에 "꿀송이 같아서 마음에 달고"(잠 16:24)라고 하여 꿀같이 단것이 어디에 답니까? 마음에 달다는 것이다. 이 말은 너무나 적절하고, 타당한 말이 선한 사람의 말이다. 그래서 선한 사람의 말은 꿀송이같이 달아서 마음에 달달해서 뼈에 양약이 된다고 성경은 기록하고 있다. 성경은 "선한 말은 꿀송이 같아서 마음에 달고, 뼈에 양약이 되느니라"(잠 16:24)라고 했다. '양약'이란 온전히 치료하는 것, 효과가 탁월한 약, 원기를 회복시키는 것이다. 선한 말은 뼈를 치료하는 특효약이다.

선한 말은 뼈에 칼슘이다. 뼈에는 칼슘이 부족해서 뼈가 부러지고 뼈에 달고, 뼈가 아프다. 선한 사람이 하는 말은 뼈에 특효약이다. 옛날 어른들은 "말 한마디가 천 냥 빚을 갚는다"라고 했다. 말 한마디의 중요성과 효과는 너무나 커서 타인에게 감동을 주어 엄청난 결과를 가져온다. 유대인들은 아이들에게 어머니가 성경을 읽어준다. 그중에서도 아이들이 좋아하는 영웅들에 관한 이야기이다.

다윗과 골리앗을 통하여 거인 골리앗을 소년 다윗이 승리로 이끈 이야기를 듣는다. 모세가 이스라엘 백성들을 애굽에서 광야로 이끌어 온 이야기를 듣는다. 여기서 이들은 뼈에 꼭 필요한 칼슘을 얻게 된다. 선한 말은 선한 사람에게서 나오고, 선한 말은 꿀송이 같아서 마음에 달고, 뼈에는 양약이 된다. 이런 선한 말을 평생 하면 자신도 복이고, 타인도 복이다.

# 마음의 즐거움은 얼굴을 빛나게

사람의 관심과 하나님의 관심은 다르다. 사람의 관심은 외모에 있고, 하나님의 관심은 마음에 있다. 사람의 관심은 얼굴에 있고, 옷에 있고, 신발에 있고, 머리에 있고, 눈에 있다. 사람은 외모에 관심을 두기에 성형이 발달하고 있다. 눈을 수술하고, 코를 수술하고, 얼굴을 수술한다. 물론 외모를 아름답게 하면 좋다. 중요한 것은 내면과 내적인 것이 없는 외모와 외적인 것은 바람직하지 않다. 사람의 내면은 마음이다. 마음은 보이지 않지만, 마음이 존재하고 있다.

마음의 즐거움은 두 가지이다. 무엇을 소유해서 마음이 즐거움이 있고, 소유와 관계가 없이 즐거움이 있다. 소유를 통한 즐거움은 잠시 잠깐이고, 소유와 관계가 없는 즐거움은 영원하다. 소유를 통한 즐거움은 무엇을 얻고 획득했을 때 주어진다. 대학교를 진학하려고 수시와 정시를 통해서 대학교를 갈 수 있게 되었다면 즐거움이 있다. 취직을 해야 되는데 면접을 통해서 그 회사에 입사하면 즐거움이 있다. 평생 집을 마련하지 못하던 사람이 집을 마련하면 즐거움이 있다. 이런 즐거움은 잠깐이고 오래가지 못한다.

잠깐의 즐거움이 아닌 영원한 즐거움을 생각해 보려고 한다. 이 즐거움은 내면의 즐거움이고 마음의 즐거움이다. 마음의 즐거움은 어디서 올까? 마음의 즐거움은 죄 사함에 있다. 죄를 가지고는 마음의 즐거움이 없다. 죄 문제가 완전히 깨끗하게 해결되면 마음의 즐거움이 있다. 인간의 죄 문제는 예수님이 2,000년 전에 십자가에서 해결하셨다. 예수님의 피 흘리심과 죽으심으로 인간의 죄를 해결하셨다. 자신이 죄인이라는 사실을 먼저 인정하고 받아들여야 한다. 그리고 죄인은 죄 문제를 해결할 수 없기에 누군가가 대신 죄 문제를 해결해 주어야 한다. 이것을 예수님이 십자가에서 해결하셨다. 죄인을 위해서 대신 죽으심으로 죄를 사하셨다. 이것을 믿으면 죄 사함을 받게 된다. 죄 사함을 받은 사람에게 성령을 부으시고, 성령은 죽은 영을 살리신다.

죄인이 죄 사함을 받으면 죄 없는 의인이 된다. 의인은 죄 없는 사람이기에 마음에 즐거움이 있다. 죄가 있으면 마음의 즐거움이 있을 수가 없다. 마음의 즐거움은 죄 사함과 죽은 영이 살아날 때만 가능하다. 마음의 즐거움은 잠깐의 즐거움이 아니라 영원한 즐거움이다. 마음이 즐거운 사람은 제일 먼저 외적으로 나타나는 일이 얼굴이 빛난다. 성경은 "마음의 즐거움은 얼굴을 빛나게 하여도"(잠 15:13)라고 했다. 마음이 즐거우면 얼굴에 먼저 나타난다. 얼굴의 즐거운 모습이 나타나는데 얼굴이 빛난다. 사람의 얼굴을 보면 마음이 즐거운지, 즐겁지 않고 근심이 가득 차 있는지를 알 수 있다.

잠깐의 즐거움으로 끝이 나면 이것은 마음의 즐거움이 아니고 소유에 대한 즐거움이다. 사람은 이것도 있어야 하지만 영원한 즐거움을 가져야 행복하다. 영원한 즐거움은 얼굴이 빛나고 얼굴에 기쁨이 있다. 성경은 "주 안에서 항상 기뻐하라 내가 다시 말하노니 기뻐하라"(빌 4:4)고 했다. 바울은 빌립보 성도들에게 기뻐하라고 했다.

바울은 감옥에 갇혀 있었지만 기쁨이 있었다. 감옥에 갇히지 않는

　　　　　　　　　　　　　　　　죄인과 의인

성도들은 기쁨이 있을 수도 있고, 없을 수도 있다. 그러나 바울은 감옥에 있지만 기쁨이 충만했다. 바울의 기쁨은 소유로 만든 기쁨이 아니라 죄 사함과 죽은 영이 살아난 상태에서 나온 기쁨이다. 그래서 성경은 주 안에서 기뻐하라고 했다. 죄 밖에서는 이런 기쁨을 맛볼 수 없다. 이런 기쁨은 약으로도, 돈으로도, 옷으로도, 신발로도 소유할 수 없다. 오직 주 안에서 죄 사함과 죽은 영이 살아날 때만 가능하다.

마음이 즐거우면 얼굴이 빛나고, 마음이 즐거우면 마음이 기쁘다. 마음이 즐거우면 찬송이 나온다. 찬송을 크게 하든지, 흥얼거리든지 한다. 바울은 감옥에 갇히어 기도하고 찬송했다. 성경은 "한밤중에 바울과 실라가 기도하고 하나님을 찬송하매 죄수들이 듣더라"(행 16:25)라고 했다. 바울은 감옥에서 찬송을 했다면 두 가지이다. 하나는 미쳤든지, 아니면 마음이 기쁘고 즐겁든지이다. 그때 바울은 미치지는 않았고 감옥에 갇혀 있어도 마음이 즐거웠다.

마음이 즐거우면 병에도 걸리지 않는다. 면역력이 강하기 때문이다. 혈액 순환이 잘되고 백혈구의 활동이 가장 활발한 때이다. 이때는 어떤 병도 걸리지 않는다. 마음의 즐거움은 잠깐의 즐거움이 아니라 영원한 즐거움이다. 이 즐거움은 주 밖에는 없고, 주 안에 있고, 죄 사함과 죽은 영이 살아난 거듭남에 있다.

# 속이고 재물을 모으면

재물을 원하지 않는 사람은 없다. 재물을 다 원하지만 모으는 방법이 다르다. 재물을 모으는 방법에는 두 가지가 있다. 거짓말로 재물을 모으는 사람이 있고, 거짓과 속임이 없이 진실로 모으는 사람이 있다. 아담이 범죄한 이후에 태어난 사람은 죄인이요, 악인이요, 미련한 사람이다. 죄인은 거짓과 속임으로 산다. 여기서 벗어나려면 죄인의 자리에서 죄 사함을 받고, 죄 사함을 받으면 성령을 부으시고, 죄 사함을 받으면 성령은 죽은 영을 살린다.

성경은 기록하기를 "의인은 거짓말을 미워하나"(잠 13:5)라고 했다. 의인은 거짓과 속임이 없는 사람이다. 죄인은 거짓과 속임으로 살기에 재물을 모을 때도 속이는 말로 재물을 모은다. 성경은 기록하기를 "속이는 말로 재물을 모으는 것은 죽음을 구하는 것이라 곧 불려 다니는 안개니라"(잠 21:6)라고 했다. 죄인은 말하기를 속이지 않으면 재물이 모이지 않는다고 하나 그것은 죽음을 불러오는 일이다.

성경은 기록하기를 "너희는 너희 아비 마귀에게서 났으니 너희 아비의 욕심대로 너희도 행하고자 하느니라 그는 처음부터 살인한 자요 진리가 그 속에 없으므로 진리에 서지 못하고 거짓을 말할 때마다 제 것으로 말하나니 이는 그가 거짓말쟁이요 거짓의 아비가 되었음이라"(요

 

8:44).

아담이 범죄한 이후에 태어난 사람들은 죄인이기에 거짓을 말할 때 자기 것으로 말한다. 그리고 거짓의 아비를 따라서 그도 거짓말쟁이다. 그러므로 죄인은 재물을 모으는데 거짓으로 모으게 된다. 이렇게 거짓으로 모은 재물이 모이면 그것은 죽음으로 가는 길이다.

지금 우리가 살고 있는 사회는 진실인지 거짓인지 전혀 알 수 없다. 말을 들으면 알 수 없는 사회에 살고 있다. 물건을 사도 진짜요 해도 믿을 수가 없다. 진짜라서 진짜인지 가짜를 진짜라고 하는지 알 수 없다. 장사를 하든지, 사업을 하든지 믿을 수 있는 사람은 의인만 믿을 수 있다.

의인은 거짓을 미워한다. 재물을 모으려면 먼저 죄인이 의인이 되어서 재물을 모아야 한다. 의인이 아니고 죄인이면 재물이 모이지 않는다. "불려 다니는 안개니라"(잠 21:6)라고 했다. 이 말은 속이는 말로 재물을 모으면 죽음을 구하는 것이고 불려 다니는 안개다. '불려 다니는 안개'는 좀처럼 재물이 모이지 않고 모이는 것 같으면 바람이 불어서 날린다. 아침에 안개가 잔뜩 끼어있다가 조금 후에 어느 쪽으로 가게 된다. 이것이 불려 다니는 안개다. 의인은 "시냇가에 심은 나무가 철을 따라 열매를 맺으며 그 잎사귀가 마르지 아니함 같으니 그가 하는 모든 일이 다 형통하리로다"(시 1:3)라고 했다. 의인은 하는 일마다 다 형통하게 된다.

요셉은 미디안 상인에게 팔리어서 애굽에 가지만 애굽의 총리가 된다. 그는 왕은 아니지만 왕은 왕좌뿐이고 그가 애굽을 다스리고 있다. 성경은 기록하기를 "너와 같이 명철하고 지혜 있는 자가 없도다 너는 내 집을 다스리라 내 백성이 다 네 명령에 복종하리니 내가 너보다 높은 것은 내 왕좌뿐이니라 바로가 또 요셉에게 이르되 내가 너를 애굽의 온 땅의 총리가 되게 하노라"(창 41:39-41)고 했다. 의인은 구덩이에 던지어지고, 미디안 상인들에게 팔리고 감옥에 갇히지만, 마침내 애굽의 총리로 부귀를 누리게 만든다.

의인은 재물을 모을 때 거짓과 속임이 아니고 진실과 사랑과 친절로 모으게 된다. 이렇게 재물을 모으니 넘치게 하며 그 재물이 당대로 끝이 나지 않고 대대로 이어지게 만든다. 성경은 기록하기를 "속이고 취한 음식물은 사람에게 맛이 좋은 듯하나 후에는 그의 입에 모래가 가득하게 되리라"(잠 20:17)고 했다. 속이고 얻어지는 것은 처음에는 좋은 것 같지만 조금 지나면 그의 입에 모래가 가득하다는 말은 먹지 못하게 되고 쓸모없게 된다는 것이다. 속이는 재물은 결과가 죽음이고 수고하고 거두지만 내가 먹을 수 없는 것이 된다. 이것을 죄인이 알아야 한다. 죄인이 모르기에 시간을 낭비하고 노력을 낭비하고 있다.

성경은 거짓이 아니고 진실이고 그 사실 그대로 이루어진다. 성경을 그대로 믿어야 한다. 의인은 수고하고 노력한 재물이 나와 내 자손 대대로 이어지게 된다. 당대에도 먹지 못하는 재물을 모을 것인가 아니면 나와 내 자손 대대로 이어지는 재물을 모을 것인가 깊이 생각해야 한다. 시간 낭비하지 마세요. 결코 지나간 시간은 다시 내게 돌아오지 않는다. 인생은 결코 길지 않다. 실패하고 후회할 시간이 넉넉하지 못하다.

 죄인과 의인

# 겸손은 존귀의 길잡이

사람은 두 종류의 사람이 있다. 존귀한 사람이 있고, 비천한 사람이 있다. '존귀한 사람'은 지위가 높고 중요한 위치에 있는 사람, 벼슬이 높은 관리나 학식과 덕망이 높은 사람, 또는 용사를 말한다. '비천한 사람'은 지위나 신분이 낮고 천한 사람이다.

세상에는 비천한 사람은 많이 있고, 존귀한 사람은 많이 없다. 존귀한 사람이 되려면 여러 가지가 준비되어야 한다. 그중에 한 가지는 겸손이다. '겸손'이란 남을 존중하고 자기를 내세우지 않는 태도를 말한다. 타인을 존중하는 사람, 타인을 높이는 사람이 겸손한 사람이다. 겸손을 소유해야 존귀한 사람이 된다. 겸손한 사람은 자기를 낮추고 상대를 높이는 사람이고, 교만한 사람은 자기를 높이고 상대를 낮추는 사람이다. 이런 사실을 아는 사람도 많이 있지 않다.

그러면 교만은 어디서 오고, 겸손은 어디서 오는가? 교만은 자연인에게 있다. 자연인은 부모를 통해서 태어난 모든 사람이다. 아담이 범죄한 이후에 태어난 사람은 다 교만하다. 그중에 소수의 사람은 교만하지 않은 사람이 있다. 성경은 "교만은 패망의 선봉이요"(잠 16:18)라고 했고 "겸손은 존귀의 길잡이니라"(잠 15:33)고 했다. 교만은 패망의 선봉이란 교만하면 망한다는 말이다.

겸손은 존귀의 앞잡이고, 길잡이다. 아담이 범죄한 이후에 인간은 다 죄인이다. 죄인을 위하여 예수님이 2,000년 전에 십자가에서 피 흘려 죽으심으로 죄를 다 사했다. 이것을 믿으면 죄 사함을 받는다. 죄 사함을 받은 사람에게 성령을 부으시고, 성령은 죽은 영을 살리신다.

아담이 범죄한 이후에 인간은 죽은 영으로 태어나지만 죄 사함을 받으면 성령이 죽은 영을 살리신다. 죄 사함을 받은 사람은 의인이다. 죄인은 겸손할 수 없지만 의인은 겸손하다. 예수님은 "나는 마음이 온유하고 겸손하니"(마 11:29)라고 했다. 예수님은 하나님의 아들이며 하나님이시지만 겸손하셨다.

다윗은 겸손했다. 이스라엘의 초대 왕이 사울 왕이고 다윗은 장수였다. 다윗은 사울의 사위이기도 했다. 그런데 이스라엘과 블레셋의 전쟁으로 사울과 그의 요나단이 죽었다. 평상시에 사울 왕은 다윗을 죽이려고 여러 번 시도했으나 다윗은 죽지 않았다. 다윗은 사울 왕이 죽은 후에 노래로 만들어 이스라엘 백성들에게 부르게 했다. 그 노래는 이렇게 가사를 기록하고 있다.

"이스라엘아 네 영광이 산 위에서 죽임을 당하였도다 오호라 두 용사가 엎드러졌도다 이 일을 가드에도 알리지 말며 아스글론 거리에도 전파하지 말지어다 블레셋 사람들의 딸들이 즐거워할까 할례 받지 못한 자의 딸들이 개가를 부를까 염려로다 길보아 산들아 너희 위에 이슬과 비가 내리지 아니하며 제물을 낼 밭도 없을지어다"(삼하 1:19-21).

"사울과 요나단이 생전에 사랑스럽고 아름다운 자이러니 죽을 때에도 서로 떠나지 아니하였도다 그들은 독수리보다 빠르고 사자보다 강하였도다 이스라엘 딸들아 사울을 슬퍼하여 울지어다 그가 붉은 옷으로 너희에게 화려하게 입혔고 금 노리개를 너희 옷에 채웠도다"(삼하

 

1:23-24).

"내 형 요나단이여 내가 그대를 애통함은 그대는 내게 심히 아름다움이라 그대가 나를 사랑함이 기이하여 여인의 사랑보다 더하였도다"(삼하 1:26).

이렇게 다윗은 장수로서 사울과 그의 아들 죽임에 대해서 아름답게 꾸미고 높이었다. 그래서 다윗은 이스라엘의 두 번째 왕으로 위대한 왕이요, 존귀한 왕이었다. 다윗은 겸손하기에 하나님이 그를 존귀한 사람으로 만드셨다.

# 명철한 사람은 지혜로 낙을 삼고

지혜로 낙을 삼는 사람이 있고, 행악으로 낙을 삼는 사람이 있다. '낙'이란 살아가는 데 있어서 느끼는 즐거움, 재미, 기쁨이다. 지혜로 즐거움이 되고, 지혜로 기쁨이 되는 사람은 명철한 사람이다. '명철한 사람'은 총명하고 사리가 밝은 사람이다. '총명'은 보거나 들은 것을 오래 기억하는 힘이다. 지혜는 명철로 주소를 삼는다. 명철을 따라가면 지혜가 나온다. 지혜가 있으면 명철하다.

죄인은 지혜자가 아니다. 죄인을 위해서 예수님이 2,000년 전에 십자가에서 피 흘리시고 죽으셨다. 이것이 내 죄를 위해서 대신 죽으신 것이라고 믿어야 한다. 그래서 내 죄를 사했다고 믿으면 죄 사함을 받는다. 죄 사함을 받은 사람에게 성령을 부으시고, 죄 사함을 받은 사람에게 죽은 영을 살리신다. 죄 사함을 받은 사람은 의인이다. 의인은 죄 없는 사람이며 의인은 지혜로운 사람이며 명철한 사람이다.

명철한 사람은 의인으로 지혜를 낙으로 삼는다. 솔로몬은 지혜로 낙을 삼으니 명철한 사람이다. 지혜는 진주보다 낫다. 진주는 보석으로 보석보다 나은 것이 지혜이다. 명철한 사람은 지혜로 낙을 삼는다. 지혜에는 부귀가 있고 장구한 재물이 있다. 명철한 사람은 지혜가 낙이고, 즐거움이고, 기쁨이다. 명철한 사람은 지혜자로 부귀가 있다. '부귀'는 재산이 많고 지위가 높은 것이다. 명철한 사람은 지혜자로서 부귀가 있고 장구한 재물이 있다. 명철해야 재물이 따르고, 높은 지위에 오르게 된다.

요셉은 지혜자이며 명철한 사람이다. 그러므로 이방 나라 애굽에서 총리가 된다. 성경은 기록하기를 애굽 왕이 "요셉에게 이르되 하나님이 이 모든 것을 네게 보이셨으니 너와 같이 명철하고 지혜 있는 자가 없도다 너는 내 집을 다스리라 내 백성이 다 네 명령에 복종하리니 내가 너보다 높은 것은 내 왕좌뿐이니라"(창 41:39-40)라고 했다.

죄 사함을 받은 사람, 의인은 명철하고 지혜로운 사람이다. 미련한 사람은 행악으로 낙을 삼는다. 죄인은 미련한 사람이다. 자연인은 다 죄인이다. 아담이 범죄한 이후에 태어난 사람은 다 죄인이다. 죄인은 다 미련한 사람이다. 미련한 사람은 행악으로 낙을 삼는다.

'행악'은 하나님의 분노를 자극하는 악한 행실이다. 의인은 선인으로 선을 행하는데 악인은 악을 행하는 사람이다. 악인은 죄인이고 미련한 사람으로 성경은 "악인들의 길은 망하리로다"(시 1:6)라고 했다. 미련한 사람이나 악인이나 죄인이나 다 망합니다. 이들은 악을 행하기에 망하고 죄인이기에 망한다. 명철한 사람의 반대는 미련한 사람이고, 미련한 사람의 반대는 명철한 사람이다.

성경은 미련한 사람에 대하여 기록하기를 "미련한 아들은 그 아비의 근심이 되고 그 어미의 고통이 되느니라"(잠 17:25). 이 미련을 벗기는 일은 공부를 해서 미련이 벗기어지는 것이 아니라 죄 사함을 받으면 미련이 벗기어진다. 미련한 사람은 죄인으로 죄 사함을 받고 죽은 영이 살아나면 미련에서 벗어난다. 미련이 벗기어져야 부모의 근심과 고통에서 부모의 기쁨이 된다. 명철한 사람은 부귀와 재물이 주어지는

데, 미련한 사람은 타인의 근심과 고통이고 마침내는 망하는 사람이다. 이 미련한 사람은 무엇을 얻는 것이 먼저가 아니고 미련이 벗기어지는 것이 먼저이다. 미련한 사람은 죄인으로 죄 사함을 받으면 미련이 벗기어진다. 미련한 사람은 죽을 일만 생기고 망하는 일만 생기지만 명철한 사람은 부귀와 장구한 재물이 따른다.

망하는 사람은 누구일까? 망하고 싶은 사람은 없다. 그러나 망하게 사는 사람은 있다. 망하게 사는 사람은 누구일까? 성경은 기록하기를 "거짓말을 뱉는 자는 망할 것이니라"(잠 19:9)라고 했다.

거짓말을 하는 사람은 누구일까? 죄인이다. 아담이 범죄한 이후에 태어난 인간은 다 죄인이다. 성경은 "모든 사람이 죄를 범하였으매"(롬 3:23)라고 하여 아담이 범죄한 이후에 태어난 사람은 다 죄인이다. 죄인은 거짓말로 세상에서 살고 있다. 성경은 "너희는 너희 아비 마귀에게서 났으니 너희 아비의 욕심대로 너희도 행하고자 하느니라 그는 처음부터 살인한 자요 진리가 그 속에 없으므로 진리에 서지 못하고 거짓을 말할 때마다 제 것으로 말하나니 이는 그가 거짓말쟁이요 거짓의 아비가 되었음이라"(요 8:44). 아담이 범죄한 이후로 인간은 마귀의 종이 되어서 마귀가 거짓말을 자기 것으로 말하는 것같이 죄인은 다 거짓말쟁이다. 여기서 벗어나는 길은 죄인이 의인이 되어야 한다. 죄인을 위해서 예수님이 2,000년 전에 십자가에서 피 흘리시고 죽으셨다. 인간의 죄를 대신해서 죽으셨기에 대속이라고 한다. 예수님의 죽으심이 나를 위해서 대신 죽으셨으니 내 죄는 사해졌다고 믿으면 죄를 사함을 받고, 죄 사함을 받은 선물로 성령을 부으시고, 죄 사함을 받은 사람에게 죽은 영을 살리신다. 죽은 영이 살면 죄인에서 벗어나 의인이다.



죄인과 의인

성경은 "의인은 거짓말을 미워하나"(잠 13:5)라고 했다. 의인은 진실을 말하는 사람이다. 거짓말을 하는 사람은 죄인으로 망한다. 아무리 마귀가 유혹해도 거짓을 말하면 안 된다. 마귀의 종에서 의의 종이 되어야 한다. '의의 종'이란 예수님의 종이다. 예수님의 종은 거짓이 아니라 진실이다. 성경은 "의인들의 길은 여호와께서 인정하시나 악인들의 길은 망하리로다"(시 1:6) 했다. 악인은 누구인가? 죄인은 악인이고, 죄인은 미련한 사람이다. 그러므로 죄인이 망하고, 악인이 망한다. 이 사실을 알았으면 하루빨리 죄인의 자리에서 의인의 자리로, 악인의 자리에서 의인의 자리로 나아와야 한다.

의인은 하나님이 인정하는 사람이다. 사람이 인정하는 것이 아니라 하나님이 인정하는 사람이 의인이다. 의인은 흥하고 악인은 망한다. 악인이 망하고, 죄인이 망하면 그 자리에서 나와야 한다. '의인'이란 죄가 없는 사람이다. 죄가 있지만 죄를 용서받은 사람이 의인이다. 성경이 의인을 "시냇가에 심은 나무가 철을 따라 열매를 맺으며 그 잎사귀가 마르지 아니함 같으니 그가 하는 모든 일이 다 형통하리로다"(시 1:3).

나단 선지자를 통하여 성경은 기록하기를 "이제 내 종 다윗에게 이와 같이 말하라 만군의 여호와께서 이와 같이 말씀하시기를 내가 너를 목장 곧 양을 따르는 데에서 데려다가 내 백성 이스라엘의 주권자로 삼고 네가 가는 모든 곳에서 내가 너와 함께 있어 네 모든 원수를 네 앞에서 멸하였은즉 땅에서 위대한 자들의 이름같이 네 이름을 위대하게 만들어 주리라"(삼하 7:8-9)라고 했다. 하나님은 나단 선지자를 통하여 다윗에게 말씀하신다. 내가 너를 위대하게 만들어 주고 네 원수들을 멸하겠다고 약속하신다. 이것이 의인의 삶이다. 죄인에서 의인

으로, 악인에서 의인으로 나와야 망하지 않고 흥하게 된다. 죄인과 악
인의 망함은 이 땅에서만 아니라 사후에는 더 비참해진다. 하늘나라에
가야 하는데 가지 못하는 슬픔과 고통은 말할 수가 없다. 거짓 증인도
벌을 받는다. 성경은 "거짓 증인은 벌을 면하지 못할 것이요"(잠 19:9)
라고 했다. 거짓말과 거짓 증인은 죄인이 사용하는 언어이다. 거짓에
서 벗어나려면 죄 사함을 받고, 죽은 영이 살면 거짓에서 벗어난다.



죄인과 의인

# 겸손과 하나님을 경외함의 보상은

재물을 다 원하지만 재물을 소유할 자격이 있는 사람이 많지 않다. 회사를 입사하려고 해도 자격을 묻는다. 4년제 대학을 졸업했느냐 하면 그것이 자격이다. 4년제 대학을 졸업하지 못했으면 자격이 되지 않는다. 재물을 원하면 자격이 있어야 한다. 그 자격은 겸손과 하나님을 경외함이다. 겸손과 하나님을 경외함은 다 가지는 것이 아니다.

아담이 범죄한 이후에 태어난 사람은 다 죄인이다. 죄인을 위해서 예수님이 2,000년 전에 십자가에서 죽으심으로 인간의 죄를 다 사하셨다. 이것을 믿으면 죄 사함을 받고, 선물로 성령을 부으신다. 죄 사함을 받으면 죽은 영을 살리신다. 아담이 범죄한 이후에 태어난 사람은 죄인이다. 죄인이 죄 사함을 받으면 의인이다. 의인은 겸손하고 하나님을 경외한다.

겸손과 하나님을 경외함의 보상 첫 번째는 재물이다. '경외'는 두려워 떠는 것이다. 무서워서 떠는 것이 아니라 존경하기에 조심으로 대하는 태도이다. 겸손과 하나님을 경외하는 사람에게 재물을 주신다. 하나님을 경외함과 겸손은 의인만 가능하다. 의인에게 보상으로 주시는 재물은 차고 넘치는 재물이다.

성경은 의인에게 "시냇가에 심은 나무가 철을 따라 열매를 맺으며 그 잎사귀가 마르지 아니함 같으니 그가 하는 모든 일이 다 형통하리로다"(시 1:3). 하나님을 경외하고 겸손한 의인에게 무수한 재물을 주신다. 인간의 약속은 어길 수 있지만 하나님의 약속은 어기지 않고 그대로 이루신다. 재물을 가지려면 죄인이 먼저 의인이 되어야 한다. 이 재물은 무수한 재물로 차고 넘치는 재물을 약속하신다. 부자의 반열에 설 수 있는 재물이다.

겸손과 하나님을 경외함의 보상 두 번째는 영광이다. 겸손은 자신을 낮추고 타인을 높인다. 자신을 낮추는 사람은 하나님이 높여주시어 영광을 드러낸다. 성경은 기록하기를 "너희 안에 이 마음을 품으라 곧 그리스도 예수의 마음이니 그는 근본 하나님의 본체시나 하나님과 동등됨을 취할 것으로 여기지 아니하시고 오히려 자기를 비워 종의 형체를 가지사 사람들과 같이 되셨고 사람의 모양으로 나타나사 자기를 낮추시고 죽기까지 복종하셨으니 곧 십자가에 죽으심이라 이러므로 하나님이 그를 지극히 높여 모든 이름 위에 뛰어난 이름을 주사 하늘에 있는 자들과 땅에 있는 자들과 땅 아래에 있는 자들로 모든 무릎을 예수의 이름에 꿇게 하시고 모든 입으로 예수 그리스도를 주라 시인하여 하나님 아버지께 영광을 돌리게 하셨느니라"(빌 2:5-11)라고 했다.

예수님이 하나님의 아들이고 하나님이시지만 사람들과 같이 되셨고 사람의 모양으로 나타나시어 자기를 낮추시고 복종하므로 하나님이 그를 지극히 높여 모든 이름 위에 뛰어난 이름을 주시고 하늘에 있는 자들과 땅에 있는 자들과 땅 아래 있는 자들로 모든 무릎을 예수의 이름에 꿇게 하시고 모든 입으로 예수를 주라 시인하여 하나님께 영광을 돌리게 하셨다. 자기를 낮추시고 하나님을 경외하는 사람에게는 지극히 높이어서 모든 사람이 그 이름 앞에 무릎을 꿇게 하신다.

   죄인과 의인

겸손과 하나님을 경외함의 세 번째는 생명이다. 아담이 범죄한 이후에 태어난 사람은 다 죄인이다. 성경은 기록하기를 "모든 사람이 죄를 범하였으매"(롬 3:23)라고 하여 다 죄인으로 태어났다. 죄인을 위하여 2,000년 전에 십자가에서 피 흘러 죽으시고 죄를 사하셨다. 이것을 믿으면 죄 사함을 받는다. 죄 사함을 받으면 성령은 죽은 영을 살린다. 그러므로 영원한 생명을 주시므로 영생을 주시고, 생명을 주신다. 성경은 기록하기를 "하나님이 세상을 이처럼 사랑하사 독생자를 주셨으니 이는 그를 믿는 자마다 멸망하지 않고 영생을 얻게 하려 하심이라"(요 3:16) 했고 또 성경은 기록하기를 "내가 온 것은 양으로 생명을 얻게 하고"(요 10:10)라고 하였다. 여기에 나오는 생명은 인간의 목숨과는 다르다. 인간의 목숨은 유한하지만 하나님의 생명은 영원하다. 이 영원한 생명을 겸손과 하나님을 경외하는 의인에게 주신다. 이 생명은 유한한 목숨이 아닌 영원한 생명을 약속하신다.

# 가난에서 벗어나려면

가난하게 살기를 원하는 사람은 없다. 가난하게 사는 방법만 있을 뿐이다. 성경은 기록하기를 "이익을 얻으려고 가난한 자를 학대하는 자와 부자에게 주는 자는 가난하여질 뿐이니라"(잠 22:16)라고 했다. 하나님의 관심은 부자가 아니라 가난한 사람이다. 하나님의 관심은 죄인이 아니고 의인이다. 아담이 범죄한 이후에 태어난 사람은 다 죄인이다. 성경은 "모든 사람이 죄를 범하였으매"(롬 3:23)라고 기록하고 있다. 예수님은 죄인을 위해 2,000년 전에 십자가에서 피 흘리시고, 죽으셨다. 이 죽으심이 나의 죄를 다 사하였다고 믿으면 죄 사함을 받고, 죄 사함을 받으면 선물로 성령을 부으시고, 죄 사함을 받으면 죽은 영을 살리신다. 아담의 범죄로 죽은 영을, 죄 사함을 받으면 살리신다. 죄 사함을 받으면 죄인이 아니라 의인이다.

의인에게는 사람의 관심이 아니라 하나님이 관심으로 살핀다. 하나님은 어디에 관심을 가지고 계실까? 생각한다. 하나님은 부자에게 관심이 아니라 가난한 사람에게 관심이 있다. 자신의 이익을 위하여 가난한 사람을 학대하면 가난하게 된다. 가난한 사람에게 베풀어야 하는데 베풀지는 못하고 학대하면 가난하게 된다. 아무리 부자이고, 아무리 권세가 있어도, 가난한 사람을 학대하면 가난하게 된다. 자신의 이

  죄인과 의인

익을 위하여 가난한 사람을 학대하면 안 된다. '학대'란 몹시 괴롭히거나 가혹하게 대우하는 것이다. 아동학대란 말을 자주 듣게 되는데 아이를 구박하거나, 때리거나, 욕을 하거나, 밥을 굶기는 행위를 말한다. 어른들을 학대하는 행위도 있다. 이것 역시 아이들 학대와 같은 동일한 행동을 하는 것이다. 이것은 결코 있을 수 없는 행위이지만 이런 일이 가정에서 일어나고 있다.

죄인은 가난한 사람을 학대할 수 있지만 의인은 결코 할 수 없다. 가난에서 벗어나서 부자가 되기 위해서가 아니라 하나님이 금하는 행동이기 때문이다. 가난을 벗어나려면 의인이 되어야 하고, 의인은 가난한 사람을 학대하지 않고 친절과 사랑으로 베푼다. 이것은 하나님의 관심이다. 또 가난을 벗어나려면 부자에게는 주지 말라는 것이다.

부자는 넉넉해서 받지 않아도 되는데 부자에게 주면 가난하게 된다는 것이 성경의 기록이다. 대다수의 많은 사람들이 가난한 사람들에게 관심이 없고, 부자에게 관심을 가진다. 성경은 기록하기를 "귀를 막고 가난한 자가 부르짖는 소리를 듣지 아니하면 자기가 부르짖을 때에도 들을 자가 없으리라"(잠 21:13)라고 했다. 가난한 사람이 도와 달라고 하는데 듣지 아니하면 자기가 도움이 필요해서 도와 달라고 하면 들을 사람이 없다는 것이다.

의인은 가난한 사람에게 관심을 가진다. 성경에 부자와 거지 나사로의 기록이 있다. 부자는 음부의 고통 중에 있었고, 거지 나사로는 아브라함의 품에 있었다. 부자는 나사로를 보내어 그 손가락 끝에 물을 찍어 내 혀를 서늘하게 하여 주소서. 내가 이 불꽃 가운데서 괴로워하나이다. 아브라함이 이르되 너는 살았을 때에 좋은 것으로 받았고, 나사로는 고난을 받았으니 그는 여기서 위로를 받고, 너는 괴로움을 받는다고 했다. 나사로는 비록 거지이지만 의인이고 부자는 살아있을 때에 재물이 있어서 날마다 호화롭게 즐기는 부자이지만 죄인이었다. 하나님의 관심은 죄인인 부자에게 있지 않고, 가난하지만 의인인 나사로에게 있었다.

하나님은 관심은 의인에게 있다. 하나님은 의인 노아에게 관심이 있어서 다른 사람들은 40주야 비를 내리어 쓸어 버리었으나 노아와 그의 아내와 세 아들과 세 며느리를 살리셨다. 하나님이 관심을 가지는 사람은 의인이다. 하나님의 관심은 부자가 아니라 가난한 사람이다. 가난한 사람을 불쌍히 여기어야 한다. 성경은 "가난한 자를 불쌍히 여기는 것은 하나님께 꾸어 드리는 것이니 그의 선행을 그에게 갚아주시리라"(잠 19:17)라고 했다. '불쌍히 여긴다'는 하나님이 인간을 위해 사랑하는 것 같이 인간이 가난한 사람을 사랑해서 베풀면 하나님께 꾸어주는 것으로 하나님이 갚아주신다는 말이다. 의인은 가난한 사람들에게 베푸나 죄인은 자신의 이익을 위하여 가난한 사람을 학대한다.

하나님은 죄인에게 보응하시고 의인에게 보응하신다. 의인에게는 선한 보응을 하신다. 성경은 기록하기를 "재앙은 죄인을 따르고 선한 보응은 의인에게 이르느니라"(잠 13:21)고 했다. 가난한 사람들에게 베풀면 하나님이 갚으시는데 적으면 열 배이고 많으면 백 배이고, 천 배이고, 만 배이다. 가난에서 벗어나는 지름길은 가난한 사람들에게 베푸는 것이다.

 죄인과 의인

# 집과 재물의 상속보다 더 큰 여인

세상에는 상속이 되는 것이 있고, 상속이 안 되는 것이 있다. '상속'이란 일정한 친족 관계가 있는 사람 사이에서 한 사람이 사망한 후에 다른 사람에게 재산에 관한 권리와 의무의 일체를 이어받는 일이다. 상속되는 것이 큰 것으로 알고 있지만 그렇지 않다. 성경은 상속이 되는 것을 나열하고 있다. "집과 재물은 조상에게서 상속하거니와 슬기로운 아내는 여호와께로서 말미암느니라"(잠 19:14)고 했다. 사람들이 생각할 때 집과 재물을 상속받으면 얼마나 좋을까 생각한다. 그래요. 좋은 일이다. 집을 한 채 마련하려면 얼마나 많은 수고와 시간이 소요되는지 모른다. 이것을 수고와 시간의 투자 없이 얻는다면 너무나 좋은 일이다. 그래서 상속을 많은 사람이 기대하는지 모른다. 또 재물을 상속받는다면 그보다 좋은 일은 없을 것이다. 아침 일찍 전철을 이용해 보면 많은 사람이 전철로 일터로 나가고 있다.

눈을 뜨고 일어나면 샤워하고 일터로 나간다. 부모의 재물이 상속이 이루어진다면 이런 수고를 안 해도 된다. 이런 수고가 하루 이틀로 끝나는 것이 아니고, 한평생 이어진다면 재산이나 재물은 너무나 좋은 일이다. 이런 것을 기대할 수 없는 사람이 많이 있다. 이런 집과 재물이 상속으로 이어진다면 그 많은 시간과 수고를 안 해도 된다. 그런데 상속보다 더 귀한 것이 세상에 존재한다는 것이다. 그렇게 좋고, 기대되는 상속보다 나은 것이 무엇인지를 성경은 기록하고 있다. '슬기로운 아내'라고 기록하고 있다. 성경은 "집과 재물은 조상에게서 상속하거니와 슬기로운 아내는 여호와께로서 말미암느니라"(잠 19:14)고 했다. 집과 재물보다 나은 슬기로운 아내를 소개하고 있다. 집과 재물이 그토록 귀하게 여기지만 사실은 슬기로운 아내가 더 귀하다는 것이다. '슬기롭다'는 어떤 일을 잘 판단하고 잘 해결해 내는 능력이다. 이런 아내가 있으면 집과 재물보다 낫다. 이런 슬기로운 아내는 상속으로 이어지지 않고 하나님께서 주셔야 가능하다. 배필로 주시면 피조물인 인간은 받을 수밖에 없다. 하나님을 알아야 하고 하나님의 마음에 들어야 이런 배필을 하나님이 주신다. 이런 슬기로운 여인은 어디서 만들어집니까? 만들어지는 공장이 있나요? 묻는다면 그런 공장은 없지요.

아담이 범죄한 이후에 태어난 사람은 다 죄인이다. 성경은 "모든 사람이 죄를 범하였으매"(롬 3:23)라고 하여 다 죄인이다. 죄인에게는 이런 슬기로움이 없다. 아담이 범죄함으로 인간은 전적 타락과 전적 부패인 인간이 되었다. 전적으로 부패한 인간에게는 이런 슬기가 없다. 그래서 2,000년 전에 유대 땅 베들레헴에 예수님이 탄생하시고 골고다에서 십자가에서 피 흘리시고 죽으심으로 인간의 죄를 다 사하셨다. 이것을 믿으면 죄를 사함을 받고, 구원을 받는다.

죄 사함을 받으면 하나님은 죄 사함을 받은 선물로 성령을 부으시고, 죄 사함을 받으면 죽은 영을 살리신다. 아담이 범죄한 이후에 태어난 사람은 영이 죽었으나 죄 사함을 받으면 죽은 영이 살아난다. 이때 주시는 영은 사람의 영이 아니라 성령이다. 이런 상태는 죄인이 아



죄인과 의인

니라 의인으로 지혜로운 사람이요, 슬기로운 사람이 된다. 죄 사함을 받고, 죽은 영이 살아난 여인이 슬기로운 여인이고, 지혜로운 여인이다. 이런 여인을 아내로 맞이하면 집과 재물에 비교가 되지 않는다. 슬기로운 아내는 집과 재물을 모으게 되지만 집과 재물은 슬기로운 아내를 가져올 수는 없다. 집과 재물이 있다고 해서 행복하냐? 그렇지 않다. 거기에 슬기로운 아내가 있다면 행복하지만, 슬기로운 아내가 빠지면 아무런 의미가 없다. 그러면 슬기로운 아내만 상속이 되지 않는 것 아니고 슬기로운 남편도 마찬가지이다.

슬기로운 남편 역시 집과 재물보다 더 귀하다. 이런 남편 역시 죄 사함과 죽은 영이 살아나야 지혜로운 사람이요, 슬기로운 사람이 된다. 슬기로운 아내와 슬기로운 남편은 많지 않다. 이런 아내와 남편을 만나려면 하나님의 마음에 들어야 한다. 아브라함과 같이 마음에 들어야 사라와 같은 여인을 주신다. 하나님의 마음에 들려면 죄 사함이 있어야 하고 죽은 영이 사는 거듭남이 있어야 한다. 하나님의 관심은 죄인이 아니라 의인에게 있다. 노아는 의인이기에 하나님은 노아에게 관심이 있다.

하나님은 의인 요셉에게 관심이 있다. 이방 나라 애굽 왕 바로가 요셉을 보고 이야기한다. 성경은 "바로가 그의 신하들에게 이르되 이와 같이 하나님이 영에 감동된 사람을 우리가 어찌 찾을 수 있으리오 하고 요셉에게 이르되 하나님이 이 모든 것을 네게 보이셨으니 너와 같이 명철하고 지혜 있는 자가 없도다"(창 41:38-39)라고 했다. 지혜자 요셉은 슬기로운 사람이다. 그러므로 하나님은 요셉에게 앞으로 되어질 7년 풍년과 7년 흉년을 보여주셨다. 이 일을 알게 된 요셉은 7년 풍년에 쌀을 준비하여 7년의 흉년을 대비하였다. 이런 남편은 상속으로 이어지지 않고 오직 하나님을 통하여 죄 사함과 거듭남이 있는 사람에게 주어진다. 자신이 죄 사함을 받고, 죽은 영이 살아난 거듭난 사람이 거듭난 사람을 위해서 기도하므로 하나님이 이런 사람을 만나게 하신다. 이런 슬기로운 아내와 남편이 집과 재물을 상속받는 것보다 더 낫다. 집과 재물의 상속보다 더 큰 슬기로운 아내와 남편을 위해서 기도해야 한다.



죄인과 의인

# 자기 길을 굽게 가는 미련한 사람

세상에는 두 종류의 사람이 살고 있다. 미련한 사람과 지혜로운 사람이 살고 있다. 다른 말로는 죄인과 의인이 살고 있다. 아담이 범죄하기 전에는 한 종류의 사람, 의인만 살고 있었다. 그러나 아담의 범죄로 인간은 다 죄인이 되었다. 이 죄인을 죄에서 구원하기 위해서 예수님이 유대 땅 베들레헴에 오셨다. 예수님이 유대 땅에 오심이 성탄이다. 유대 땅 말구유에 오셨다. 낮고 천한 모습으로 오셔서 골고다 십자가에서 피 흘리시고, 죽으셨다. 이 죽음이 죄인을 위한 대속의 죽음으로 돌아가셨다. 대신 죽으신 죽음으로 인간의 죄를 사하셨다. 한 사람 아담의 범죄로 인간 모두는 죄인이 되었다. 이 죄를 위해서 피 흘리시고 죽으셨다. 이것을 믿으면 죄를 사함을 받는다. 죄 사함이 구원이다. 죄 사함을 받은 사람에게 하나님은 성령을 부으시고, 죽은 영을 살리신다. 아담의 범죄로 죽은 영을 죄 사함으로 살리신다. 이것이 거듭남이다.

죄인은 미련한 사람이고, 죄 사함을 받은 의인은 지혜로운 사람이다. 아담이 범죄한 이후에 태어난 사람은 전적으로 부패와 전적 타락을 했다. 이런 인간은 죄인이요, 미련한 사람이다. 미련한 사람은 자기 길을 바르게 가지 못한다. 성경은 "사람이 미련하므로 자기 길을 굽게 하고 마음으로 여호와를 원망하느니라"(잠 19:3). 사람이 미련해서 자기 갈 길을 곧게 가지 못하고 굽게 간다. '굽게' 간다는 말은 똑바로 가지 못하고 구부러지게 간다는 말이다. 미련한 사람이 가는 길이 구부러진 길로 간다. 그러면 결과는 바른길이 아닌 틀린 길로 나오게 된다.

성경은 "미련한 아들은 그의 아비의 재앙이요"(잠 19:13)라고 했다. 미련한 아들이 가는 길은 굽은 길이기에 재앙을 몰고 온다는 것이다. 성경은 "미련한 아들은 그 아비의 근심이 되고 그 어미의 고통이 되느니라"(잠 17:25). 미련한 아들의 가는 길을 통하여 아버지의 근심덩어리가 된다. 미련한 아들을 통하여 아버지는 항상 근심 걱정이 생긴다. 그리고 미련한 아들을 통하여 어머니는 고통이 찾아온다.

미련한 아들이나 딸로 인하여 부모는 근심과 고통이 끊어지지 않는다. 성경은 "미련한 자를 곡물과 함께 절구에 넣고 공이로 찧을지라도 그의 미련은 벗겨지지 아니하느니라"(잠 27:22). 절구에 미련한 자와 곡물을 넣고 공이로 찧었는데 곡물은 벗기어지는데 미련은 벗기어지지 않는다는 것이다. 미련을 벗기는 방법은 한 가지이다. 미련한 사람은 죄인으로 죄 없는 의인이 되면 미련이 벗기어지고 지혜로운 사람이 된다. 지혜자가 되면 굽은 길로 가지 않는다. 미련한 자가 굽은 길로 가서 결과가 나오면 내가 굽게 가서 이런 결과가 나왔다고 해야 한다. 그런데 미련한 사람은 자기가 굽은 길로 가서 결과가 나오면 타인을 원망한다.

미련한 사람이 굽게 갔기에 결과는 잘 나올 수가 없다. 그러면 내가 굽은 길로 가서 이런 결과가 나왔다고 받아들이면 되지만 타인을 원망하는 것이 미련한 사람의 특징이다. 성경은 원망의 대상이 하나님이

                                        죄인과 의인

라고 했다. 성경은 "사람이 미련하므로 자기 길을 굽게 하고 마음으로 여호와를 원망하느니라"(잠 19:3). 하나님이 그렇게 만들었다고 하면서 하나님을 원망하고 불평한다. 미련한 사람의 가는 길이 잘못된 길로 갔다는 것을 기억해야 한다. 그러면 그 사람은 고치고 바른길로 갈 수 있다. 지혜로운 사람은 자기의 잘못을 타인에게 돌리지 않고 자기 자신에게 돌리지만 미련한 사람은 자기의 잘못을 자기에게 돌리지 않고 타인에게 돌린다.

미련한 사람인지, 지혜로운 사람인지는 자기 잘못으로 나쁜 결과가 나오면 자기 잘못으로 돌리는 사람은 지혜로운 사람이고 타인에게 돌리면 미련한 사람이다. 미련한 사람은 죄인이기에 죄 사함을 받아 의인이 되고 지혜로운 사람이 된다.

# 미움을 받는 가난한 사람들

가난한 사람과 부자가 함께 살고 있다. 어느 나라에도 부자들이 있고, 가난한 사람들이 있다. 가난한 사람과 부자가 다른 점이 있다면 학벌도 아니고, 얼굴도 아니고, 어떤 사람으로 사느냐에 달려 있다. 성경은 "가난한 자와 부한 자가 함께 살거니와 그 모두를 지으신 이는 여호와시니라"(잠 22:2). 죄인으로 사느냐 의인으로 사느냐에 달려 있다. 아담이 범죄한 이후에 인간은 다 죄인이다. 성경은 "모든 사람이 죄를 범하였으매"(롬 3:23)라고 했다. 죄인은 하나님 관심의 대상이 아니다. 어느 시대에도 하나님의 관심은 의인이다. 자연인은 다 죄인이다. 부모를 통하여 태어난 사람은 다 죄인이다. 죄인을 죄에서 구원하기 위해서 2,000년 전에 예수님이 유대 땅 베들레헴에 오셨다. 십자가에서 피 흘리시고 죽으셨다. 이 죽으심이 나를 위해 대신 죽으셨다고 믿으면 죄 사함 구원을 받는다. 죄 사함을 받은 사람에게 성령을 부으시고, 죄 사함을 받은 사람에게 죽은 영을 살리신다. 이것이 거듭남이다.

죄인과 악인은 망하는 사람이다. 성경은 "의인들의 길은 여호와께서 인정하시나 악인들의 길은 망하리로다"(시 1:6). 악인의 길은 흥하지 않고 망한다. 악인이란 죄인을 말한다. 죄인과 악인은 망한다. 죄인과

 죄인과 의인

악인은 가난하다. 성경은 "눈이 높은 것과 마음이 교만한 것과 악인이 형통한 것은 다 죄니라"(잠 21:4)고 했다. 악인은 형통하지 않고 불통하여 가난한 삶을 산다. 가난하면 자기의 형제들에게도 미움을 받는다. 성경은 "가난한 자는 그의 형제들에게도 미움을 받거든 하물며 친구야 그를 멀리하지 아니하겠느냐"(잠 19:7). 가난하면 자기 형제들도 미워한다는 것이다. 부자가 되어야 형제가 그를 사랑한다는 것이다. 부자가 되어야 형제들이 찾아오고 손님들이 많이 오고 간다. 가난하면 형제만 미워하는 것이 아니라 친구들도 그를 멀리한다는 것이다. 부자가 되어야 친구가 가까이하지, 가난하면 친구들도 찾아오지 않고 멀리한다. 그러므로 죄인과 악인으로 살면 부자는 되지 못하고 가난하게 산다. 가난에서 벗어나야 형제들의 사랑을 받고, 친구들도 가까이한다. 가난에서 벗어나는 길은 죄인과 악인의 자리에서 의인의 자리로 나가야 한다. 죄가 없는 의인은 가난하지 않고 부자가 된다.

솔로몬에게는 지혜와 총명을 주셨다. 성경은 의인에게 "시냇가에 심은 나무가 철을 따라 열매를 맺으며 그 잎사귀가 마르지 아니함 같으니 그가 하는 모든 일이 다 형통하리로다"(시 1:3)라고 했다. 의인은 번성하고 풍성하고 넘치고 형통하다. 의인은 가난한 사람이 아니라 부자이다. 부자가 되면 형제들이 미워하지 않고, 사랑한다. 가난에서 벗어나는 길은 어떤 일을 하느냐에 달려있지 않고 죄인이냐 의인이냐에 달려 있다. 이런 사실을 알아야 가난에서 벗어난다.

# 거만한 사람을 쫓아내라

　사람은 여러 종류의 사람이 있는 것으로 생각한다. 그러나 두 종류의 사람만 있다. 죄인과 의인이 있다. 아담이 범죄한 이후에 인간은 다 죄인이다. 성경은 "모든 사람이 죄를 범하였으매"(롬 3:23)라고 했다. 다 죄인인데 그중에 의인이 있다. 노아 당시에도 다 죄인이요 악한 사람이었다. 그래서 하나님은 "땅 위에 사람 지으셨음을 한탄하사 마음에 근심하시고 이르시되 내가 창조한 사람을 내가 지면에서 쓸어버리되 사람으로부터 가축과 기는 것과 공중의 새까지 그리하리니 이는 내가 그것들을 지었음을 한탄함이니라"(창 6:6-7). 죄인 중에서 의인 노아가 있었다. 그래서 죄인들은 다 쓸어버리고 노아와 노아의 아내와 세 아들과 세 며느리만 남기었다.

　거만한 사람은 죄인이다. 죄인이 예수님이 십자가에서 죄를 사하셨다고 믿으면 죄 사함을 받는다. 죄 사함을 받으면 성령을 부으시고, 죄 사함을 받으면 죽은 영을 살리신다. 거만한 사람은 성경에 "거만한 자를 쫓아내면 다툼이 쉬고 싸움과 수욕이 그치느니라"(잠 22:10)고 했다. '거만하다'라는 잘난체하며 남을 업신여기는 것이다. 거만한 사람은 있는 자리에서 쫓아내면 다툼이 쉰다는 것이다. 다툼이 계속 이어지면 거만한 사람을 쫓아내야 한다. 자기만 잘났고 타인은 무시하는

　죄인과 의인

사람은 다툼의 요인이 된다. 이런 사람이 있으면 다툼은 계속된다. 어느 단체든지, 어느 모임이든지, 이런 거만한 사람은 화평을 깨고 다툼을 일으킨다. 이런 사람은 가정에도 있고, 회사에도 있다. 이런 사람 한 사람 때문에 다툼이 일어난다.

성경은 "미련한 자마다 다툼을 일으키느라"(잠 20:3)고 했다. 미련한 자도 다툼을 일으킨다. 미련한 사람이나 거만한 사람이나 다 죄인이요, 악한 사람이다. 거만한 사람이 죄인의 자리에서 의인의 자리로 나오면 다툼은 사라진다. 또 하나는 거만한 사람이 그 자리를 떠나면 다툼은 사라진다. 거만한 사람이 있으면 싸움이 계속 일어난다. 거만한 사람을 통해서 다툼이 있고, 거만한 사람을 통해서 싸움이 일어난다.

다툼이 작은 것이면, 싸움은 큰 것이다. 개인의 싸움도 거만한 사람 때문이고, 국가와 국가 사이에도 거만한 국가가 있으면 싸움이 일어나고 크게는 전쟁이 일어난다. 거만은 자기 혼자 잘 났고, 타인은 업신여기고 무시하는 사람이다. 사람은 누구에게나 무시당하면 참지 못한다. 그런데 거만한 사람은 상대를 무시하기에 그 자리에 있을 수가 없다. 회사를 그만두는 이유가 무시당하기에 그만두는 것이다. 거만한 과장이나, 거만한 국장 때문이다. 이런 사람은 왜 부하직원이 그만둘까를 생각해야 한다. 거만한 사람이 없으면 다툼이 그치고, 거만한 사람이 없으면 싸움이 그친다.

거만한 사람이 있으면 수욕이 일어난다. '수욕'이란 부끄러움, 수치와 욕을 당하는 것이다. 자신의 잘못이나 실수로 인하여 불명예나 창피를 당하는 것이다. 거만한 사람에게는 부끄러움과 수치와 욕을 당하게 된다. 거만한 사람은 죄인이기에 공부를 해서 거만이 사라지는 것이 아니고, 돈이 많은 부자가 되면 거만이 사라지지 않는다. 오직 있는 자리를 떠나든지, 죄인이 의인이 되어야 해결이 된다.

하나님은 죄인이 아니라 의인을 원하고, 다툼이나 싸움이나 수욕이 아니라 화평과 화목을 원하신다.



죄인과 의인

# 가시와 올무가 있는 패역한 사람의 길

세상에는 두 종류의 사람이 살고 있다. 죄인과 의인이 있고 또 다른 말로는 악인과 선인이 있다. 죄인은 패역한 사람이다. 아담이 범죄한 이후에 태어난 사람은 죄인이다. 성경은 "모든 사람이 죄를 범하였으매"(롬 3:23)라고 했다. 아담이 타락하기 이전에는 죄인이 아니고 의인이다. 그러나 아담이 선악과를 먹은 이후에 인간은 다 죄인이다. 성경은 "한 범죄로 많은 사람이 정죄에 이른 것 같이 한 의로운 행위로 말미암아 많은 사람이 의롭다 하심을 받아 생명에 이르렀느니라"(롬 5:18). 한 사람 아담으로 범죄로 지구상의 모두는 다 죄인이 되었고 한 의로운 행위는 예수님의 십자가의 피 흘리심과 죽으심으로 모든 사람이 의인이 되었다. 이것을 믿으면 죄인에서 의인이 된다.

패역한 사람은 죄인이다. 죄인이 죄 사함을 받으면 의인이 되고, 죄 사함을 받으면 성령을 부으시고, 죄 사함을 받으면 죽은 영이 살아난다. '패역하다'라는 사람으로 마땅히 하여야 할 도리에 어긋나고, 순리를 거슬러 불순한 것이다. 고집이 세고, 다투기를 좋아하고, 하나님을 대적하고, 진리를 왜곡하는 것이다. 이런 사람은 패역한 사람이다. 패역한 사람은 죄인이기에 고집이 세고 순종하지 않는다.

고집이 센 송아지를 코를 뚫어서 코뚜레를 끼어 놓는다. 그렇지 않으면 감당이 안 된다. 코를 뚫으면 처음은 코에서 피가 난다. 그렇게 소는 일생을 살게 된다. 코를 뚫지 않으면 농사철에 논을 쟁기로 갈 수 없고, 밭을 갈 수 없다. 논이나 밭을 갈지 않으면 농사를 짓지 못하고, 밭농사를 할 수 없다. 말도 입에 재갈을 물린다. 이렇게 해야 주인의 의도대로 따르게 된다. 사람은 그리할 수 없으니 죄인이 죄 사함을 받아 의인이 되면 고집을 버린다.

패역한 사람은 다투기를 좋아하는 사람으로 아무 일에나 다투기를 좋아한다. 성경은 "미련한 자마다 다툼을 일으키느라"(잠 20:3). 패역한 사람은 죄인이요, 악인이요, 미련한 사람이다. 패역한 사람은 미련한 사람으로 다투기를 좋아한다. 성경은 "미련한 아들은 그 아비의 근심이 되고 그 어미의 고통이 되느니라"(잠 17:25). 성경은 "다투는 아내는 이어 떨어지는 물방울이니라"(잠 19:13). 다투는 것은 이어 떨어지는 물방울이란 다투기 시작할 때 그치지 않으면 계속 물방울이 떨어져서 감당할 수 없는 상태가 되듯이 큰 싸움으로 번지게 된다. 수돗물이 겨울에 얼었다가 봄이 되면 수도꼭지에서 물 한 방울씩 떨어지면 조금 있으면 물이 졸졸졸 세게 나온다. 다툼은 미련한 사람의 소행이고, 패역한 사람의 소행으로 죄인에서 의인이 되면 다투지 않고 화평과 화목으로 일관하고 이해하고, 용서한다.

패역한 사람은 하나님을 대적하므로 하나님의 말씀을 순종하지 않는다. '대적하다'라는 적이나 어떤 세력, 힘 따위와 맞서서 겨룬다. 하나님을 대적한다는 것은 하나님에게 순종하고 따르는 것이 아니고 하나님과 맞서서 싸우는 것이다. 하나님과 싸워서 이길 수 있나요. 인간은 하나님을 이길 수 없기에 맞서서 싸우지 않고 순종하고 따른다. 그러나 패역한 사람은 하나님과 맞서서 싸우려고 한다. 패역한 사람은

   죄인과 의인

죄인으로 죄 사함을 받아, 의인이 되면 하나님을 대적하지 않고 하나님을 순종하고 따르게 된다.

패역한 사람은 진리를 왜곡한다. '왜곡하다'라는 사실과 다르게 해석하는 것이다. 진리를 잘 알지 못해서 달리 해석하는 것이다. 진리란 하나님의 말씀이다. 하나님의 말씀을 왜곡한다는 것은 하나님의 말씀을 달리 해석하는 것이다.

성경을 해석함에 있어서 어떻게 해석하느냐에 따라서 말씀이 다르다. 패역한 사람은 달리한다. 이런 사람들이 많이 있다. 성경 해석이 참 어렵다. 그러므로 진리를 왜곡하지 않기 위해서 죄인이 의인이 되어야 한다. 패역한 사람이 가는 길은 가시와 올무가 있다. '가시'란 바늘처럼 뾰족하게 돋친 것이다. 물고기의 잔뼈와 살에 박힌 나무로 남을 공격하거나 불평불만의 뜻을 담은 표현이다. 패역한 사람에게는 가시란 방해 요소가 있다. 또 패역한 사람에게 가시는 찌르면 피가 나고 상처가 난다. 장미는 아름다운 꽃이지만 가시가 있다. 장미를 가지려면 아름다움과 가시를 다 가져야 한다.

패역한 사람은 아름다움은 없고 가시만 있다. 패역한 사람은 올무가 도사리고 있다. '올무'란 새나 짐승을 잡는 덫, 올가미이다. 함정이나 사냥용 구덩이를 말한다. 패역한 사람에게 올무는 그 덫에 걸리면 목숨을 잃게 된다. 패역한 사람의 길에 가시와 올무는 피가 흘리기도 하고, 죽을 수도 있는 길이다. 이 길을 벗어나는 길은 공부를 해서 되는 것이 아니고, 돈으로도 해결이 되지 않고, 오직 죄인이 의인이 되어야 해결이 된다. 죄인으로 죄 사함을 받고, 성령을 받고, 죽은 영이 살면 패역한 사람에서 벗어난다.

# 악인은 악을 뿌리고

세상에는 죄인과 의인이 함께 살고 있다. 아담이 범죄한 이후에 태어난 인간은 다 죄인이다. 성경은 "모든 사람이 죄를 범하였으매"(롬 3:23)라고 기록했다. 하나님이 인간을 창조했을 때는 의인으로 만들었으나 아담이 선악과를 먹은 후에는 죄인이 되었다. 죄인을 죄에서 구원하기 위해서 예수님이 유대 땅 베들레헴에 아기 예수로 오셨다. 이것이 성탄이다. 성탄은 인간에게 즐거운 날이요, 기쁜 날이다. 이런 성탄이 인간 장사의 수단으로 이용되는 시기에 살고 있다. 성탄은 인간의 죄를 사하기 위해서 오신 예수님의 깊은 뜻과는 상관이 없는 장사의 수단과 이익의 수단으로 사용되고 있다. 이제는 성탄이 가까워져도 크리스마스의 캐럴송도 듣기 어려운 시기에 살고 있다. 성탄절 이브에는 새벽송을 돌면서 각 가정의 성탄을 알리고 성탄의 기쁨을 나누었다.

예수님의 탄생은 인간의 죄를 사하려고 오신 하나님의 깊은 뜻이 담긴 날이다. 죄 사함을 위해서 십자가에서 피 흘리시고 죽으셨다. 피 흘리심과 죽으심이 죄인들의 죄를 사했다. 이것을 믿으면 죄 사함을 받고, 죄 사함을 받은 사람에게 성령을 부으시고, 죄 사함을 받은 사람에게 죽은 영을 살리신다. 아담의 범죄로 죽은 영이 죄 사함으로 살

　　　　　　　　　　　　죄인과 의인

아나는 것이 거듭남이다.

악인은 죄인이고, 선인은 의인이다. 악인이 악을 뿌리는 사람이고, 선인은 선을 뿌리는 사람이다. 성경은 “선을 행하는 자는 없나니 하나도 없도다”(롬 3:12)라고 했다. 선인은 없는데 죄인이 죄 사함을 받으면 의인이 되고, 의인은 선인이다. 죄인으로 살면, 악인으로 악을 뿌리고, 심는다. 악인이 ‘악을 뿌린다’는 것은 ‘악을 심는다’라는 말로 악을 심으면 성경은 “악을 뿌리는 자는 재앙을 거두리니”(잠 22:8). 악을 뿌리고, 심으면 악을 거두는데 그것이 재앙이다. 재앙을 피하는 길은 악인이 선인이 되어야 한다. 선인이란 의인으로 죄 사함을 받으면 의인이요, 선인이다. 재앙을 원하는 사람은 없으나 재앙이 끌어드리는 사람은 많다. 성경은 “재앙은 죄인을 따르고, 선한 보응은 의인에게 이르느니라”(잠 13:21)고 했다. 죄인이 재앙을 가져오고, 악인이 재앙을 가져온다.

의인에게는 재앙이 없느냐고 묻는다면 의인에게는 시험이 있다. 의인의 시험은 악인의 재앙과는 다르다. 악인의 재앙은 악을 행해서 나타나는 재앙이고, 의인의 시험은 악을 행하지 않고 나타나는 시험이다. 의인의 시험은 선을 행하고 나타나는 하나님의 시험이다. 성경은 의인을 시험하는 경우가 있다. 성경에 아브라함을 시험하신다. “하나님이 아브라함을 시험하시려고 그를 부르시되 아브라함아 하시니 그가 이르되 내가 여기 있나이다 여호와께서 이르시되 네 아들 네 사랑하는 독자 이삭을 데리고 모리아 땅으로 가서 내가 네게 일러준 한 산 거기서 그를 번제로 드리라”(창 22:1-2).

성경은 “여호와께서 사탄에게 이르시되 네가 어디서 왔느냐 사탄이 여호와께 대답하여 이르되 땅을 두루 돌아 여기저기 다녀 왔나이다 여호와께서 사탄에게 이르시되 네가 내 종 욥을 주의하여 보았느냐 그와 같이 온전하고 정직하여 하나님을 경외하며 악에서 떠난 자가 세상에 없느니라"(욥 2:2-3) "사탄이 여호와께 대답하여 이르되 욥이 어찌 까닭 없이 하나님을 경외하리이까"(욥 1:9) "이제 주의 손을 펴서 그의 모든 소유물을 치소서 그리하시면 틀림없이 주를 향하여 욕하지 않겠나이까 여호와께서 사탄에게 이르시되 내가 그의 소유물을 다 네 손에 맡기노라 다만 그의 몸에는 네 손을 대지 말지니라 사탄이 곧 여호와 앞에서 물러가니라"(욥 1:11-12)고 했다. 욥의 자녀들이 욥의 맏아들 집에서 음식을 먹을 때 소가 밭을 갈고 나귀는 그 곁에서 풀을 먹는데 스바 사람들이 그것들을 빼앗고, 칼로 종들을 죽였다. 하나님의 불이 하늘에서 떨어져 양과 종들을 살라 버렸다. 갈대아 사람들이 갑자기 낙타에게 달려들어 그것들을 빼앗고 칼로 종들을 죽였나이다. 주인의 자녀들이 맏아들의 집에서 음식을 먹을 때 거친 들에서 큰 바람이 와서 집 네 모퉁이를 치매 그 청년들 위에 무너지므로 그들이 죽었나이다. 욥이 일어나 겉옷을 찢고, 머리털을 밀고, 땅에 엎드려 예배하며 이르되 내가 모태에서 알몸으로 나왔사온즉 또한 알몸이 그리로 돌아올지라 주신 이도 여호와시요 거두신 이도 여호와시오니 여호와의 이름이 찬송을 받으실지니이다 했다. 이 모든 일에 욥이 범죄하지 아니하고 하나님을 향하여 원망하지 아니했다.

욥의 시험은 악을 행해서 나타나는 재앙이 아니라 선을 행하는데 하나님이 시험하신다. 악인은 악을 행하므로 나타나는 재앙이고, 의인은 선을 행하고 나타나는 하나님의 시험이다.

  죄인과 의인

# 악인의 형통은 죄

형통을 싫어하는 사람은 없고 다 형통을 원한다. '형통'이란 모든 일이 뜻과 같이 잘되어 가는 것을 말한다. 형통은 하나님의 백성이 하나님의 명령과 언약을 지키고 순종할 때 약속된 복이다. 형통을 원하면 맨 먼저 하나님의 백성이 되어야 한다고 전제하고 있다. 아담이 범죄한 이후에 인간은 다 죄인이다.

성경은 "모든 사람이 죄를 범하였으매"(롬 3:23)라고 하였다. 아담의 범죄로 온 인류는 다 죄인이 되었다. 우리가 선악과를 먹지 않았어도 하나님은 다 먹은 사람으로 취급하여 다 죄인이 되었다. 죄인의 죄를 위해서 예수님이 2,000년 전에 유대 땅 베들레헴에 오시고 골고다에서 십자가 위에서 죽으셨다. 피 흘리심과 죽으심은 인간의 죄를 대신해서 죽은 것이다. 그것을 믿으면 죄 사함을 받고, 죄 사함을 받은 사람에게 성령을 부으시고, 성령은 죽은 영을 살리신다. 성경은 의인에게 형통을 약속하시지만 죄인은 그렇지 않고, 악인 역시 그렇지 않다.

성경은 의인에 대해서 "시냇가에 심은 나무가 철을 따라 열매를 맺으며 그 잎사귀가 마르지 아니함 같으니 그가 하는 모든 일이 다 형통하리로다"(시 1:3). 성경은 악인에 대해서 "그렇지 아니함이여 오직 바람에 나는 겨와 같도다"(시 1:4)라고 했다. 의인은 형통하지만 악인은 그렇지 아니함이여 했다. 의인은 형통하지만 악인은 그렇지 않다는 것이다. 바람에 날아가는 겨와 같다고 했다. '겨'란 벼를 정미소에서 정미하면 껍질인 겨 속에 배젖과 배가 있다. 겨는 바람이 불면 날린다.

의인은 형통하지만 악인은 형통하지 않고 불통한다. 악인은 죄인으로 형통하지 않고 매사에 불통으로 이어진다. 죄인과 악인들은 노력을 덜 해서 그런가 생각하나 죄 사함이 없고, 죽은 영이 살아나지 않아서 그렇다. 의인이 형통하지 악인이 형통하면 죄라고 했다. 성경은 "눈이 높은 것과 마음이 교만한 것과 악인이 형통한 것은 다 죄니라"(잠 21:4)고 했다. 죄인과 악인은 형통하지 않은 것이 맞고 옳은 일이다. "마음이 교만한 것은 죄니라" 했다. 교만은 자기 자신을 높이고 타인은 낮추는 것이다. 타인이 높이어 주고 자기 자신은 낮추는 것이 옳은 것이고 정상이다. 겸손은 타인을 높여주고 자기 자신은 낮추는 것이다. 이런 사람은 타인에게 높임을 받는다. 예수님은 하나님의 아들이고 하나님이신데 이 땅에 오실 때에 낮고 천하게 오셨다. 유대 땅 베들레헴 말구유에 오셨다. 하나님이신데 사람의 모양으로 오셨기에 그분을 높여서 하늘에 있는 자들과 땅에 있는 자들과 땅 아래 있는 자들이 그 앞에 무릎을 꿇고 높이어 영광을 돌리었다. 자기 자신을 낮추는 사람은 높아지지만 자신을 높이는 사람은 낮추신다. 마음의 교만은 자기 자신은 낮추고 타인이 높여야 하는데 반대로 자신이 높이기에 죄라고 말하고 있다. 자기 자신을 낮추는 일은 쉽지 않다.

아담이 범죄한 이후에 인간은 다 죄인이다. 성경은 "모든 사람이 죄를 범하였으매"(롬 3:23)라고 했다. 죄인의 죄를 사하기 위해서 예수님이 2,000년 전에 십자가에서 죽으셨다. 그 피 흘리심과 죽으심이 내 죄를 사했다고 믿으면 죄 사함을 받고, 죄 사함을 받은 사람에게 성령을 부으



죄인과 의인

시고, 죄 사함을 받은 사람에게 죽은 영을 살리신다. 아담이 범죄한 이후에 인간은 영이 죽었다. 죽은 영이 죄 사함을 받으면 성령이 죽은 영을 살린다. 죄인이 죄 사함을 받으면 의인으로 살고 마음의 교만이 아니라 마음의 겸손으로 살 수 있다. 마음이 겸손한 사람은 타인이 높인다.

"눈이 높으면 죄니라" 했다. 눈이 높으면 결혼하기가 어렵다. 눈이 낮든지 아니면 눈이 자기와 같든지, 아니면 자기보다 조금 높으면 되지만 그 이상을 기대하면 결혼하기 어렵다. 옷을 구입하려고 하면 눈이 높으면 옷이 눈에 들어오는 옷이 없다. 그래서 옷을 구하기가 어렵다. 눈이 낮으면 어떤 옷이나 쉽게 구한다. 부자는 차를 구입해도 좋은 차, 비싼 차를 구입하지 않는다. 유대인들은 돈을 사용할 때 너무 검소하여 구두쇠라고 듣게 산다. 그러나 타인에게 도움을 줄 때는 넘치게 도움을 준다. 부자들은 검소한 생활을 한다. 아담이 범죄한 이후에 태어난 사람은 죄인이고 악인이다. 죄인들은 눈이 높다.

예수님은 죄인들의 죄를 사하기 위해서 십자가에서 죽으셨다. 예수님의 피 흘리심과 죽으심으로 내 죄를 사했다고 믿으면 죄 사함을 받고, 죄 사함을 받은 사람에게 성령을 부으시고, 죄 사함을 받은 사람에게 죽은 영을 살리신다. 이것이 거듭남이다. 죄 사함 받으면 의인으로 눈이 높지 않다. 눈이 높은 것은 죄라는 말은 눈이 높으면 옳지 않고, 타당하지 않다. 눈이 낮으면 살기가 편하고 좋다. 어떤 음식을 먹어도 편하고, 어떤 옷을 구입해도 편하고, 어떤 차를 구입해도 편하다. 어떤 집에 살아도 좋다. 죄인은 이런 생각을 하기 어렵지만 의인은 어렵지 않다. 하나님의 관심은 죄인이 아니라 의인이고, 눈이 높은 것이 아니라 낮은 것이고, 마음의 교만이 아니라 마음의 겸손이고, 악인의 형통이 아니라 의인의 형통이다.

# 선한 눈을 가진 사람

　세상에는 두 종류의 사람이 살고 있다. 죄인과 의인이다. 아담이 범죄하기 전에는 의인만 살고 있었다. 아담이 범죄한 이후에는 두 종류의 사람으로 나뉘었다. 노아가 살고 있던 당시에도 죄인과 의인이 있었다. 노아가 의인이고 그의 아내와 세 아들과 세 며느리가 의인이었다. 성경은 대표적으로 노아를 기록하고 있다. 성경은 "노아는 의인이요 당대에 완전한 자라 그는 하나님과 동행하였으며 세 아들을 낳았으니 셈과 함과 야벳이라"(창 6:9-10)고 했다. 노아가 의인이며 그의 가족들이 의인이나 그 외에는 다 죄인이다. 아담이 범죄하기 전과 후는 죄인과 의인이 나뉘는 분기점이 되었다. 선한 사람은 의인이고, 악한 사람은 죄인이다.

　선한 사람은 없다. 성경은 "선을 행하는 자는 없나니 하나도 없도다"(롬 3:12)라고 했다. 아담이 범죄한 이후에는 선한 사람이 없다. 그러나 예수님이 유대 땅에 오기 전에도 속죄제를 드렸다. 범죄하면 제사장에게 양이나 비둘기를 가지고 가면 제사장은 그 제물에 안수를 하고 그 범죄한 사람을 대신해서 피 흘리고 죽음으로 죄를 사함 받았다. 완전한 죄 사함은 아니지만 예수님이 십자가에서 피 흘리고 죽기 전까지는 계속된 제사이었다. 예수님이 오셔서 단번에 죽으심으로 죄인들의 죄를 사해 놓으셨고, 죄를 사함 받았다. 지금은 내가 죄인인 것을 인정하고 예수님이 나를 대신해서 죽으셨으니 내 죄를 사했다고 믿으면 죄 사함을 받는다.

죄 사함의 선물로 성령을 부으시고, 죄 사함을 받은 사람에게 성령은 죽은 영을 살리신다. 선인은 죄 사함을 받은 의인이다. 선한 눈을 가진 사람이 있고, 악한 눈이 있는 사람이 있다. 선한 눈을 가진 사람은 선인이기에 선한 눈을 가지고 있다.

악인은 선한 눈이 없고 악한 눈을 가지고 있다. 선한 눈을 가진 선인은 죄 사함을 받은 의인이다. 선한 눈을 가진 사람은 성경에 "복을 받으리니 이는 양식을 가난한 자에게 줌이니라"(잠 22:9). 선한 눈을 가진 선인은 복을 받게 된다. 선인은 의인으로 의인은 복을 받는다. 성경은 복 있는 사람에 대하여 "시냇가에 심은 나무가 철을 따라 열매를 맺으며 그 잎사귀가 마르지 아니함 같으니 그가 하는 모든 일이 다 형통하리로다"(시 1:3)라고 했다. 성경은 "의인들의 길은 여호와께서 인정하시나 악인들의 길은 망하리로다"(시 1:6) 했다.

인간이 누리는 복은 두 가지이다. 하나는 현세에서 누리는 복이고 또 하나는 내세에 누리는 복이다. 선인이며 의인은 현세와 내세에 복을 누리지만 죄인과 악인은 현세와 내세에 복을 누리지 못하고 비참해진다. 특별히 내세에 하늘나라에 가지 못하는 고통과 슬픔이 있다. 선한 눈을 가진 선인은 복을 받을 사람이라고 성경은 기록하고 있다. 성경은 진리이다. 진리란 영원히 변하지 않는 것이다.

선인은 의인으로 죄 사함을 받고, 성령을 받고, 죽은 영이 살아난 사람으로 하나님의 인정받은 사람이다. 이 사람은 현세에서 "양식을 가난한 자에게 줌이니라"(잠 22:9) 했다. 하나님이 관심은 죄인이 아니고 의인에게 관심이 있고, 부자에게 관심이 아니라 가난한 사람에게 관심을 가진다. 선인은 하나님의 관심에 관심을 가지고 있다. 하나님의 관심에 눈과 귀를 기울이는 사람은 복을 받을 대상이나 반대로 무관심하면 복과는 멀다. 현세에 부자는 많지 않고 가난한 사람은 너무 많다. 가난한 사람은 하나님의 관심의 대상이다.

성경에 "가난한 자를 불쌍히 여기는 것은 여호와께 꾸어 드리는 것이니 그의 선행을 그에게 갚아 주시리라"(잠 19:17). '불쌍히 여기다'는 창자가 끊어지는 것 같은 고통을 느낄 정도로 가엾게 여기고, 동정하는 뜻이다. 하나님이 죄인을 사랑하는 것 같이 사랑하는 마음으로 도와주는 것이다. 이런 선행은 하나님에게 꾸어주는 것으로 그의 선행을 하나님이 갚아주신다고 약속하신다. 가난을 벗어나는 길은 가난한 사람을 도울 때 하나님이 갚으시는데, 적게는 열 배, 많게는 백 배, 천 배, 만 배로 갚으신다. 선한 눈을 가진 자는 가난한 자에게 양식이 없어서 굶게 되었을 때 그를 굶지 않게 만들었으니 하나님께 복을 받게 된다.

# 술을 즐기는 사람과
# 고기를 탐하는 사람

　사람은 영과 혼과 육이 있다. 영과 혼을 분리하는 사람이 있고, 영과 혼을 붙여서 영혼이라고 하는 사람이 있다. 성경은 구약과 신약으로 되어 있는데 그중에 구약은 영과 혼을 분리하지 않고 영혼으로 사용하지만, 신약은 영과 혼을 분리하고 있다. 사람의 영과 혼을 말하는 것이 아니고 육에 대한 이야기이다.

　성경은 육에 대해서 육신이라고 기록하고 있다. '육신'은 사람의 몸이라고 한다. '육'은 짐승의 살이나 사람의 몸이다. 육이나 육신이나 사람의 몸이다. 사람의 육과 육신은 무엇인가를 먹어야 한다. 이제는 사람의 육신이라고 표기하기로 한다. 사람의 육신은 흙으로 만들었다. 성경에 "여호와 하나님이 땅의 흙으로 사람을 지으시고 생기를 그 코에 불어 넣으시니 사람이 생령이 되니라"(창 2:7)고 했다. 사람을 흙으로 만드시고 에덴에 살게 하셨다. 흙으로 만든 육신은 무엇인가를 먹고 산다. 성경은 "술을 즐겨 하는 자들과 고기를 탐하는 자들과도 더불어 사귀지 말라 술 취하고 음식을 탐하는 자는 가난하여질 것이요 잠자기를 즐겨하는 자는 헤어진 옷을 입을 것임이니라"(잠23:20-21).

　육신은 무엇을 먹느냐에 따라서 건강에 유익하기도 하고, 건강에 해가 되기도 한다. 현대인들은 옛날 사람들과 달라서 무엇이든지 먹을 수 있는 풍요로운 시대에 살고 있다. 낮에도 먹을 수 있고, 밤에도 먹을 수도 있다. 24시간 내내 먹을 수 있다. 편의점이 있어서 저녁 내내 먹을 수 있는 시대에 살고 있다. 어떻게 보면 좋을 수도 있으나 건강에는 절대로 좋지 않다. 사람의 육신은 겉만 아니고 속에는 위와 장이 있다. 위와 장도 쉬는 시간이 있어야 하는데 저녁에도 계속 음식을 먹으면 위와 장이 쉬는 시간이 없어서 건강을 해친다. 건강은 운동이 좌우하는 것이 아니고 입으로 들어가는 식사에 달려 있다.

술을 즐기는 사람들과 고기를 탐하는 사람들을 사귀지 말라고 했다. 현대인들의 인사는 '저녁에 술 한잔하지'이다. 얼마나 술을 즐기면 그런 인사를 하는지 모를 정도이다. 현대인들의 쾌락의 첫 번째는 술이다. 술을 마시면 어떤지 잘 모른다. 술을 마시지 않기 때문이다. 그러나 술을 한 잔 정도가 아니고 술을 즐긴다는 것은 한두 잔이 아니고 많이 마신다는 것이다. 옛날에 논에서 일을 하는 사람을 보면 막걸리를 주전자에 받아서 논으로 간다. 논에 오며 가며 마시던 술값이 얼마나 되겠는가. 하지만 술값으로 집이 가난하게 된 사람을 보았다. 술을 즐기는 사람들과는 사귀지 말라고 이유를 밝히고 있다. "가난하여질 것이요"(잠 23:21)라고 했다. 술은 건강에도 좋지 않고 부자로 가는 길을 막고 가난하게 만드는 것이 술이다. 술이 그렇게 그토록 무섭다고요. 하루에 한 잔씩 먹으면 보약이라고 하는데요. 아니요. 하루에 한 잔만 마시면 얼마나 좋을까 생각한다.

술은 그렇게 마시지 못한다. 술을 먹다가 보면 한 잔 두 잔 하다가 여러 잔을 마시게 되고 실수를 하는 경우가 많다고 한다. 술은 건강에도 해롭고, 가난하게 되고, 실수를 한다. 성경은 술을 즐기는 사람과는 사귀지 말라는 말은 친구가 되지 말라는 말이다. 현대인에게 술은 기쁨이고, 즐거움이다. 술을 마시지 않으면 무슨 재미로 사는가? 재미가 없지요. 재미있게 사는 길은 한 가지 있지요. 죄인이 의인이 되면 재미가 있다. 아담이 범죄한 이후에 사람은 다 죄인이다. 성경은 "모든 사람이 죄를 범하였으매"(롬 3:23)라고 하여 다 죄인이다. 죄인의 죄를 사하기 위해 십자가에서 피 흘리시고 죽으셨다. 이것이 나의 죄를 사했다고 믿으면 죄 사함을 받는다. 죄 사함을 받으면 성령을 부으시고, 죄 사함을 받으면 죽은 영이 산다. 죄 사함을 받은 의인은 먹고 마시므로 즐거움이 아니라 성령이 임함으로 기쁨을 가지고 산다.

성령이 임하면 찬송을 하게 된다. 고기를 탐하는 사람들과도 사귀지 말라고 했다. 술을 즐기는 것같이 고기를 즐기는 사람과는 사귀지 말라고 한다. 옛날에 고기는 추석이나 설날에 먹는데 지금은 아무 때나 먹고 싶으면 먹는다. 한국 사람들이 가장 많이 먹는 고기는 닭고기와 돼지고기이다. 이것 역시 즐기면 건강에는 해롭고 마침내 가난한 사람이 된다.

그러면 무엇을 먹어야 할까? 야채 위주로 식사를 해야 건강에 좋다. 가난한 사람으로 살기를 원하는 사람은 없다. 그러나 가난하게 살려고 하는 식생활은 많다. 그러면 가난에서 벗어나려면 먼저는 죄인이 죄 사함을 받고, 죄 사함의 선물로 성령을 받고, 죄 사함으로 죽은 영이 살아나야 한다. 성경에 의인은 "시냇가에 심은 나무가 철을 따라 열매를 맺으며 그 잎사귀가 마르지 아니함 같으니 그가 하는 모든 일이 다 형통하리로다"(시 1:3). 의인은 형통하지만 죄인은 망하고 악인은 망한다. 성경은 "의인들의 길은 여호와께서 인정하시나 악인들의 길은 망하리로다"(시 1:6)라고 했다. 악인이 망하고 죄인도 망한다. 악인이란 죄인이다.

두 번째는 술을 즐기지 말고 성령으로 충만하면 가난하지도 않고 부자가 될 수 있다. 성령의 충만으로 살면 성령이 인도하는 삶을 살게 된다. 그분의 인도를 따라 살면 가난을 벗어날 수 있다. 고기를 즐기지 말고 어쩌다 고기를 먹고 야채 위주의 식생활로 살면 건강도 좋고 가난에서 벗어날 수 있다. 육신의 즐거움을 먹고 마시는 것에서 성령의 인도를 따르는 즐거움으로 살면 건강도 좋고 가난도 벗어날 수 있다.



죄인과 의인

# 악인의 형통을 부러워하지 말라

사람들은 타인을 부러워하면서 산다. 이것은 타인과 자신을 비교하기 때문이다. 사람의 불행은 타인과 비교하는 데서 생긴다. 저 사람은 나를 보고 비교하고, 나는 저 사람을 보고 비교한다. 타인의 옷을 보고 내가 저 옷을 입으면 어떨까? 생각한다. 저 사람은 내가 가지고 있는 가방을 가지고 싶어 한다. 저런 집에 사는 사람은 얼마나 좋을까? 내 집은 초라하다고 생각한다. 성경은 "다투는 여인과 함께 큰 집에서 사는 것보다 움막에서 사는 것이 나으니라"(잠 21:9). 타인의 집은 웅장하지만 항상 다투는 사람들이 살고 있다면 집은 큰 집은 아니지만 다투지 않고 웃으며 산다면 큰 집을 부러워하지 말라는 것이다.

부러움의 대상이 여러 가지가 있지만 악의 형통을 부러워한다면 부러워하지 말라는 것이다. 성경은 "너는 악인의 형통을 부러워하지 말며 그와 함께 있으려고 하지도 말지어다"(잠 24:1). 하나님은 집을 보시는 것이 아니고, 사람을 보시고 형통과 불통이 주어지게 만든다. 일의 모든 결과를 그분이 주관하고 계신다. 악인은 죄인이고 미련한 사람이다.

악인은 망한다. 성경은 "무릇 의인들의 길은 여호와께서 인정하시나 악인들의 길은 망하리로다"(시 1:6)라고 했다. 악인이 형통하다는 것은 잠깐이지 지속되지는 않는다. 성경은 "악을 행하는 자들 때문에 불평하지 말며 불의를 행하는 자들을 시기하지 말지어다 그들은 풀과 같이 속히 베임을 당할 것이며 푸른 채소같이 쇠잔할 것임이로다"(시 37:1-2). 악을 행하는 자들은 잠시 잠깐 형통하지만 언젠가는 풀과 같이 속히 베임을 당한다는 것이다. 풀이 자라나는 곳을 보면 짐승을 치는 사람들이 풀이 있는 곳을 찾아서 풀을 베러 간다. 풀이 자라나면 풀을 베어서 짐승에게 먹이로 사용한다. 그 풀을 자르기 전까지 자라는 기간이 악인이 형통 기간이고, 푸른 채소가 무럭무럭 자라다가 언젠가는 쇠잔해진다. 쇠잔해지기 전까지 악인의 형통 기간이다. 이것을 부러워해서는 안 된다는 것이다. '쇠잔하다'라는 힘이나 세력이 점점 약해지는 것이다. 왕성했던 채소가 점점 힘이 없어지고 푹 처지는 것을 말한다. 상추를 심으면 평생은 뜯어다 먹을 것 같으나 언젠가는 손을 댈 수 없을 정도로 푹 주저앉는 때가 온다. 이런 때가 오기 전까지 악인들의 형통이다. 이것을 부러움의 대상으로 삼지 말고 원하지도 말라고 한다.

이스라엘의 초대 왕 사울 왕이 초기에는 힘이 있다가 어느 때부터는 왕이 아닌 백성보다 못한 삶을 살고 이방 나라 블레셋에 의해서 죽임을 당하고 만다. 골리앗 역시 이방 나라 장수로서 어느 누가 한 사람이 그 앞에 나와서 싸울 사람이 없지만 소년 다윗의 물맷돌 하나에 쓰러지고 만다.

성경은 "악인이 형통한 것은 다 죄니라"(잠 21:4). 악인이 형통한 것이 죄라는 말은 잘못되었다는 말이다. '죄'란 화살이 과녁을 빗나가는 것을 죄라고 한다. 악인의 형통은 빗나가는 것으로 잘못이라는 것이다. 악인은 죄인으로 하나님이 관심 밖에 있는 사람이다. 악인에 대해



죄인과 의인

서 성경은 "악을 뿌리는 자는 재앙을 거두리니"(잠 22:8)라고 했다. 악인의 결과는 재앙으로 다가온다. 그 일을 하지 않았으면 좋았을 텐데 그 일을 함으로 재앙을 보게 되었다는 것이다.

성경 다니엘서에 보면 다니엘이 이방 나라에 사로잡혀 가서 그곳에서 기도하다가 사자굴 속에 던지어지게 된다. 이때 다리 왕은 다니엘을 구하려고 했으나 구할 수 없어서 사자굴 속에 던지어진다. 이때 사자의 입을 하나님이 봉해서 그가 죽지 않고 상하지 않았으나 다니엘을 모함했던 이들이 사자굴 속에 던지어지니 사자들이 그들을 뼈까지 부서뜨리고 삼키었다는 기록이 있다(단 6:10-24). 악인들은 형통이 죄라고 기록하지만 의인들의 형통은 하나님이 약속하신다. 성경은 "시냇가에 심은 나무가 철을 따라 열매를 맺으며 그 잎사귀가 마르지 아니함 같으니 그가 하는 모든 일이 다 형통하리로다"(시 1:3).

의인들은 형통하나 악인들은 형통이 아니고 불통이다. 악인은 죄인으로 죄 사함을 받고, 죄 사함으로 성령을 받고, 죄 사함으로 죽은 영이 살지 않으면 형통은 잠깐이다. 악인은 이 땅에서만 불행이 아니고 사후에는 고통과 비참함이 영원히 이어지게 된다. 의인은 현세와 내세에 복을 누리는 사람이다. 현세에 하나님이 인도하시는 삶인 형통이 이어지고, 내세에는 슬픔과 고통이 없는 기쁨이 있는 하늘나라에 이르게 될 것이다.

# 미련한 사람의 생각

사람의 생각은 두 가지다. 마귀의 생각과 하나님의 생각이다. 아담이 범죄하기 전에는 인간의 생각은 하나님의 생각으로 살았다. 그런데 범죄한 이후에 인간의 생각은 하나님의 생각과 마귀의 생각으로 나뉘었다. 아담이 범죄한 후에 인간은 하나님의 종에서 마귀의 종이 되었다. 자연인은 다 마귀의 종으로 살고 있다. 마귀의 종으로 살면서 마귀의 종인지를 모르고 있다. 마귀의 종이란 마귀의 생각으로 살고 있는 것을 말한다. 마귀의 생각으로 사는 사람은 미련한 생각으로 살고 있는 것이다.

성경은 "미련한 자의 생각은 죄요"(잠 24:9). '죄'란 원래는 '빗나가다'이다. 화살이 과녁을 빗나가는 것으로 말씀에서 빗나가는 것을 죄라고 한다. 미련한 사람의 생각은 마귀의 생각으로 죄를 범하는 생각으로 산다. 성경은 "사람이 미련하므로 자기 길을 굽게 하고 마음으로 하나님을 원망하느니라"(잠 19:3). 미련한 사람은 곧은 길을 갈 수 없다. 자기 자신이 범죄의 길로 가고는 타인을 원망한다. 결혼은 자기가 하는 것이 결혼이다. 아무리 친구가 권해도 싫으면 안 하면 된다. 결혼은 자기가 하고서 친구가 소개해서 결혼했다고 원망한다. 결혼은 일생에서 가장 중요한 결정을 내리는 순간이 결혼이다. 결혼을 잘하면 일생이 편하지만 결혼을 잘못하면 일생을 불행으로 살게 된다. 결혼을 잘하면 다른 일을 계획하고 뛰면서 살지만, 결혼을 잘못하면 결혼 한 가지에 일생이 매이게 된다.

미련한 사람은 모든 결정을 자기가 하고서 일이 잘못되면 타인을 원망한다. 어떤 사람은 하나님을 원망한다. 이런 사람은 하나님에게 물어보고 결혼한 것도 아닌데 하나님을 원망한다. 미련한 사람은 마귀의 종으로 마귀가 이끄는 대로 산다. 자신은 마귀가 이끄는 대로 산다고 하지 않고 자기 자신이 결정했다고 하나 이 결정은 마귀의 결정으로 자신이 그 결정을 따른 것뿐이다. 그래서 마귀의 종이라는 것이다. 미련한 사람은 마귀의 종에서 벗어나야 한다. 마귀의 종에서 벗어나면 미련한 사람이 아니라 지혜로운 사람이 된다. 지혜로운 사람은 마귀의 종이 아니라 하나님의 종이다. 하나님의 종이면 지혜로운 사람으로 살게 된다. 미련한 사람이 지혜로운 사람이 되는 길은 하나다. 미련한 사람이 마귀의 종이기에 마귀의 종에서 해방되어야 한다.

예수님이 2,000년 전에 유대 땅 베들레헴에 오셨고 골고다에서 피 흘리시고 죽으셨다. 이 피 흘리심과 죽으심으로 죄인의 죄를 사하셨다. 아담이 범죄한 이후로 인간은 다 죄인이다. 성경은 "모든 사람이 죄를 범하였으매"(롬 3:23)라고 하였다. 인간은 태어나면 다 죄인이다. 부자로 태어나도 죄인이고, 가난한 사람으로 태어나도 죄인이다. 인간은 부모를 통해서 태어나는 순간 죄인이다. 아들이 태어나면 좋아하지만, 하나님이 보실 때 죄인이 한 사람 태어난 것이고, 딸이 귀한 집에 딸이 태어나도 하나님이 보실 때는 죄인이 한 사람 태어난 것이다. 죄인의 죄를 사하기 위해서 예수님이 십자가에서 피 흘리시고 죽으셨다. 이것이 자신을 위한 대신 죽으셨다고 믿고 내 죄를 사했다고 믿으면 죄 사함을 받는 것이다. 죄 사함을 받으면 하나님은 선물로 성령을 부으시고, 죄 사함을 받으면 죽은 영을 살리신다. 아담이 범죄한 이후에 인간은 영이 죽었다.

성경은 "그는 허물과 죄로 죽었던 너희를 살리셨도다"(엡 2:1). 죄로 말미암아 인간의 영이 죽었는데 그 죽은 영이 죄 사함으로 살아난다. 이때 살아난 영은 인간의 영이 아니라 하나님의 성령이다. 성경은 "무릇 하나님의 영으로 인도함을 받는 사람은 곧 하나님의 아들이라"(롬 8:14). 하나님의 영이 있는 사람은 생명을 가진 사람이고, 영생을 가진 사람이다. 이런 사람은 마귀의 종이 아니라 하나님의 종이다. 마귀의 종에서 벗어나서 하나님의 종이 되었으면 미련한 사람이 아니라 지혜로운 사람이다. 미련한 사람의 생각은 죄이지만 지혜로운 사람의 생각은 죄가 아니라 의다. 이런 사람에게 하나님의 관심을 가지고 계신다. 미련한 사람의 생각은 항상 범죄로 산다. 하나님을 모르고, 하나님의 말씀이 무엇인지 모르기에 일생을 범죄로 산다.

지혜로운 사람으로 살면 범죄가 아니라 하나님의 이름을 위하여, 하나님의 영광을 위하여 산다. 지혜로운 사람은 어떻게 하면 하나님을 기쁘게 할까를 생각한다. 하나님이 기뻐하시는 일을 생각하고 계획하고 뛴다. 어떤 사람은 아프리카 오지에 식수가 없는 곳에 식수를 위하여 우물을 파주는 일을 계획하고 뛴다.

성경은 "여호와께서 사람의 죄악이 세상에 가득함과 그의 마음으로 생각하는 모든 계획이 항상 악할 뿐임을 보시고 땅 위에 사람 지으셨음을 한탄하사 마음에 근심하시고 이르시되 내가 창조한 사람을 내가 지면에서 쓸어버리되 사람으로부터 가축과 기는 것과 공주의 새까지 그리하리니"(창 6:5-7)라고 했다. 아담이 범죄한 이후에 인간은 죄

　　　　　　　　　　　　　　　　　죄인과 의인

인으로 마음으로 생각하는 모든 계획이 항상 악했다고 기록하고 있다. 이런 삶은 죄인의 삶이요, 악인의 삶이요, 미련한 사람의 삶이다. 이런 삶에서 죄 사함을 받으면 지혜가 있고, 명철이 주어진다. 성경은 "바로가 그의 신하들에게 이르시되 이와 같이 하나님의 영에 감동된 사람을 우리가 어찌 찾을 수 있으리오 하고 요셉에게 이르되 하나님이 이 모든 것을 네게 보이셨으니 너와 같이 명철하고 지혜 있는 자가 없도다"(창 41:38-39). 이방 나라 애굽 왕 바로가 요셉을 보고 명철하고 지혜 있는 사람이라고 했다. 이런 사람이 지혜로운 사람이고 의인이다. 죄 사함을 받은 사람은 의인이다. 의인은 죄가 없는 사람으로 하나님이 인도하시고 하나님을 기쁘게 산다.

미련한 사람의 생각은 죄라는 것은 하나님이 기뻐하시는 일인지 미워하는 일인지도 모르고 행한다. 미련한 사람은 하나님이 미워하는 일을 골라서 한다. 이런 일을 마귀가 인도한다. 마귀의 종이란 힘이 없이 마귀에게 끌려가는 삶이다. 주인이 시키면 따르는 것이 종이다. 반항과 거역이 없는 것이 종이다. 마귀가 주인이고 사람은 종이다. 미련한 사람은 죄인이요, 악인으로 마귀의 종으로 산다는 것은 죄의 종으로 산다는 것이다. 이것을 알려주고 있는 책이 유일하게 성경이다.

성경은 "이제 우리가 그의 피로 말미암아 의롭다 하심을 받았으니"(롬 5:9) 했고, "우리가 알거니와 우리의 옛사람이 예수와 함께 십자가에 못 박힌 것은 죄의 몸이 죽어 다시는 우리가 죄에게 종노릇 하지 아니하려 함이니"(롬 6:6) 했다. 미련한 사람의 생각은 마귀의 생각이고, 죄인의 생각이다. 성경은 "미련한 자의 생각은 죄요"(잠 24:9) 했다. 이제는 예수님의 피가 죄를 사했다고 믿을 때 미련한 사람의 생각에서 벗어날 수 있다.

# 재물이 날아가는 사람

재물을 싫어하는 사람은 없다. '재물'이란 돈이나 그 밖의 값나가는 모든 물건을 말한다. 재물을 모으려고 아침부터 저녁까지 수고를 한다. 그런 재물이 날아간다면 슬픈 일이다. 성경은 "네가 어찌 허무한 것에 주목하겠느냐 정녕히 재물은 스스로 날개를 내어 하늘을 나는 독수리처럼 날아가리라"(잠 23:5)고 했다. 재물이 모이지 않고 날아간다면 왜 그럴까? 성경은 답을 말한다. 그것은 "허무한 것에 주목하기 때문이다"라고 한다. '허무하다'라는 아무것도 없이 텅 빈 상태이다.

허무하다는 말은 헛되거나 보잘것없는 것에 주목할 때 재물은 날아간다. 그러면 '주목하다'라는 말은 관심을 가지고 깊게 살피는 것이다. 허무한 것은 관심의 대상도 아닌데 그것에 관심을 가지고 푹 빠지는 것이다. 성경은 헛된 것을 나열하고 있다.

"술로 내 육신을 즐겁게 할까" 이것은 허무한 일이다. 신라가 망할 때 왕은 술로 세월을 보내다가 망하고 만다. 충신들은 왕에게 충언을 하나 충언을 듣지 않다가 나라가 망한다. 술은 기분이 좋을지 모르나 술로 자기의 생애를 망하게 한다. 옛날은 어른이나 술 한잔했으나 지금은 술이 남녀 공용이다. 남자가 술을 마시고 몸을 가누지 못하는 경우도 아름답지 않지만 젊은 여성들이 술에 취해서 길가에 비틀대는 것은 너무 슬프다. 택시 운전기사들이 가장 힘든 손님이 술을 마시고 몸을 가누지 못하고 택시를 타고, 어디서 내려야 할지도 모르는 손님이라고 한다.

성경은 "나의 사업을 크게 하였노라"(전 2:4) 하면 이것 역시 헛된 것이라고 했다. 사업을 크게 한다면 좋은 일이라고 생각하나 그렇지 않다. 인간의 삶은 천 년, 만 년 사는 것 아니다. 평생 사업만 크게 하고 마치면 무슨 유익이 있을까? 취미도 있고, 여행도 있고, 휴식도 있어야 한다. 자녀들과 시간도 보내야 한다. 그런 시간이 없었다면 사업을 크게 하는 일 헛된 일이다. 성경은 "나를 위하여 집들을 짓고, 포도원을 일구고, 여러 동산과 과원을 만들고, 그 가운데에 각종 과목을 심었으며, 나를 위하여 수목을 기르는 삼림에 물을 주기 위하여 못 들을 팠으며"(전 2:4-6)라고 했다. 자기 자신을 위하여 집을 짓는 것이 아니고 집들을 짓는다는 것은 헛된 일이다. 집 한 채를 지어도 일생에 한 번 할 수 있는 일이지만 집들이라면 여러 채를 짓는 것이다. 이것 너무나 힘든 일이다. 거기에 수목을 기르고 각종 과목을 심으니 이것 너무나 힘든 일이다. 이것 모두가 헛된 일이라고 지혜자 솔로몬은 이야기했다.

"남녀 노비들을 사기도 하였고 나를 위하여 집에서 종들을 낳기도 하였으며"(전 2:7)라고 하여 노비들이 많은 것도 헛되다고 했다. "나보다 먼저 예루살렘에 있던 모든 자들보다도 내가 소와 양 떼의 소유를 더 많이 가졌으며 은금과 왕들이 소유한 보배와 여러 지방의 보배를 나를 위하여 쌓고"(전 2:7-8) 소와 양 떼가 많고 은금과 보배가 자신을 위하여 쌓아두고 있어도 이것도 헛되다고 했다. "또 노래하는 남녀들과 인생들이 기뻐하는 처첩들을 많이 두었노라"(전 2:8) 노래하는 남녀들이 있어도 그것도 헛된 일이고, 처와 첩을 많이 두어도 그것도 헛된 일이라고 했다. 처와 처첩들을 두면 좋을 것 같다. 솔로몬은 많은 여인들을 거느려 보았다. 이것 역시 헛된 일인 것을 알았다. 처첩들을 거느린 경험자의 말이 맞다.

"무엇이든지 내 눈이 원하는 것을 내가 금하지 아니하며 무엇이든지 내 마음이 즐거워하는 것을 내가 막지 아니하였으니 이는 나의 모든 수고를 내 마음이 기뻐하였음이라 이것이 나의 모든 수고로 말미암아 얻은 몫이로다 그 후에 내가 생각해 본즉 내 손으로 한 모든 일과 수고한 모든 것이 다 헛되어 바람을 잡는 것이며 해 아래에서 무익한 것이로다"(전 2:10-11).

허무한 것에 주목하면 성경은 "정녕히 재물은 스스로 날개를 내어 하늘을 나는 독수리처럼 날아가리라"(잠 23:5) 했다. 재물이 하늘을 나는 독수리처럼 날아간다는 것은 신속하게 재물이 없어진다는 것이다. 재물을 수고해서 모았으면 허무한 것에 주목하지 말라는 것이다. 이런 허무한 것에 주목하는 경우는 세 가지라고 생각한다. 첫 번째는 허무한 것을 모른다는 것이고 두 번째는 성경을 모르기 때문이고 세 번째는 죄인이기 때문이다. 아담이 범죄한 이후에 태어난 사람은 다 죄인이다.

성경은 "모든 사람이 죄를 범하였으매"(롬 3:23)라고 하였다. 다 죄인이기에 허무한 것에 주목한다. 죄인이 죄에서 사함을 받고 나서 의인이 되면 다르다. 허무한 것에 주목하지 않는다. 죄인을 위하여 예수님이 2,000년 전에 유대 땅 베들레헴에 오셨고 골고다에서 십자가를 지시고 피 흘리시고 죽으셨다. 피 흘리심과 죽으심으로 내 죄를 사하셨다고 믿으면 죄를 사함을 받고, 죄 사함을 받으면 죽은 영이 살아난



죄인과 의인

다. 아담의 범죄로 죽은 영이 죄 사함으로 살아난다.

죄 사함을 받은 의인은 허무한 것에 주목하지 않는다. 허무한 것에 주목하지 않으면 재물을 지킬 수 있고 세월을 아낄 수 있고, 가치 있는 삶을 위하여 살 수 있다.

# 만족함이 없는 사람의 눈

사람의 신체에는 눈과 코와 입과 귀가 있다. 그 외에도 손과 발이 있다. 그중에 눈은 보는 기능을 가지고 있다. 보는 기능을 하는 눈이 보기만 하는 것 아니고 만족도 나타내는 것이 눈이다. 어떤 눈은 어떤 사물을 보았을 때 만족하고, 어떤 눈은 만족함이 없다. '만족하다'는 기대하거나 필요한 것이 부족함 없이 마음에 들 때 쓰는 자동사로 '흐뭇하게 여기다', '마음에 흡족하다'라는 뜻이다.

성경은 "사람의 눈도 만족함이 없느니라"(잠 27:20). 사람의 눈이 만족함이 없다는 것은 눈에 만족을 두지 말라는 것이다. 그러면 어디에다 만족을 두어야 하느냐 마음이다. 마음이 원하는 바가 너무 크기에 어느 것도 만족하지 못하므로 사람의 눈은 만족함이 없다. 사람은 외모에 대해 관심이 있으나 하나님은 마음 중심에 관심이 있다. 사람의 눈이 만족할 경우에는 마음이 만족해야 한다. 사람의 마음은 어느 누구도 볼 수 없다. 그러나 그 마음이 만족할 경우에는 어떤 마음을 가졌느냐에 달려 있다.

성경은 "나는 마음이 온유하고 겸손하니 나의 멍에를 메고 내게 배우라 그리하면 너희 마음이 쉼을 얻으리니"(마 11:29). 예수님은 마음이 온유하고 겸손하다고 하셨다. '온유'는 성격이나 태도가 온화하고 부드



죄인과 의인

러움이다. '온화'는 날씨가 맑고 따뜻하며 바람이 부드러움이나 성질이 온순하고 인자함이다. 마음이 온유하다는 말은 마음이 날씨가 따뜻함과 바람의 부드러움 같은 성격이다. 다른 말로는 마음이 따뜻하고 부드러움이다.

눈의 만족은 눈의 만족이 아니라 마음의 만족이 눈의 만족으로 이루어진다. 눈이 만족함이 없다면 불행한 것이다. 이 불행을 벗어나서 만족함으로 채우는 행복은 눈이 아니라 마음이다. 마음이 온유하고 겸손하면 눈은 만족하나 마음의 온유하지 않고 겸손하지 않으면 만족은 없다. 마음이 온유하려면 죄인이 의인이 되지 않으면 결코 이룰 수 없다.

아담이 범죄한 이후에 태어난 사람은 다 죄인이다. 성경은 "모든 사람이 죄를 범하였으매"(롬 3:23)라고 하여 아담이 타락한 이후에 사람은 다 죄인이다. 죄인의 죄를 사하기 위해서 예수님이 2,000년 전에 유대 땅 베들레헴에 오셨다. 그리고 십자가 위에서 피 흘리시고 죽으셨다. 이 피 흘리심과 죽으심으로 죄를 사하였다. 이것을 믿으면 죄 사함을 받고, 죄 사함을 받은 선물로 성령을 부으시고, 죄 사함으로 죽은 영이 살아난다. 이것을 거듭남이라고 한다.

죄인이 의인이 되면 마음이 온유한 사람이 되고 겸손한 사람이 된다. 의인으로 온유한 사람과 겸손한 사람이 되면 눈이 무엇을 보아도 만족하고, 무엇을 먹어도 만족하고, 어떤 사람을 만나도 만족하다. 그러나 반대로 죄인이 의인이 되지 못하고 죄인으로 있으면 마음이 만족함이 없고, 눈이 만족함이 없다.

성경은 "스올과 아바돈은 만족함이 없고 사람의 눈도 만족함이 없느니라"(잠 27:20). 성경은 '스올'이란 죽은 사람이 가는 처소로 형벌과 고난의 장소를 상징할 때는 지옥이라는 개념으로 쓰이고, 단순히 무덤을 가리킬 때는 한 번 가면 돌아올 수 없는 곳으로 쓰인다. 이곳 역시 만족함이 없는 곳이다. 또 '아바돈'은 바닥이 없는 구덩이로 지옥을 가리킨다. 스올이나 아바돈도 지옥으로 만족함이 없다는 것은 얼마든지 받아들일 수 있다는 것이다. 그러므로 눈으로 만족을 누리려고 하지 말고 마음으로 만족을 누려야 눈이 만족할 수 있다. 마음의 만족은 죄인에서 의인이 되어야 한다. 이것은 선택이 아니라 필수이다. 대학에서 강의를 듣다가 보면 선택이 있고, 필수가 있다. 선택은 말 그대로 이것을 하든지 저것을 하든지 선택할 수 있지만 필수는 반드시 해야 하는 것이다.

눈의 만족을 채우려면 죄인으로는 불가능하고 의인만 가능하다. 바울은 의인으로 어떤 형편에도 처할 수 있었다. 어떤 형편에도 만족할 수 있었다. 그는 어떤 형편에도 만족하기에 기쁨이 있었고, 찬양이 있었다. 성경은 "내가 궁핍하므로 말하는 것이 아니라 어떠한 형편에든지 나는 자족하기를 배웠노니 나는 비천에 처할 줄도 알고 풍부에 처할 줄도 알아 모든 일 곧 배부름과 배고픔과 풍부와 궁핍에도 처할 줄 아는 일체의 비결을 배웠노라 내게 능력 주시는 자 안에서 내가 모든 것을 할 수 있느니라"(빌 4:11-13). 죄 사함과 죽은 영이 살면 모든 일에 처할 줄 알아 마음의 만족이 이루어지고, 마음이 만족이 이루어지면 눈의 만족이 있다. 눈의 만족을 채우려고 노력하지 말고, 마음의 만족을 채우는 일이 먼저이다. 먼저 할 일을 먼저 하면 나중 일은 노력하지 않아도 이루어진다.

성경은 "너희는 먼저 그의 나라와 그의 의를 구하라 그리하면 이 모든 것을 너희에게 더하시리라"(마 6:33). 먹고 마시고 입는 일을 염려하지 말고 먼저 하나님의 나라와 하나님의 의를 구하라고 하신다.

 죄인과 의인

# 슬기로운 사람의 책망

사람에게는 언어가 있다. 대화의 수단으로 사용하는 것이 말이다. 사람이 눈을 뜨면 말을 한다. 환자나 환자가 아닌 사람이나 모두 말을 하면서 살고 있다. 환자는 눈을 뜨면 물을 달라고 하든지, 그렇지 않으면 나를 일으켜 달라고 한다. 학생들이 아침에 일어나서 화장실에 가서 엄마 화장실에 화장지가 없어요, 세수를 하고 나서 엄마 수건이 없어요, 그래 수건을 어제 세탁을 해서 밖에 있다. 지금 갔다가 줄게. 이 모든 것이 말로 이어지고 있다.

사람이 언어를 사용함에 있어서 말하는 사람과 듣는 사람이 언제나 존재한다. 핸드폰을 사용해도 전화를 거는 사람이 있고, 받는 사람이 있다. 평상시에도 사람이 사람을 만나면 대화를 한다. 먼저 말을 건네는 사람이 있고, 말의 답하는 사람이 존재한다. 먼저 말을 건네는 사람 중에는 미련한 사람이 있고, 지혜로운 사람이 있다. 미련한 사람이 상대에게 물어볼 수도 있고, 지혜로운 사람이 상대에게 물어볼 수도 있다. 부모가 자녀에게 뭐라고 말씀하시는 경우도 있다. 이런 경우에 부모가 먼저 대화를 하면 자녀는 거기에 맞게나 틀리게 대답을 한다. 아버지가 자녀에게 말을 할 경우에 아버지가 지혜로운 사람인가 아니면 미련한 사람인가에 따라서 대화는 다르게 나타난다. 만약 아버지가 지혜로운 사람이면 자녀는 어떻게 반응할까?

사람은 원래 지혜로운 사람이 없다. 아담이 범죄한 이후에 태어난 사람은 다 미련한 사람이다. 아담의 타락으로 인간은 영이 죽었다. 사람에게는 영과 혼과 육이 있다. 아담이 선악과를 먹은 이후로 인간은 혼과 육은 있지만 영은 죽었다. 성경은 "선악을 알게 하는 나무의 열매는 먹지 말라 네가 먹는 날에는 반드시 죽으리라"(창 2:17). 성경은 "여자가 그 나무를 본즉 먹음직도 하고 보암직도 하고 지혜롭게 할 만큼 탐스럽기도 한 나무인지라 여자가 그 열매를 따 먹고 자기와 함께 있는 남편에게도 주매 그도 먹은지라"(창 3:6). 이러므로 아담이 선악과를 먹게 된다. 이후로 인간은 죽은 것이다. 그러면 인간의 무엇이 죽었는가? 영과 혼과 육 중에서 혼과 육은 있지만 영은 죽은 것이다. 만약 혼이 죽었다면 인간은 한 사람도 없을 것이다. 그런데 인간이 살아 있는 것을 보면 혼이 죽은 것이 아니다. 혼이 죽으면 장례를 치러야 한다. 사람이 죽었다고 하면 우리는 혼이 죽은 것이다. 그래서 장례를 치르는 것이다. 그런데 아담이 선악과를 먹을 때 하나님은 이미 말씀하셨다. 선악과를 먹으면 반드시 죽는다고 했다. 그러면 죽은 것이다. 죽을지 모르겠다고 한 것이 아니고 반드시 죽는다고 했으니 꼭 죽는데 영과 혼과 육 중에 무엇인가 하나는 죽은 것인데 영이 살아 있고, 혼이 살아 있고, 육이 살아 있다고 하면 하나님은 거짓말을 하신 것이다. 하나님이 다 하시는데 못하시는 것이 하나 있는데 그것이 거짓말이다. 선악과를 먹으면 반드시 죽는다고 했는데 아담에게 죽은 것은 혼도 아니고, 육도 아니고, 영이 죽었다. 영이 아담만 죽었느냐 하면 아담 이후에 태어난 인간 모두는 영이 죽어서 태어난다. 이것을 인간이 모르면서 살고 있다.



죄인과 의인

인간에게 무엇이 죽었는지, 무엇이 살아 있는지도 잘 모르고 살고 있다. 혼과 육이 살아 있기에 아무 불편을 못 느끼고 있다. 마차만 타고 다니던 시절에 사람이 빨리 어디를 가야 한다면 빨리 갈 수 있는 교통편이 없다는 것을 느끼기에 빨리 갈 수 있는 교통편을 생각하게 된 것이 자동차이고, 더 빨리 갈 수 있는 것이 기차이고, 더 빨리 갈 수 있는 교통편이 비행기이다. 아담이 범죄한 이후에 태어난 인간은 영만 죽은 것이 아니라 혼과 육도 타락했다. 아담의 범죄 이후에 태어난 인간은 영은 죽었고, 혼과 육도 타락했다. 그래서 아담의 범죄 이후에 태어난 인간은 전적 타락과 전적 부패이다.

성경은 "모든 사람이 죄를 범하였으매"(롬 3:23)라고 하여 인간은 다 죄인으로 태어나고, 영이 죽은 상태로 태어난다. 죄인으로 태어난 인간은 미련한 사람이요, 악한 사람이다. 이런 상태로는 슬기로운 사람과 대화가 되지 않는다. 죄인을 죄에서 건지기 위하여 예수님이 2,000년 전에 유대 땅 베들레헴에 오셨다. 이것이 성탄이다. 죄인을 죄에서 건지기 위하여 말구유에 오신 것이 성탄이다. 예수님은 유대 땅 베들레헴에 오시고, 골고다에서 십자가를 지시고 피 흘리시고, 죽으셨다. 이 피 흘리심과 죽으심으로 인간의 죄를 사하셨다. 이것을 믿으면 죄를 사함을 받는다. 죄를 사함 받으면 성령을 부으시고, 성령은 죽은 영을 살리신다. 영이 살아나는 것은 성령이 임재하는 것이다.

성경은 "하나님의 영으로 인도함을 받는 사람은 곧 하나님의 아들이라"(롬 8:14) 했다. 이런 상태가 되면 죄인이 아니고 의인이다. 의인이면 죄가 없다는 것이다. 의인이면 지혜로운 사람이고, 슬기로운 사람이다. '슬기롭다'라는 어떤 일을 잘 판단하고 잘 해결해 내는 능력이다. 슬기로운 사람은 지혜로운 사람으로 이 사람이 책망을 하면 어떤 책망이 될까? '책망'이란 잘못을 꾸짖거나 나무라며 못마땅하게 여김이다.

성경은 "슬기로운 자의 책망은 청종하는 귀에 금 고리와 정금 장식이니라"(잠 25:12)라고 했다. 슬기로운 사람은 의인이고 지혜로운 사람으로 이 사람이 책망하면 듣는 사람에게는 금 고리와 정금 장식이다. 슬기로운 사람의 말을 들으면 듣는 사람이 잘 받아들이면 금 고리와 정금 장식이란 보배이고, 귀한 말씀이고, 너무나 큰 유익이 되는 말씀이다. 전하는 사람이 슬기로운 사람이면 듣는 사람이 지혜로운 사람이 되어야 100% 잘 받아들일 수 있지만, 듣는 사람이 미련한 사람이면 그 전하는 사람의 말을 업신여긴다. 그러나 전하는 사람이 미련한 사람이고, 듣는 사람이 지혜로운 사람이든지, 전하는 사람이 지혜로운 사람이고 받는 사람이 미련한 사람이면 이것 역시 아무 의미가 없다. 전하는 사람이나 듣는 사람이 모두 지혜로운 사람이면 100% 유익이 된다. 그래서 슬기로운 사람은 지혜로운 사람으로 이 사람이 전하면 받는 사람이 잘 받는 지혜로운 사람이면 그것은 금 고리이고 정금 장식이다.

전하는 분이 부모라면 지혜로운 사람이 되어야 하고, 전하는 분이 선생님이라면 지혜로운 사람이 되어야 듣는 사람에게 금 고리와 정금 장식이 된다. 부모의 책망이나 선생님의 책망이 얼마나 유익이 되고 보배가 될까? 생각한다. 선생님이나 부모가 죄 사함을 받고, 죽은 영이 살아나야 슬기로운 사람이요 지혜로운 사람이 된다. 이분이 책망을 할 때 청종하는 귀에 금 고리와 정금 장식이 된다. '청종'이란 이르는 대로 잘 듣고 좇음이다. 슬기로운 자의 책망은 청종하는 귀에 금 고리와 정금 장식이다. 전하는 사람은 씨앗이고 받는 사람은 밭이다.

  죄인과 의인

# 미련한 사람에게 말하지 말라

인간에게는 언어의 수단으로 말을 주셨다. 사람은 눈을 뜨면 맨 먼저 말을 한다. 사람도 말을 사용하고 새들도 그들의 언어가 있다고 생각한다. 사람의 언어는 대화의 수단으로 사용된다. 사람은 두 종류의 사람이 있다. 죄인과 의인이 현세에 살고 있다. 세상에는 죄인들은 너무 많이 있고, 의인은 너무 적다. 우리의 상대가 죄인이냐 의인이냐에 따라서 말이 잘 전달되기도 하고, 전달이 잘 안되기도 한다. 아담이 범죄한 이후에 인간은 다 죄인이다. 성경은 "모든 사람이 죄를 범하였으매"(롬 3:23)라고 하였다. 죄인을 죄에서 해방하기 위하여 예수님은 유대 땅 베들레헴에 오셨고, 골고다 십자가 위에서 피 흘리시고, 죽으셨다. 그의 피 흘리심과 죽으심으로 죄인의 죄를 사하셨다. 죄를 사했으나 믿으면 죄 사함을 받고, 죄 사함을 받은 선물로 성령을 부으시고, 죄 사함으로 죽은 영을 살리신다.

성경은 "그는 허물과 죄로 죽었던 너희를 살리셨도다"(엡 2:1). 죄가 없는 사람은 죄인이 아니라 의인이다. 부모를 통해서 태어난 사람은 다 죄인이요, 악한 사람이요, 미련한 사람이다. 미련한 사람이란 죄인으로, 죄인에게 말하면 잘 이해하지 못한다. 미련한 사람에게 말하면 말하는 사람을 업신여긴다는 것이다.

성경은 "미련한 자의 귀에 말하지 말지니 이는 네 지혜로운 말을 업신여길 것임이니라"(잠 23:9). 죄 사함을 받고, 죽은 영이 살아난 거듭난 사람은 미련한 사람이 아니라 지혜로운 사람이다. 지혜로운 사람이 미련한 사람에게 말하면 미련한 사람이 지혜자의 말을 업신여긴다는 것이다. '업신여기다'는 교만한 마음에서 남을 낮추어 보거나 하찮게 여기는 것이다. 지혜로운 사람이 아무리 말해도 미련한 사람은 그 말을 이해하지 못해서 하찮게 여기는 것이다. 무시해 버리는 것이다. 지혜로운 사람이 미련한 사람에게 술을 즐기면 안 된다고 여러 번 말해도 업신여기고 마시다가 술에 중독이 되고, 술 중독으로 사망에 이르게 된다. 이런 경우에 미련한 사람은 지혜로운 사람의 말을 업신여기고 그전 행동을 이어가다가 이런 일을 당하게 된다.

성경은 "술을 즐겨 하는 자들과 고기를 탐하는 자들과도 더불어 사귀지 말라 술 취하고 음식을 탐하는 자는 가난하여질 것이요"(잠 23:20-21). 술을 즐긴다는 것은 술을 한 잔이나 두 잔을 마시는 것이 아니다. 과음으로 가난하게 된다고 기록하고 있다. 부자가 되지 못하는 경우는 여러 가지이지만 그중의 하나가 술을 즐기는 경우이다. 술을 즐기면 가난하게 된다는 것은 부자가 되지 못한다는 것이다. 부자가 되려고 하면 술을 즐기면 안 된다는 것이다. 술은 가난하게 되고, 건강을 해치게 되어 간경화로 사망에 이르게 된다. 이런 말을 지혜자 솔로몬이 미련한 사람에게 말하면 업신여기고, 무시해서 받아들이지 않고 전에 하던 대로 술을 즐기다가 가난하게 살고, 건강을 잃게 된다. 술만 아니라 고기를 탐하는 사람을 이야기하고 있다. 여기서 고기란 육식으로 쇠고기, 돼지고기, 양고기, 염소 고기 등을 말한다. 이런 고기를 탐식한다는 것은 술을 즐기는 것과 같다. 이런 경우에 지혜자

　　　　　죄인과 의인

솔로몬이 고기를 탐식하면 가난해진다고 했다.

지혜로운 사람은 받아들이나 미련한 사람은 받아들이지 않고 무시해 버린다. 그 결과 가난하게 살고, 건강을 해친다. 고기를 탐식하는 자도 건강을 잃어버린다. '탐식하다'라는 음식을 탐내다, 탐내어 먹다. 탐식은 과식을 말한다. 술은 과음하고 고기는 과식하므로 건강을 잃는다. 이런 말을 지혜자가 말하고 듣는 사람이 미련한 사람이면 무시해 버려서 가난하게 살고, 건강도 잃게 된다. 그러므로 말하는 사람도 지혜로운 사람이고, 듣는 사람도 지혜로운 사람이면 듣고 행한다.

그러나 반대로 말하는 사람은 지혜로운 사람이고, 듣는 사람이 미련한 사람이면 업신여기고, 무시해 버린다. 그러므로 미련한 사람의 미련을 벗기는 일은 한 가지밖에 없다. 미련한 사람은 죄인으로, 죄인의 죄를 벗기어 주어야 한다. 예수님이 2,000년 전에 십자가에서 피 흘리고, 죽음으로 죄를 사해 놓으셨다. 이것을 믿으면 죄 사함을 받고, 죄인이 의인 되고, 미련한 사람이 지혜로운 사람이 된다. 우리의 맨 먼저 할 일은 죄에서 구원하는 일이다.

성경은 "아들을 낳으리니 이름을 예수라 하라 이는 그가 자기 백성을 그들의 죄에서 구원할 자이심이라"(마 1:21) 했다. 유대 땅에 오신 예수님은 맨 먼저 하신 일이 자기 백성을 죄에서 구원하는 일이었다. 이 일을 위해서 말구유에 탄생하시고 십자가에서 죽으셨다. 이 일이 그토록 중요하기에 마태복음 1장에 기록하고 있다. 죄인과 미련한 자에게는 어떤 말을 해도 유익이 없다. 오직 미련이 벗기어진 상태가 되어야 지혜로운 사람의 말을 듣게 되어 있다. 육신에 대해서도 지혜로운 사람에게 말할 때 유익이 되고, 영에 대해서도 지혜로운 사람에게 전할 때 유익이 된다. 예수님은 니고데모에게 말씀하시지만, 니고데모는 깨닫지 못한다.

성경은 "예수께서 대답하여 이르시되 진실로 진실로 네게 이르노니 사람이 거듭나지 아니하면 하나님의 나라를 볼 수 없느니라 니고데모가 이르되 사람이 늙으면 어떻게 날 수 있사오니까 두 번째 모태에 들어갔다가 날 수 있사옵나이까 예수께서 대답하시되 진실로 진실로 네게 이르노니 사람이 물과 성령으로 나지 아니하면 하나님의 나라에 들어갈 수 없느니라"(요 3:3-5). 니고데모는 그 당시 유대인의 관원이었다. 지금으로 말하면 국회의원쯤 되는 사람인데 영적인 것에 대해서는 미련한 자로서 전혀 깨닫지를 못한다. 전하는 분은 지혜자 예수님이시고 듣는 사람은 미련한 유대인 관원이라서 깨닫지 못하는 안타까움이 있다. 전하는 사람도 지혜자이어야 하지만 듣는 사람이 지혜자이어야 듣고 깨닫게 된다. 예수님은 가끔 아직도 깨닫지 못하느냐고 말씀하신다.

# 중한 변리로 자기 재산을 늘리면

사람은 태어나면서부터 돈을 가지게 된다. 한 가정에 자녀가 태어나면 부모는 너무 좋아한다. 그가 조금 자라서 100일이 되면 백일잔치를 한다. 지금은 많이 하지 않지만 지금도 하는 가정이 있을 것이다. 100일이란 100일 동안 아무 탈이 없이 잘 자랐다는 의미일 것이다. 조금 더 자라서 1년이 되면 돌이라고 돌잔치를 한다.

몇 년 전만 해도 돌잔치를 크게 했다. 그러나 지금은 옛날과 같지 않은 것 같다. 돌잔치 역시 1년을 잘 자랐다는 것이다. 돌잔치에는 돌잡이가 있어 돈과 실과 연필을 놓고 돌을 맞이한 아이에게 무엇이든 잡도록 한다. 돈을 집으면 돈을 많이 모으고 사는 부자가 되겠다고 하고, 연필을 잡으면 공부를 잘해서 학자가 되겠다고 하고, 실을 잡으면 장수하겠다고 한다. 이런 풍습이 차츰차츰 사라지고 있다. 조상들은 자녀가 잘 성장하기만을 기대하고 산 것이 아니라 그가 장성해서 훌륭한 사람이 되기를 원했다. 그래서 유치원에 가고, 초등학교에 가고, 중학교, 고등학교, 대학을 간다. 지금은 고학력자들이 많다. 옛날에 볼 수 없었던 일이다. 대학교 정문에 들어가는 학생들을 보면 남학생들도 있지만 여학생들이 대학마다 많다. 그들이 공부하는 것은 앞으로 좋은 삶을 기대하고 학문을 닦는 것이다.

그러나 유치원부터 대학까지 많은 과정의 공부를 하지만 정작 돈에 대해서 가르치는 대학은 없다. 대학을 졸업하면 바로 이어지는 것이 직장이다. 직장에 가면 공부를 하는 현장이 아니고 돈을 소유하려고 직장에 다닌다. 공무원이든, 일반 직장이든 한 달을 근무하면 월급을 받는다. 월급으로 한 달 한 달을 살게 된다. 여기에는 교통비도 있고, 대출이 있다면 원금과 이자를 지불해야 하고, 학자금 대출을 받았다면 이것 역시 은행에 갚아야 한다. 집이 있다면 모르지만 내 집을 마련하기 위해서 저축도 해야 하고, 내 집을 마련하는데 대출이 있다면 이것 역시 갚아야 하는 돈이다. 이 모든 것이 매달 월급으로 처리해야 할 과제이다.

첫 월급은 기쁨으로 받았지만, 시간이 지남에 따라서 월급에 대한 불만이 쌓이게 된다. 이 월급으로는 한 달을 살기 어렵다든지, 지출이 너무나 많다든지 해서 수입과 지출의 균형이 조화를 이루지 못하는 경우가 발생한다. 그러기에 직장을 옮기는 이직도 생각한다. 다른 직장이 월급이 얼마라든지, 하면서 이직을 생각하게 된다. 수입이 많고 지출이 적어야 하는데 지출이 너무 많다면 생계가 어렵게 되고, 다른 방법을 생각해서 수입을 늘리려고 노력할 것이다. 그것이 만만치 아니하기에 대학을 졸업하고도 고민을 한다. 대학을 졸업하면 나를 어디선가 오라고 부르겠지 하지만 현실은 그렇지 않다. 자기 자신이 직장을 찾아 나서야 하는 시대에 살고 있다. 직업도 다양하지만 월급이 많으면 힘들어도 그 일을 해보겠다고 입사하기도 한다. 경기가 좋지 않은 불경기에는 더욱 취업이 어렵게 된다. 그래서 젊은 남녀가 대학을 졸업하고도 결혼을 포기하는 사람도 생기게 된다. 내 집도 마련하기 어렵고, 전세나 월세로 살기에도 월급으로 살아가기가 어렵다면 결혼을 생

   죄인과 의인

각할 수 없다.

부모는 대학을 졸업하고 직장을 다니면 아름다운 결혼을 기대했지만, 그것이 이루어지지 않으면 부모는 실망을 하게 된다. 다른 집 자식은 시집도 장가도 가는데 내 자식은 결혼 소식이 없으니 마냥 기다릴 수 없는 상황이 벌어진다.

그러면 이런 상황에서 방법은 없을까 생각해 본다. 인간은 태어나서 장성하면 공부를 하고, 직업을 가지고 일생을 산다. 이런 일을 순탄하게 이루어지면 경제적 자유를 일찍 누리기에 일찍 일선에서 일을 마치게 된다. 이후에는 자기 취미를 따라 살기도 하고, 여행을 하면서 살기도 한다. 이런 경제적 자유를 누리지 못하면 일생 일하면서 살아야한다. 그런데 경제적 자유를 누리면서 살려고 편법을 쓰면 안 된다. 편법이란 법을 어기는 것으로 이런 방법으로 경제적 자유를 누리면 그것은 옳지 않다.

성경은 "중한 변리로 자기 재산을 늘리는 것은 가난한 사람을 불쌍히 여기는 자를 위해 그 재산을 저축하는 것이니라"(잠 28:8). 중한 변리로 자기 재산을 늘리면 안 된다. 여기서 '변리'란 빌려준 돈의 원금에 붙는 이자를 말한다. 돈이 모자라서 빌려 사용한 돈이 원금은 놓아두고 이자가 중한 변리란 비싼 이자를 지불해야 하는 것이다. 원금을 갚아가면 되지만 원금을 갚을 만한 돈이 없어서 이자만을 갚는데 이자가 너무 비싼 경우에 돈이 없는 가난한 사람은 힘이 들게 된다. 이런 경우로 자기 재산을 늘리면 성경은 이 재산이 가난한 사람을 불쌍히 여기는 사람을 위해 저축하는 것이라고 했다.

경제적 자유를 위해서 어떤 방법이라도 사용하면 안 된다. 경제적 자유를 누리려고 해도 정당한 방법으로 해야 한다. 돈을 모으는 데 과정이 중요하다. 과정이 정당하지 않다면 이 돈은 결코 내 것이 아니라 타인으로 돌아가게 되어 있다. 정당한 방법은 죄인은 불가능하다. 죄인이 죄 사함을 받고, 죄 사함을 받은 사람에게 성령을 부으시고, 죄 사함을 받은 사람에게 죽은 영을 살리는 거듭남이 있다면 가능하다. 그러나 죄인은 어렵다. 눈에 선하게 보이는데 원금 외에 이자가 더 많이 돌아오는 것을 생각하면 정당한 방법으로 갈 수 없다.

죄인에게 죄 사함은 필수이다. 죄 사함은 예수님이 이미 2,000년 전에 십자가 위에서 다 이루어 놓으셨다. 그러므로 믿음으로 받아들이면 된다. 예수님이 죄인의 죄를 사하기 위해 피 흘리시고 죽으셨다는 것을 믿으면 죄 사함이 이루어진다. 죄 사함이 있어야 의인이다. 성경은 의인을 향해서 기록하기를 "그는 시냇가에 심은 나무가 철을 따라 열매를 맺으며 그 잎사귀가 마르지 아니함 같으니 그가 하는 모든 일이 다 형통하리로다"(시 1:3). 성경은 "악인들은 그렇지 아니함이여 오직 바람에 나는 겨와 같도다"(시 1:4). 성경은 "의인들의 길은 여호와께서 인정하시나 악인들의 길은 망하리로다"(시편 1:6).

의인들의 길은 하나님께서 형통하게 하시나 악인들의 길은 망한다. 죄 사함을 받지 아니하면 죄인이요, 악인이다. 죄인들의 가는 길은 망하는 길이다. 재물이 있을 경우에는 나누면서 살아야 하지 나누지 않으면 자기 소유가 되지 못한다. 미국인들은 자선 사업가가 많다고 한다. 그들의 바탕에는 성경이 있고, 믿음이 있고 하나님이 계신다. 미국이 이루어진 것은 영국을 떠난 청교도들에 의해서 새롭게 세워진 나라이다. 원래 원주민들이 살았지만, 그들은 그런 부를 누리지 못하고 살다가 영국을 떠난 청교도들에 의해서 다시 새롭게 세워졌다.

중한 변리는 정당한 방법이 아니다. 중한 변리로 자기 재산을 모았다면 그것은 자신의 재산이 아니라 타인을 위해서 저축하는 것이다. 중한 변리는 정당한 방법이 아니므로 정당한 방법은 은행 변리 정도이어야 한다. 정당한 방법은 가난을 벗어나는 데는 속도가 느리지만 하나님이 보장하는 방법이다. 이런 정당한 방법은 의인들의 방법이다. 성경은 진리이기에 믿고 따라야 한다.

# 욕심이 많은 사람

사람은 두 종류의 사람이 있다. 죄인과 의인이다. 아담이 범죄하기 이전에는 죄인이 없고 다 의인이다. 그러나 아담이 범죄한 이후에 사람은 다 죄인이다. 죄인을 죄에서 구원하기 위하여 예수님이 2,000년 전에 유대 땅 베들레헴에 나셨고, 골고다에서 십자가를 지시고 피 흘리시고 죽으셨다. 이 죽으심이 나의 죄를 대신하여 죽으셨으니 죄를 사함 받았다고 믿으면 죄 사함을 받은 것이다.

죄인에게는 욕심이 많다. 욕심이 있다는 것은 나 외에는 없고 나밖에 없다는 것이다. 이런 사람은 죄인이고 이런 사람이 죄 사함을 받아야 의인이 된다. 의인에게는 욕심이 없고 나 외에도 많은 사람이 있다고 알고 베푸는 것이다. 흥부와 놀부에서 놀부는 부자이고 흥부는 가난하고 자녀들은 많다. 그래서 부자 형님 놀부 집에 도움을 청하면 도움은 커녕 맞고, 박대만 받고 온다. 이 모습이 전형적인 욕심이 많은 죄인의 모습이다. 하나님은 욕심이 많으면 부자가 되지 못하고, 다툼만 일으킨다고 했다.

성경은 "욕심이 많은 자는 다툼을 일으키나 여호와를 의지하는 자는 풍족하게 되느니라"(잠 28:25). 다툼을 일으키는 사람이 있다. 성경은 "다툼을 멀리하는 것이 사람에게 영광이거늘 미련한 자마다 다툼을 일으키느니라"(잠 20:3). 미련한 사람은 죄인으로 다툼을 일으킨다. 죄인이 의인 되지 않으면 미련한 사람은 다툼을 멀리하지 못한다.

욕심이 많다고 부자가 되는 것이 아니다. 부자는 욕심으로 되는 것이 아니다. 성경은 하나님을 의지하는 자는 풍족해진다. 죄인이 의인 되어서 하나님을 의지하는 사람이 부자가 된다. '의지하다'는 것은 다른 것에 몸을 기대는 것이다. 내 몸이 서 있기가 어려울 때 의지해서 몸을 기댄다. 인간은 힘들고 어려울 때가 많다. 가난할 때 하나님을 의지하면 하나님은 도움을 주신다. 죄인은 하나님을 의지하지 않으나 의인은 하나님을 전적으로 의지한다. 의인이 되어서 하나님을 의지한다는 것은 몸을 기대는 것이다. 그러면 하나님은 풍족하게 만들어 주신다. 가난해야 하나님을 의지한다. 가난해도 하나님을 의지하지 않는 사람은 가난을 벗어날 수가 없다. 어린아이들이 엄마가 먼저 가면 뒤따라 가면서 울고 운다. 엄마 같이 가요. 울면서 뛰어간다. 이런 경우는 엄마를 어린아이가 의지하는 것이다. 엄마가 진짜로 어린 자식을 떼어놓고 싶어서 그런 것이 아니다. 엄마는 아이를 지키어보면서 따라오나 안 오나 보는 것이다. 하나님을 의지한다는 것은 기도하는 일이다. 기도는 하나님의 도움을 구하는 유일한 창구이다.

성경은 "젊은 사자는 궁핍하여 주릴지라도 여호와를 찾는 자는 모든 좋은 것에 부족함이 없으리로다"(시 34:10). 젊은 사자는 주리는 법이 없다. 젊은 사자가 주리면 어떤 먹이든지 찾아 나서서 배를 채운다. 젊은 사자가 궁핍하여 주리는 일이 없지만 만약 주리는 일이 있다고 할지라도 하나님을 찾는 사람은 모든 좋은 것에 부족함이 없게 채우신다는 것이다. 하나님을 찾는다는 것은 하나님을 의지하는 것이다. 다윗은 일개 목동이었으나 의인으로 하나님을 찾기에 이스라엘의 왕으로서 성군이 되어 살고 부족함이 없는 삶을 살았다. 바울은 의인으로 주님의 제자로서 평생을 살았다. 그는 호텔을 운영한 것도 아니고, 마트나 백화점을 운영한 것도 아니다. 오직 그는 평생 주님의 제자로서 살다가 갔지만 주리지 않고 넉넉한 삶을 살았다.

욕심으로 산다고 풍족한 삶을 사는 것이 아니고 의인으로 하나님을 의지할 때 풍족함을 채우신다. 그러므로 죄인으로 살지 말고 의인으로 살아야 한다. 욕심을 버리어야 풍족한 삶을 살 수 있고, 욕심을 가지면 평생 다툼으로 산다. 이런 삶을 벗어나는 길은 죄인이 의인 되는 것이다. 다툼은 좋은 것이 아니고 화평과 화목으로 살아야 한다. 욕심을 내는 죄인은 다툼이 특징이다. 욕심을 버리고 구제로 살아야 한다. 의인은 구제하면서 산다.

성경은 "가난한 자를 구제하는 자는 궁핍하지 아니하려니와 못 본 체하는 자에게는 저주가 크리라"(잠 28:27). 구제해야 풍족하지 욕심으로 산다는 것은 못 본 체한다는 것이다. 이런 사람은 저주가 크리라는 말은 매사가 잘 안되고 꾀인다. 성경은 "주라 그리하면 너희에게 줄 것이니 곧 후히 되어 누르고 흔들어 넘치도록 하여 너희에게 안겨 주리라"(눅 6:38).

# 친구의 충성된 권고

인간에게는 말이 있다. 옛 선조들에게 내려오는 말이 있고 현대인들이 사용하고 있는 말이 있다. 말이 없으면 인간은 살아가는 데 큰 불편을 느끼면서 살아가야 할 것이다. 이런 귀중한 말을 하나님이 인간에게 주셨다. 이 소중한 말로 인간은 대화를 한다. 대화란 소통을 말한다. 대화가 없다면 소통은 없다. 가정에서도 대화가 없으면 소통은 막히어 있는 것이다. 말은 어떻게 사용하느냐에 따라서 좋은 결과가 있다. 말은 잘못하면 큰 불편을 가져오고, 잘 사용하면 기분이 좋은 하루하루를 살 수 있다.

성경은 "기름과 향이 사람의 마음을 즐겁게 하나니 친구의 충성된 권고가 이와 같이 아름다우니라"(잠 27:9). 기름과 향이 사람의 마음을 즐겁게 한다는 것에서 '기름'은 물보다 가볍고 불을 붙이면 잘 타는 액체로 약간 끈기가 있고 미끈미끈하며 물에 잘 풀리지 않는다. 기름은 동물의 살과 뼈에 붙어 있기도 하고 가죽에 붙어 있기도 한다. 식물의 씨앗을 짜내어 얻기도 한다. 원료에 따라서 빛깔과 성질이 다르고 쓰임새가 매우 다양하다. 또 석유를 기름이라고 하기도 한다. 기름은 동물이나 식물에서 얻어지는 기름을 말한다. 기름 중에 동물 기름은 사람에게는 좋지 않다. 그러나 어려운 시절에 고기를 사기가 어려울 때는 돼지기름이나 쇠고기 기름을 사서 배추김치와 찌개를 하면 너무 맛있었다. 기름이 들어가면 마음이 즐겁다. '향'은 불에 태워서 냄새를 내는 물건으로 주로 제사 때에 사용한다. 꽃이나 향수에서 나는 좋은 냄새가 있다. 음식물이 부패해서 나는 좋지 않은 악취는 향이라고 하지 않는다. 꽃에서 나는 향은 너무나 좋다. 벌들이 그곳에 모이게 된다. 현대인들은 향수를 바르고 다니는 사람도 있다. 어떤 향수는 너무나 좋으나 그렇지 못한 향수도 있다. 좋은 냄새가 나는 향은 마음을 즐겁게 한다. 아카시아꽃이 피었을 때 벌들이 날아드는 꽃의 향은 마음의 즐겁게 하여 사람들의 발길을 멈추게 한다.

이와 같이 기름이나 향이 사람의 마음을 즐겁게 한 것 같이 친구의 충성된 권고가 기름과 향과 같이 마음을 즐겁게 하는 아름다움이 있다. 친구는 술친구도 있고, 생사를 넘었던 전우도 있고, 학교 동창들도 있고, 믿음을 나누는 친구도 있다. 이 땅에서 사람은 혼자는 살 수 없다. 누군가와 같이 어울려 살게 된다. 특별히 친구 중에는 생사를 나눌 수 있는 친구가 있다면 이 친구가 충성된 권고를 할 수 있다. '권고'란 어떤 일을 하도록 권함 또는 권하는 말이다. 친구의 충성된 권고는 아름다운 것이다. 사람의 마음에 즐거움을 주는 기름과 향과 같은 존재가 친구이다.

구약 성경에 기록된 다윗에게는 요나단이란 친구가 있었다. 요나단은 사울 왕의 아들로서 다윗의 위기 속에서 많은 도움을 준 사람이다. 이스라엘 초대 왕 사울이 악신이 들려서 다윗을 죽이려고 할 때마다 아버지 편에 있지 않고 다윗의 편에서 다윗에게 도움을 준 사람이 요나단이다. 요나단은 다윗에게 처남이기도 하다. 그러나 처남보다 친구로서 너무 좋아했던 친구가 다윗에게 요나단이다. 블레셋 전투에서 사

    죄인과 의인

울과 요나단이 같이 전사를 했을 때 다윗은 슬픈 노래로 조상했다. 성경은 "다윗이 이 슬픈 노래로 사울과 그의 아들 요나단을 조상하고"(삼하 1:17)라고 했고, 성경은 "죽은 자의 피에서 용사의 기름에서 요나단의 활이 뒤로 물러가지 아니하였으며 사울의 칼이 헛되이 돌아오지 아니하였도다 사울과 요나단이 생전에 사랑스럽고 아름다운 자이러니 죽을 때에도 서로 떠나지 아니하였도다 그들은 독수리보다 빠르고 사자보다 강하였도다"(삼하 1:22-23). 다윗을 그토록 죽이려고 했던 사울을 이토록 미화시켜서 유다 백성들에게 노래를 가르치게 하였다. 사울과 요나단은 독수리보다 빠르고, 사자보다 강하였다고 한 말에는 많은 과장이 있다. 이렇게 친구 요나단을 미화시켜 노래를 부르게 한 것은 충성된 친구이기에 가능했다. 사울 앞에 있는 다윗은 생사가 오고 가는 중에 친구 요나단은 그를 지키었다. 이런 친구는 아름다운 친구이다. 이런 친구는 죄인이면 불가능했다. 오직 두 사람이 죄 사함을 받은 의인이기에 가능했다.

아담 이후에 태어난 인간은 다 죄인이다. 성경은 "모든 사람이 죄를 범하였으매"(롬 3:23)라고 하여 인간은 태어나면 다 죄인이다. 죄인의 죄를 사하기 위해서 십자가에서 피 흘리시고 죽으셨다. 피 흘리심과 죽으심으로 사람들의 죄를 사했다. 이것을 믿으면 죄 사함을 받고, 죄 사함을 받은 사람에게 선물로 성령을 부으시고, 죄 사함을 받은 사람에게 죽은 영을 살리셨다. 죄 사함을 받은 의인들의 변치 않는 사랑은 충성된 권고가 된다. 친구의 충성된 권고가 아름답다.

성경은 "네 친구와 네 아비의 친구를 버리지 말며"(잠언 27:10), 성경은 "친구의 아픈 책망은 충직으로 말미암는 것이나"(잠언 27:6)라고 했다. 죽음의 위기 속에서 살리는 친구의 충성된 권고는 아름답고, 진정한 친구이다. 이런 친구는 기름과 향과 같이 사람의 마음을 즐겁게 하는 아름다움이 있다.



죄인과 의인

# 사람을 단련하는 칭찬

사람은 눈을 뜨면 말을 한다. 잠을 잘 때는 말을 하지 않지만, 눈을 뜨면 말을 하기 시작한다. 어느 누구도 잠잘 때는 말을 하지 않는다. 잠잘 때도 말하는 사람이 있다면 그 사람은 꿈을 꾸면서 말하는 사람이 있을 것이다. 잠을 자면서 꿈속에서 신발을 잃어버리면 그곳을 찾으면서 말을 하고, 누가 자기를 잡으려고 하면 도망가면서 말을 할 수 있다.

사람에게는 없어서는 안 되는 것이 말이다. 사람에게 말이 없다면 대화가 되지 않는다. 대화의 수단이 말이다. 핸드폰을 사용할 경우에도 상대방과 대화를 위해서 필요한 것이 말이다. 사람이 사용하는 말에는 여러 종류의 말이 있다. 여러 종류의 말 가운데서 책망이 있고, 칭찬이 있다. '책망'은 잘못을 꾸짖거나 나무라며 못마땅하게 여기는 것이다. 책망은 잘못을 꾸짖는 것이다. '칭찬'은 좋은 점이나 착하고 훌륭한 일을 높이 평가하는 것이다.

보통 많은 사람들이 사용하는 말에는 칭찬보다 책망을 많이 사용한다. 그러나 실제로 우리가 많이 사용할 말은 책망이 아니라 칭찬이다. 그러면 누가 칭찬을 많이 사용하고, 책망은 누가 많이 사용하는가? 의인은 칭찬을 많이 사용한다. 그러나 죄인은 대다수가 책망이다. 말은 어디서 떨어지는 것이 아니라 사람의 생각에서 나오는 것이다. 이 생각을 누가 주장하고 있느냐에 따라서 다르다. 사람의 생각을 마귀가 주장하면 책망이 나오고, 하나님이 주장하면 칭찬이 나온다. 죄인의 생각은 마귀가 주장하고 있다. 이 말은 마귀가 주인이고 사람은 종이라는 것이다. 종은 주인을 따르는 것이고 행동하는 것이다. 죄인의 주인은 마귀이다.

성경은 "너희는 너희 아비 마귀에게서 났으니 너희 아비의 욕심대로 너희도 행하고자 하느니라 그는 처음부터 살인한 자요 진리가 그 속에 없으므로 진리에 서지 못하고 거짓을 말할 때마다 제 것으로 말하나니 이는 그가 거짓말쟁이요 거짓의 아비가 되었음이라"(요 8:44). 또 성경은 "너희 자신을 종으로 내주어 누구에게 순종하든지 그 순종함을 받는 자의 종이 되는 줄을 너희가 알지 못하느냐 혹은 죄의 종으로 사망에 이르고 혹은 순종의 종으로 의에 이르느니라"(롬 6:16), "죄로부터 해방되어 의에게 종이 되었느니라"(롬 6:18). 죄의 종이란 마귀의 종으로 죄인으로 살다가 죄 사함을 통해서 죄로부터 해방되어 의에 종이 된다. 의에 종이란 죄 사함을 받은 사람을 말한다. 죄인이 죄 사함을 받으면 죄의 종에서 의에 종이 된다. 죄의 종은 마귀의 종이고, 의에 종은 하나님의 종이다. 죄인은 마귀의 종이고, 의인은 하나님의 종이다.

의인은 칭찬을 한다. 죄인도 칭찬을 하지만 대다수가 책망이다. 우리의 상대에게 칭찬은 사람을 단련하는 것이다. '칭찬'은 좋은 점을 말하는 것이고 착하고 훌륭하게 일을 했다면 높이 평가해 주는 것이다. "칭찬은 사람을 단련한다"에서 '단련은' 어떤 일을 반복하여 익숙하게 하는 것이다. 부모가 자녀에게 책망을 많이 하느냐 칭찬을 많이 하느냐에 따라서 사람이 다르게 성장한다. 사람이 다 잘할 수는 없고 잘못하는 일이 있을 수도 있다. 그렇다면 책망을 할 것이냐 칭찬을 할 것이냐. 죄인은 칭찬은 없고 책망만 이어진다. 반대로 의인은 책망보다 칭찬을 한다. 사람에게 칭찬은 사람을 단련하게 한다. 어떤 일이든지 반복해서 익숙하게 해주는 것이다. 사람은 반복하면 어떤 일이든지 익숙하게 된다. 칭찬은 사람을 단련한다는 것은 칭찬을 통해서 어떤 일을 반복하면 익숙하게 만든다. 반복의 횟수가 적어서 그렇지 다 어떤 일이든 반복을 계속하면 익숙해진다.

성경은 "도가니로 은을, 풀무로 금을, 칭찬으로 사람을 단련하느니라"(잠 27:21). 그러므로 도가니는 은을 단련하고, 풀무는 금을 단련하지만, 사람은 칭찬으로 단련한다는 것이다. '도가니'는 쇠붙이를 녹이는 그릇이며 '풀무'는 대장간에서 쇠를 달구거나 녹이기 위하여 화덕에 뜨거운 공기를 불어 넣는 기구이다. 도가니는 은을 단련하기 위하여 사용하고, 풀무는 금을 단련하기 위하여 사용하지만, 칭찬은 사람을 단련한다. 은은 도가니를 사용해서 은을 쓰게 만들고, 금은 풀무를 사용해서 금을 사용하게 만들지만, 사람은 칭찬을 통하여 쓸 만한 사람을 만든다.

그러므로 사람의 칭찬은 필수이다. 칭찬을 떠나서는 결코 사람다운 사람을 만들 수가 없다. 칭찬은 의인의 입을 통하여 나오고 그 입에서 나오는 칭찬으로 사람다운 사람이 만들어진다. 칭찬은 사람을 만드는 공장이다. 칭찬의 공장이 가정에 있으면 그 가정은 인재를 배출할 것이고, 회사에 그런 칭찬의 공장이 있다면 그 회사를 통하여 인재를 배출할 것이며, 국가가 그런 칭찬의 공장이 있다면 그 나라는 많은 인재를 배출할 것이다.

# 사자같이 담대한 의인

　이 땅에는 두 종류의 사람이 살고 있다. 어느 장소에도 죄인과 의인이 있다. 죄인은 다른 말로는 악인이고, 미련한 사람이다. 아담이 범죄한 이후에 태어난 사람은 다 죄인이다. 성경은 "모든 사람이 죄를 범하였으매"(롬 3:23)라고 했다. 그러므로 아담이 범죄한 이후에 태어난 사람은 다 죄인이다. 죄인의 죄를 사하기 위해서 예수님은 십자가에서 피 흘리시고 죽으셨다. 이 죽으심으로 죄인의 죄를 다 사해 놓으셨다. 이것을 믿으면 죄 사함을 받고, 죄 사함을 받으면 성령을 부으신다.

　성경은 "베드로가 이르되 너희가 회개하여 각각 예수 그리스도의 이름으로 세례를 받고 죄 사함을 받으라 그리하면 성령의 선물을 받으리니"(행 2:38)라고 했다. 죄 사함을 받으면 선물로 성령의 선물을 받게 된다. 그리고 죄 사함을 받으면 죽은 영이 살아난다. 성경은 "예수께서 대답하여 이르시되 진실로 진실로 네게 이르노니 사람이 거듭나지 아니하면 하나님의 나라를 볼 수 없느니라"(요 3:3) 하고, "예수께서 대답하시되 진실로 진실로 네게 이르노니 사람이 물과 성령으로 나지 아니하면 하나님의 나라에 들어갈 수 없느니라"(롬 3:5)고 했다. "물과 성령으로 나야 한다"라는 말에서 물은 육이 태어나는 것이고, 성령으로

　　　　　　　　　　　　　　　　　죄인과 의인

는 영으로 태어나는 것이다. 영으로 태어나는 것은 아담이 범죄한 이후에 인간은 영이 죽었는데 그 죽은 영이 살아난다는 것이다. 영이 살아나면 그것이 거듭남이다. 사람에게는 영과 혼과 육이 있는데 그중에 아담의 범죄로 영이 죽었다. 죽은 영이 죄 사함으로 살아나는 것이다. 이것이 물과 성령으로 나는 것이다.

죄인은 악인이고, 미련한 사람이다. 성경에 "악인은 쫓아오는 자가 없어도 도망하나 의인은 사자같이 담대하니라"(잠 28:1). 악인은 죄인으로 누가 쫓아오는 사람이 없어도 두려워서 도망을 다닌다. 죄인은 아담의 범죄로 죄가 있기에 마음이 편하지 않고, 불안하고, 두렵다. 범죄한 사람에게는 편안함이 없다. 범죄자는 죄가 있기에 경찰이 잡으려고 하므로 도망 다닌다. 일 초라도 마음이 편한 날이 없다. 그러므로 악인은 죄인으로 누가 쫓아오는 사람이 없어도 도망간다. 편한 날이 없는 사람이 죄인이고, 악인이다. 죄인이나 악인은 마음의 불안함을 벗는 길은 죄인이 아니라 의인이 되어야 한다. 의인이란 죄가 없다는 것이다. 죄가 없는 사람은 없고 다 죄인이므로 죄인이 죄 사함을 받으면 의인이다.

성경에 "의인은 사자같이 담대하니라"(잠 28:1). 죄가 사함을 받아 죄가 없는 사람은 담대하다. 죄인은 경찰서 앞을 지나가기가 어렵지만 의인은 아무런 부담이 없이 그곳을 지나간다. 어떻게 지나갑니까? '사자같이'라고 했다. 사자는 고양잇과의 포유류로 아시아의 호랑이와 함께 대형 고양이족 가운데 최대의 맹수이다. 짐승 가운데 최대의 맹수로 얼룩말과 호랑이와 양이나 염소나 물소 앞에 담대하게 나가는 동물이다. 자신이 배가 고프면 자기보다 몸집이 큰 얼룩말이나 양이나 염소 등을 닥치는 대로 잡아먹는다. 의인은 죄가 있지만 사함을 받아서 죄 없는 사람이기에 어디에 있어도 담대하다. '담대하다'라는 겁이 없고 배짱이 두둑하다는 말로서 겁을 내지 않는 사람으로 살아간다. 악인은 죄인으로 도망을 다니는 사람이고 의인은 담대한 사람이다.

성경 여호수아서에 보면 여호수아가 나온다. 성경에 "여호와의 종 모세가 죽은 후에 여호와께서 모세의 수종자 눈의 아들 여호수아에게 말씀하여 이르시되 내 종 모세가 죽었으니 이제 너는 이 모든 백성과 더불어 일어나 이 요단을 건너 내가 그들 곧 이스라엘 자손에게 주는 그 땅으로 가라 내가 모세에게 말한 바와 같이 너의 발바닥으로 밟는 곳은 모두 내가 너희에게 주었노니 곧 광야와 이 레바논에서부터 큰 강 곧 유브라데 강까지 헷 족속의 온 땅과 또 해지는 쪽 대해까지 너희의 영토가 되리라 네 평생에 너를 능히 대적할 자가 없으리니 내가 모세와 함께 있었던 것 같이 너와 함께 있을 것임이니라 내가 너를 떠나지 아니하며 버리지 아니하리니 강하고 담대하라 너는 내가 그들의 조상에게 맹세하여 그들에게 주리라 한 땅을 이 백성에게 차지하게 하리라"(수 1:1-6). 이스라엘의 지도자 모세가 죽은 후에 하나님은 여호수아에게 모세와 함께한 것같이 너와 함께하리니 강하고 담대하라 너를 버리지 아니하고 함께 할 테니 강하고 담대하라고 했다. 의인 여호수아에게 담대하라고 하신다. 모세가 죽고 없으니 두렵고 떨릴 때 의인 여호수아에게 사자같이 담대하라고 하신다.

사자에게는 두려움이 없고 담대한 것과 같이 의인에게는 담대함이 존재한다.

    죄인과 의인

# 피를 흘리게 한 사람

사람은 존귀하다. 성경은 "사람이 무엇이기에 주께서 그를 생각하시며 인자가 무엇이기에 주께서 그를 돌보시나이까 그를 잠시 동안 천사보다 못하게 하시며 영광과 존귀로 관을 씌우시며"(히 2:6-7)라고 했다. 사람을 하나님이 생각하신다. 예수님이 2,000년 전에 유대 땅 베들레헴에 오시고, 십자가에서 죽으신 것은 사람 때문에 피 흘리시고, 사람 때문에 죽으셨다. 하나님은 사람을 생각하시고 피 흘리시고 죽으셨다. 아담이 범죄한 이후에 태어난 사람은 다 죄인이다. 성경은 "모든 사람이 죄를 범하였으매"(롬 3:23)라고 했다. 죄인의 죄를 사하기 위하여 죽으셨다. 누가 사람을 위하여 죽습니까? 예수님이 죽으셨다. 하나님은 사람을 창조하셨다. 성경은 "여호와 하나님이 땅의 흙으로 사람을 지으시고 생기를 그 코에 불어 넣으시니 사람이 생령이 되니라"(창 2:7). 사람을 흙으로 만드시고 그 코에 생기를 불어넣으시니 생령이 되었다. 흙이면 활동을 하지 못하나 코에 생기를 불어 넣은 후에 사람은 생령이 되어 활동하게 된다. 그 후에 인간은 죄를 범하게 된다.

성경은 "선악을 알게 하는 나무의 열매는 먹지 말라 네가 먹는 날에는 반드시 죽으리라"(창 2:17). 하나님은 선악과를 먹지 말라고 하신다. 만약 먹으면 죽으리라고 했다. 성경은 "여자가 그 나무를 본즉 먹음직도 하고 보암직도 하고 지혜롭게 할 만큼 탐스럽기도 한 나무인지라 여자가 그 열매를 따 먹고 자기와 함께 있는 남편에게도 주매 그도 먹은지라"(창 3:6). 하나님이 먹으면 반드시 죽는다고 했는데 선악과를 먹었다. 이 죄인들을 위해서 예수님이 죽으셨다. 하나님이 이렇게 사랑하는 사람들을 피 흘리게 하면 안 된다.

성경은 "사람의 피를 흘린 자는 함정으로 달려갈 것이니 그를 막지 말지니라"(잠 28:17). 여기서 '피를 흘린 자는' 사람을 죽였다는 말이다. 옛날 임금들은 얼마나 많은 사람을 죽였습니까? 지금도 사람을 살인하고 있다. 묻지 마 살인도 있고, 대구에 개구리 소년들의 살인, 지금도 방송이나 신문에 보도가 되지 않아서 모르지 많은 사람들이 죽고 있을 것이다. 세계에 많은 나라들이 가난해서 먹지 못하고 죽어간다. 그러면 지도자 대통령도 굶느냐? 아니다. 그들은 호화롭게 살고 있다. 전쟁으로 죽어가는 사람이 얼마나 많습니까? 이런 사람들을 하나님이 생각하신다. 만약 사람의 피를 흘린 자는 함정으로 달려갈 것이라고 하여 타인을 살인한 사람은 자신이 함정에 빠지게 된다는 것이다. '함정'은 짐승 따위를 잡기 위하여 땅바닥에 구덩이를 파고 그 위에 무엇인가를 덮어서 위장한 구덩이를 말한다. 다른 말로는 함정이란 빠져나올 수 없는 상황이다. 타인을 살인하면 자신도 구덩이에 빠지게 되어 죽는다. 함정에 빠진 사람이 있다면 건져 내야 하는데 구덩이에 던지는 사람은 그 함정에 죽게 되어 있다.

성경에 요셉은 야곱의 아들로서 형들의 미움을 받아서 구덩이에 던지어 넣고 아버지에게는 요셉은 죽었다고 거짓으로 말한다. 그는 의인이고, 하나님의 사랑을 받는 사람이기에 그를 구덩이에서 건지고 거기

　　　　　　　　　　　　죄인과 의인

지나가던 미디안 상인에게 팔렸다. 그는 노예시장에서 팔리어 보디발의 집에 가게 되었다. 보디발은 정부 요직에 있는 사람으로 노예 요셉을 만나게 되고, 보디발의 아내는 계속 동침을 원하였으나 그는 응하지 않았다. 그 일로 보디발에 고하여 가정의 옥에 갇히게 되었다. 그는 그곳에 있으면서 꿈을 꾸게 되었는데 미래에 애굽에 되어질 일들을 하나님이 보여주었다. 이 일로 그는 옥에서 나오고 애굽의 총리가 되었다. 요셉은 의인으로 하나님이 애굽 땅으로 인도하시고, 애굽의 총리 되게 했다.

이렇게 의인은 살리신다. 타인을 살인하는 사람은 죄인이지 의인은 아니다. 죄인들이 죄 사함을 받고, 죄 사함을 받아서 성령을 부으시고, 죄 사함을 받아서 죽은 영이 산 사람은 사람을 살인하지 않는다. 죄인이 의인 되지 않으면 살인을 쉽게 생각한다. 하나님이 귀하게 여긴다면 우리도 사람을 귀하게 여기어야 한다. 죄인은 살인을 쉽게 생각하는 사람으로 그는 함정으로 달려가게 된다고 성경은 기록한다. 성경은 그가 가는 길은 함정으로 그 길을 막지 말지니라고 했다. 살인자는 죄인이요, 악인으로 마침내 그가 함정에서 죽게 된다.

성경 에스더서에 나오는 하만은 모르도개를 죽이려고 장대를 높이 달아맸다. 그는 죄 없는 사람으로 이스라엘에서 종으로 에스더와 모르도개가 잡혀 왔다. 에스더는 왕의 총애를 받아서 왕비가 되었다. 왕비 에스더를 통하여 하만이 죽게 된다. 자신이 만든 장대에 죄 없는 사람을 죽이려고 했던 하만이 자신이 장대에 매달려서 죽는다. 사람의 목숨을 귀하게 여기는 사람은 의인이고, 천하게 여기는 사람은 죄인이다. 죄인은 사람을 개나 돼지같이 여기다가 마침내 그가 죽게 된다. 하나님이 사람을 귀하게 여기고 십자가를 지시고 죽으신다.

# 친구의 아픈 책망

사람에게는 죄인과 의인이 있다. 친구도 좋은 친구와 나쁜 친구가 있다. 좋은 친구와 나쁜 친구 기준은 무엇일까? 죄인이냐 의인이냐로 구분이 된다. 의인이면 거짓말은 하지 않고, 속이지는 않을 것이다. 의인이면 잘못을 할 경우에는 미안하다고 말할 것이다. 그런 의인의 친구가 진정 친구일 것이다. 친구가 칭찬도 하지만 책망도 할 수 있다. 책망을 할 경우에는 많이 망설인다. '책망'이란 잘못을 꾸짖는 것이다. 잘못을 했을 경우에는 잘못에 대해서 꾸짖는 것이다. 이건 쉽지 않다. 그러나 진정한 친구라면 책망도 할 수 있어야 한다.

예수님은 가룟 유다에게 책망을 하신다. 나와 같이 그릇에 손을 넣는 자가 나를 팔리라 했을 때 제자들이 누가 선생님을 팔지 나쁜 사람이라고 말할 것이다. 그 후에 그는 태어나지 않았으면 좋았다고 하신다. 주님 제자 베드로에게 예수님은 사탄아 물러가라고 하신다. 사랑하는 제자에게 강한 책망을 하신다. 책망이 결코 나쁜 것만은 아니다. 예수님도 칭찬도 하시지만 어떤 때는 책망도 하신다. 책망은 많이 하시지는 않지만 하신다. 책망도 깨달으면 유익이 되지만 깨닫지 못하면 아무런 유익이 되지 못하고 미움만 가지게 된다.

성경은 "친구의 아픈 책망은 충직으로 말미암은 것이나"(잠 27:6)라고 했다. 친구는 의인 친구이면 좋을 것이다. 의인은 죄가 없는 사람이다. 아담이 범죄한 이후에 사람은 다 죄인이다. 성경은 "모든 사람이 죄를 범하였으매"(롬 3:23)라고 했다. 사람은 다 죄인으로 태어난다. 아들로 태어나도 죄인이고, 딸로 태어나도 죄인이다. 죄인을 위하여 예수님이 십자가에서 피 흘리시고, 죽으셨다. 성경은 "한 사람으로 말미암아 죄가 세상에 들어오고 죄로 말미암아 사망이 들어왔나니 이와 같이 모든 사람이 죄를 지었으므로 사망이 모든 사람에게 이르렀느니라"(롬 5:12). 성경은 "우리가 아직 죄인 되었을 때에 그리스도께서 우리를 위하여 죽으심으로 하나님께서 우리에 대한 자기의 사랑을 확증하셨느니라 그러면 이제 우리가 그의 피로 말미암아 의롭다 하심을 받았으니 더욱 그로 말미암아 진노하심에서 구원을 받을 것이니"(롬 5:8-9)라고 했다.

예수님의 피로 죄 사함을 받아 의인이 되고 죄 사함으로 성령을 받는다. 성경은 "너희가 회개하여 각각 예수 그리스도의 이름으로 세례를 받고 죄 사함을 받으라 그리하면 성령의 선물을 받으리니"(행 2:38)라고 했다. 죄 사함을 받으면 죽은 영이 살아난다. 성경은 "그는 허물과 죄로 죽었던 너희를 살리셨도다"(엡 2:1). 죽은 영이 살아나면 거듭난 것이다.

의인인 친구는 뼈아픈 책망을 한다. 이것은 충직으로 된 것이다. '충직'이란 충성스럽고 정직하다는 말이다. 친구의 뼈아픈 책망은 충성스럽고 정직한 마음으로 하기에 잘 받아들이면 보약이 된다. 친구의 뼈아픈 책망을 잘 받을 수 있는 사람은 의인이고 결과가 좋게 나타난다. 뼈아픈 책망은 친구도 의인이고 받는 사람도 의인이어야 좋은 결실이 있다. 뼈아픈 책망을 하는 친구도 많지 않다. 이런 친구가 있다면 일생에 큰 도움이 될 것이다. 어떤 친구가 잘못을 해서 사형 집행이 시작될 때 사형장에서 사형수는 한 가지 부탁을 했다고 한다. 이때 사형수는 집에 한 번 다녀오도록 기회를 달라고 했다. 그때 그냥은 갈 수 없고 당신이 사형을 받는 날까지 오지 않으면 다른 사람이 사형을 받아야 하니까 당신을 대신할 사람을 여기에 있게 하면 집에 갔다 올 수 있다고 하자 친구가 내가 하겠다고 하고 친구를 기다리다가 시간이 되어도 오지 않자 그 친구가 사형이 집행하게 될 때 친구가 나타났다. 비가 많이 내려서 다리가 끊기어서 헤엄을 쳐서 간신히 시간 안에 도착할 수 있었다고 하자 친구도 살리고 당신도 살았다는 이야기를 들었다. 이런 친구는 진실한 친구이다. 예수님이 진실한 친구이고, 의인 친구가 진실한 친구이다. 아픈 책망을 할 수 있는 친구가 충성스런 친구이고 정직한 친구이고 진실한 친구이다. 이런 친구가 이 세상에서 세 명이 있다면 삶을 잘 산 것이라고 할 수 있다. 성경은 "원수의 잦은 입맞춤은 거짓에서 난 것이니라"(잠 27:6). 아픈 책망을 할 수 있는 친구는 진실한 의인 친구이며, 진실한 친구이다.



죄인과 의인

# 타인이 너를 칭찬하게 하라

사람은 말로서 대화를 한다. 수화로 대화를 하는 사람도 있지만 대다수 사람은 말로서 타인과 대화를 한다. 말에는 책망이 있고, 칭찬이 있다. 다른 말도 있지만 특별히 책망을 많이 하고 산다. '책망'은 잘못을 꾸짖거나 나무라는 것이다. 잘못했다고 꾸짖는 것이 책망이다. '칭찬'은 좋은 점이나 착하고 훌륭한 일을 높이 평가하는 것이다. 책망은 잘못을 말하는 것이고 칭찬은 좋은 점을 말하는 것이다. 옛날 부모들은 자녀들에게 책망을 많이 했고 지금 젊은 부모들은 자녀들에게 책망보다 칭찬을 많이 하는 편이다. 그래도 우리의 가정은 칭찬보다 책망이 많다. 책망을 줄이고 칭찬을 늘리는 일은 죄인은 어렵다. 의인이 되면 칭찬을 많이 할 수 있다. 죄인은 죄 용서를 받아보지 않았지만, 의인은 죄를 용서받아 보았기에 책망보다 칭찬을 더 많이 할 수 있다.

아담이 범죄한 이후에 태어난 사람은 다 죄인이다. 성경은 "모든 사람이 죄를 범하였으매"(롬 3:23)라고 했다. 아담이 범죄한 이후에 태어난 사람은 다 죄인이다. 죄인을 죄에서 사하기 위하여 예수님이 십자가에서 피 흘리시고 죽으셨다. 이것을 믿으면 죄 사함을 받는다. 성경은 "우리가 아직 죄인 되었을 때에 그리스도께서 우리를 위하여 죽으심으로 하나님께서 우리에 대한 자기의 사랑을 확증하셨느니라 그러

면 이제 우리가 그의 피로 말미암아 의롭다 하심을 받았으니"(롬 5:8-
9)라고 했다. 죄인이 예수님의 피로 의로운 사람이 된다. 예수님의 피
가 죄에서 벗어나 의인 되게 하고, 의인은 죄를 사함 받은 사람이다.
죄인은 책망하나 의인은 책망보다 칭찬을 한다.

성경은 "칭찬으로 사람을 단련하느니라"(잠 27:21). '단련'은 어떤 일
을 반복해서 익숙하게 만드는 것이다. 칭찬을 계속하면 어떤 사람으로
익숙하게 된다는 것이다. 책망이 어떤 사람으로 만들기 위해서 반복하
면 거부하고, 거절하고, 듣지 않지만 칭찬은 좋은 사람으로 만들어진
다. 칭찬은 죄인의 산물이 아니고 의인의 산물이다.

그러면 칭찬을 누가 해야 하는가? 성경은 "타인이 너를 칭찬하게 하
고 네 입으로 하지 말며 의인이 너를 칭찬하게 하고 네 입술로는 하지
말지니라"(잠 27:2). 칭찬에 대하여 성경은 답을 말하고 있다. 칭찬은
타인이 너를 칭찬하게 하라고 한다. 자녀를 칭찬하려면 부모가 칭찬하
든지, 친구가 칭찬하든지, 선생님이 칭찬해야 한다는 것이다. 그 말이
맞지요. 우리의 부모를 타인인 다른 사람이 너희 아버지 참 멋있는 분
이더라고 하든지, 너희 어머니는 참 친절하시더라고 하면 멋진 표현이
다. 오늘 우리 딸 일찍 일어났네. 엄마가 깨우지 않아도 일찍 일어나
서 숙제하고 세수하고 학교 갈 준비를 하면 딸은 더 이상 늦잠을 자지
못할 것이다. 이것을 반복하는 것이 단련이다. 반복하면 그 딸은 그대
로 일찍 일어나서 학교 갈 준비를 할 것이다. 칭찬은 고래도 춤을 춘다
는 말이 있다. 사람은 칭찬에 춤과 노래가 나올 것이다. 우리 가정은
죄인의 가정이 아니라 의인의 가정이 되면 칭찬이 넘치는 가정이 될
것이다.

성경은 "외인이 너를 칭찬하게 하고 네 입술로는 하지 말지니라"(잠

                                            죄인과 의인

27:2). 죄인으로 살다가 죄 사함을 받은 사람이 의인이다. 외인이 너를 칭찬하게 하라고 한다. 외인의 말은 책망이 아니라 칭찬을 사용하라는 것이다. 타인이 너를 칭찬하게 하고, 외인이 너를 칭찬하게 하라는 것이다. 책망의 효과는 없지만 칭찬의 효과는 너무나 크다. 사람이 입을 여는 것은 가르치기 위해서 말하기도 하지만 어떤 일에 시정을 해야 할 경우에 말을 하는 경우도 있다.

이런 일화가 있었다. 아들이 학교만 갔다고 오면 가방을 던지고 나가서 놀기만 하자 이 아들을 어찌하면 공부를 하게 할 수 있을까? 고민하다가 아버지는 경찰인데 하루 근무하고 하루는 쉰다. 그날도 근무를 마치고 쉬어야 하는데 아버지는 방에서 책을 펴 놓고 공부를 하고 있는데 아들이 학교에 갔다가 집에서 이 광경을 보고 아들이 가방을 던지고 나갈 수가 없었다. 그래서 그때부터 공부를 하기 시작했다. 아버지는 경찰 승진 시험을 준비하고, 아들은 진학을 위해 공부해서 아들이나 아버지가 다 좋은 결과를 가져왔다는 것이다. 이런 경우는 칭찬은 아니지만 아버지의 공부의 모범이 아들을 본받게 해서 좋은 결실을 가져온 것이다. 칭찬 역시 반복적으로 가정에서 자녀에게 하다 보면 좋은 결과가 나올 것이다. 회사도 마찬가지이다. 칭찬은 죄인이 아니라 의인으로 가능하기에 의인이 되어야 한다.

# 악인이 많아지면 죄도 많아지나니

사람은 두 종류가 있다. 죄인과 의인이 있다. 죄인을 달리 표현하면 악인이고 미련한 사람이다. 의인은 달리 표현하면 선인이고, 지혜로운 사람이다. 죄인은 악인이다. 아담이 범죄한 이후에 사람은 다 죄인이다. 성경은 "모든 사람이 죄를 범하였으매"(롬 3:23)라고 했다. 그러므로 사람은 다 죄인이다. 다른 말로는 다 악인이다.

성경은 "의인이 없나니 하나도 없으며 깨닫는 자도 없고 하나님을 찾는 자도 없고 다 치우쳐 함께 무익하게 되고 선을 행하는 자는 없나니 하나도 없도다"(롬 3:10-12). 이 세상에는 의인이 없다면 다 죄인이고, 선을 행하는 자가 없다면 다 악을 행하는 악인이라는 것이다. 악인이 많아지면 죄인이 많다는 것이기에 죄를 범하는 사람도 많다는 것이다. 죄인을 줄이고, 악인을 줄이는 방법은 한 가지 방법밖에 없다. 죄인이 죄 사함을 받는 길이다. 죄 사함을 받으면 죄가 없기에 죄인이 아니라 의인이다. 의인이 되는 길은 죄 사함에 있다. 죄를 사하기 위해서 예수님이 2,000년 전에 유대 땅 베들레헴에 오셨고, 골고다에서 십자가를 지시고, 피 흘리시고, 죽으셨다. 피 흘리심과 죽으심으로 죄를 사하였다.

성경은 "한 범죄로 많은 사람이 정죄에 이른 것같이 한 의로운 행위

 죄인과 의인

로 말미암아 많은 사람이 의롭다 하심을 받아 생명에 이르렀느니라 한 사람이 순종하지 아니함으로 많은 사람이 죄인 된 것 같이 한 사람이 순종하심으로 많은 사람이 의인이 되리라"(롬 5:18-19). 죄인이 죄 사함을 받으면 의인이 된다. 죄인은 죄가 있는 사람이고, 의인은 죄가 없는 사람이다. 죄인이 죄 사함으로 의인이 되고, 죄 사함으로 성령을 부으신다. 성경은 "너희가 회개하여 각각 예수 그리스도의 이름으로 세례를 받고 죄 사함을 받으라 그리하면 성령의 선물을 받으리니"(행 2:38)라고 했다. 죄 사함을 받으면 죽은 영이 산다.

성경은 "예수께서 대답하여 이르시되 진실로 진실로 네게 이르노니 사람이 거듭나지 아니하면 하나님의 나라를 볼 수 없느니라"(요 3:3). "예수께서 대답하시되 진실로 진실로 네게 이르노니 사람이 물과 성령으로 나지 아니하면 하나님의 나라에 들어갈 수 없느니라"(요 3:3-5). 물은 육으로 부모를 통하여 한 번 태어나는 것이고, 두 번째는 성령으로 태어나는 것이다. 이 말은 영으로 태어나는 것이다. 첫 번째는 부모를 통하여 육으로 태어나는 것이고, 두 번째는 영으로 태어나는 것으로 아담의 범죄로 죽은 영이 살아나는 것이다.

성경은 "그는 허물과 죄로 죽었던 너희를 살리셨도다"(엡 2:1). 아담의 범죄로 죽은 영을 살리심이 거듭남이다. 이런 사람은 생명을 가진 사람이다. 악인이 많다는 것은 죄인이 많다는 것이고 죄인이 많으므로 범죄가 많아지는 것이다. 그러므로 범죄를 줄이는 일은 교육으로 되지 않고 죄 사함과 거듭남으로 된다. 죄인이 의인 되고 생명을 가지지 않으면 결코 범죄를 줄이지 못한다. 성경은 "악인이 많아지면 죄도 많아지나니 의인은 그들의 망함을 보리라"(잠 29:16). 악인은 망한다. 성경은 "의인들의 길은 여호와께서 인정하시나 악인들의 길은 망하리로다”(시편 1:6). 악인들이 범죄하고 범죄하면 지금은 괜찮지만 그들의 마지막은 망한다. 악인의 망함은 두 가지로 망한다. 첫 번째는 현세에서 망하고 두 번째는 사후에 하늘나라에 가지 못하는 슬픔과 고통이 따르므로 망한다. 그러므로 악인이 많아지면 죄가 많아지나니 의인은 악인들의 망함을 현세에서 보게 된다.

성경 창세기에 노아는 의인이고 그 나머지는 다 죄인이고 악인이다. 노아는 악인들의 망함을 보게 된다. 성경은 “노아는 의인이요 당대에 완전한 자라 그는 하나님과 동행하였으며”(창 6:9)라고 했다. 성경은 “여호와께서 사람의 죄악이 세상에 가득함과 그의 마음으로 생각하는 모든 계획이 항상 악할 뿐임을 보시고 땅 위에 사람 지으셨음을 한탄하사 마음에 근심하시고 이르시되 내가 창조한 사람을 내가 지면에서 쓸어버리되 사람으로부터 가축과 기는 것과 공중의 새까지 그리하리니 이는 내가 그것들을 지었음을 한탄함이니라”(창 6:5-7). 하나님은 지면에서 악인들을 40주야 비를 내리어 쓸어버리셨다. 의인 노아는 악인들이 망함을 현세에서 보게 된다. 지금도 악인들은 범죄를 밥 먹듯이 하지만 그들의 망함을 의인들이 보게 될 것이다. 죄인에서 의인이 되고, 악인에서 선인이 되지 않으면 범죄는 줄어들지 않는다. 성경은 분명히 악인들은 망한다고 했다. 예수님은 진리이고, 성경은 진리이다.

성경은 “예수께서 이르시되 내가 곧 길이요 진리요 생명이니 나로 말미암지 않고는 아버지께로 올 자가 없느니라”(요 14:6).

# 명예가 적당하지 않은 미련한 사람

사람은 두 종류의 사람이 살고 있다. 죄인과 의인으로 나누고 있다. 죄인은 다른 말로는 미련한 사람이고, 악한 사람이고, 의인은 다른 말로는 지혜로운 사람이고, 선한 사람이다. 아담이 범죄하기 전에는 의인만 있었지만 아담이 범죄한 이후에는 죄인과 의인으로 나뉘었다. 죄인의 죄를 사하기 위해서 예수님이 십자가에서 죽으셨다.

성경은 "우리가 아직 죄인 되었을 때 그리스도께서 우리를 위하여 죽으심으로 하나님께서 우리에 대한 자기의 사랑을 확증하셨느니라 그러면 이제 우리가 그의 피로 말미암아 의롭다 하심을 받았으니 진노하심에서 구원을 받을 것이니"(롬 5:8-9)라고 했다. 예수님이 십자가에서 죽으심으로 죄인의 죄를 다 사하셨다. 이것을 믿으면 죄 사함을 받는 것이다. 성경은 "한 사람이 순종하지 아니함으로 많은 사람이 죄인 된 것 같이 한 사람이 순종하심으로 많은 사람이 의인 되리라"(롬 5:19). 한 사람의 순종하지 아니함은 아담이고, 한 사람의 순종하심은 둘째 아담인 예수님이시다. 예수님이 십자가의 죽으심으로 많은 사람이 의인이 된 것이다. 성경은 "예수를 죽은 자 가운데서 살리신 이의 영이 너희 안에 거하시면 그리스도 예수를 죽은 자 가운데서 살리신 이가 너희 안에 거하시는 그의 영으로 말미암아 너의 죽을 몸도 살리시리라"(롬 8:11), "무릇 하나님의 영으로 인도함을 받는 사람은 곧 하나님의 아들이라"(롬 8:14). 죄인이 죄 사함을 받으면 성령이 임하고 성령은 죽은 영을 살린다.

죄 사함과 거듭남으로 영이 산 사람은 미련한 사람이 아니고 지혜로운 사람이고 명철한 사람이다. 애굽으로 간 요셉은 명철하고 지혜로운 사람이었다. 성경은 "요셉에게 이르되 하나님이 이 모든 것을 네게 보이셨으니 너와 같이 명철하고 지혜 있는 자가 없도다"(창 41:39)라고 애굽 왕 바로가 요셉에게 말했다. 요셉은 의인으로 명철하고 지혜로운 사람이다. 성경은 "미련한 자에게는 영예가 적당하지 아니하니 마치 여름에 눈 오는 것과 추수 때에 비 오는 것 같으니라"(잠 26:1). 미련한 사람은 죄인으로 "영예가 적당하지 아니하니"라고 했다. '영예'는 영광스러운 명예이다. '명예'는 세상에서 훌륭하고 인정하는 이름이나 자랑 또는 존엄, 품위를 말한다. 미련한 사람에게는 세상에서 훌륭하다고 인정하는 이름이나 자랑이 주어지지 않는다. 만약 미련한 사람에게 이런 영광스러운 명예가 주어진다면 적당하지 않다는 것이다. 미련한 사람에게 영예가 적당하지 않은 것을 성경은 이렇게 말하고 있다. 여름에 눈 오는 것과 같다고 했다. 여름에는 비가 내리어야 하는데 눈이 오면 안 된다. 미련한 사람에게는 영광스러운 명예가 주어질 수 없고, 주어지면 안 된다. 여름에 눈이 오면 안 된다. 미련한 사람에게 영예가 주어지는 것은 추수 때에 비 오는 것과 같다는 것이다. 추수 때에는 비가 오지 않고 날씨가 좋아서 추수를 해야 하는데 비가 오면 안 되는 것 같이 미련한 사람에게는 영예는 주어지면 안 된다.

성경에 "요셉에게 이르되 하나님이 이 모든 것을 네게 보이셨으니 너와 같이 명철하고 지혜 있는 자가 없도다 너는 내 집을 다스리라 내 백성이 다 네 명령에 복종하리니 내가 너보다 높은 것은 내 왕좌뿐이니라 바로가 또 요셉에게 이르되 내가 너를 애굽 온 땅의 총리가 되게 하노라"(창 41:39-41). 애굽 왕 바로는 명철하고 지혜가 있는 이스라엘 사람을 애굽의 총리로 세운다. 미련한 사람은 왕이나 대통령이 될 수 없고 된다고 하면 의인으로 지혜로운 사람이나 명철한 사람이나 지식이 있는 사람을 총리로 세워서 전국을 다스리게 해야 한다. 나단 선지자를 통하여 하나님은 다윗에게 말씀하신다. 성경은 "내 종 다윗에게 이처럼 말하라 만군의 여호와께서 이처럼 말씀하시기를 내가 너를 목장 곧 양 떼를 따라다니던 데에서 데려다가 내 백성 이스라엘의 주권자로 삼고 네가 어디로 가든지 내가 너와 함께 있어 네 모든 대적을 네 앞에서 멸하였은즉 세상에서 존귀한 자들의 이름 같은 이름을 네게 만들어 주리라"(역대상 17:7-8) 했다. 다윗은 의인이요 지혜로운 사람이요 명철한 사람이기에 존귀한 사람으로 하나님이 만드신다. 미련한 사람에서 지혜로운 사람은 죄 사함과 거듭남에 있다.

❧

# 죄가 있으면 주권자가 많은 나라

사람은 혼자 있지 않고 가정에 속하고 나라에 속해 있다. 개인 한 사람이 어느 가정에 속해서 살고 있다. 부모가 계시기에 내가 있는 것이고 나라가 있기에 내가 있는 것이다. 개인 한 사람, 한 사람은 어느 나라에 속해 살고 있다. 개인 한 사람은 어느 가정에 속해 있고, 어느 나라에 속해 있다. 나라는 나라를 다스리는 주권자가 있다. '주권자'란 국가의 최고 절대권을 가진 사람을 말한다. '주권자'란 대통령이나 왕을 말한다. 나라를 다스리려면 법이 존재한다. 나라의 주권자 대통령은 한 나라를 다스리는데 법에 따라서 다스린다. 법은 입법 기관인 국회가 있다. 법을 국회가 만들고, 개정도 한다. 나라를 다스릴 때는 주권자인 대통령은 한 사람이다.

어느 나라든지 대통령은 여러 사람이 아니라 한 사람이다. 이스라엘로 예를 들면 초대 왕이 사울이고, 두 번째 왕이 다윗이다. 그런데 나라의 주권자인 대통령이 한 사람이어야 하는데 주권자 대통령이 많이 있다면 문제가 있다. 있을 수도 없지만 있다면 왜 있는지 생각해 본다. 성경은 "나라는 죄가 있으면 주권자가 많아져도"(잠 28:2)라고 했다. 나라에 주권자가 많다면 그것은 나라에 죄가 있다는 것이다. '죄'는 법을 어기고 지키지 않는 것이다. 나라가 법이 있는데 국민과 주권

　　　　　　　　　　　　　　　죄인과 의인

자가 법을 어기고, 어기면 어기는 사람으로 많아지면 많은 주권자가 나온다. 나라가 죄가 없고 나라가 태평성대를 이루는데 주권자가 나올 수가 없지만 나오는 경우도 있다. 그것은 쿠데타로 나라를 누군가가 다시 잡으려는 세력이 나온 것이다. 다윗이 이스라엘을 잘 다스리고 있는데 그의 아들 압살롬이 반란을 일으켜 아버지 다윗을 궁에서 몰아낼 때가 있었다. 이때 다윗은 도망을 가지만 마침내 아들 압살롬은 성공하지 못하고 이스라엘의 군대에 의해서 죽임을 당한다. 나라는 어떻게 장구하게 되는가?

성경은 "명철과 지식이 있는 사람으로 말미암아 장구하게 되느니라"(잠 28:2). 나라는 죄가 있으면 주권자가 많아진다는 것은 죄를 짓는 사람이 많아지므로 나라는 점점 망하게 된다는 것이다. 나라는 죄가 없어야 한다. '죄'란 법을 어기는 것이다. 나라는 법이 존재한다. 입법 기관인 국회가 법을 만들면 나라에 속한 국민 모두는 지키어야 한다. 국민도 법을 지키고, 장관과 국회의원도 법을 지키고, 대통령이나 왕도 법을 지키어야 한다. 법을 제정한 목적은 지키라고 제정한 것이다. 지키지 않으면 아무런 의미가 없다. 국민은 지키고, 대통령은 지키지 않으면 법을 제정한 목적이 맞지 않다. 한 나라가 장구하고 태평성대를 이루려면 맨 먼저 법을 다 지키어야 한다.

성경은 "명철과 지식 있는 사람으로 말미암아 장구하게 되느니라"(잠 28:2)라고 했다. '명철'은 총명하고 사리에 밝다는 말이다. 명철은 지혜와 함께 쓰이기도 하고 지혜와 동등어로 쓰이는데 하나님이 주신 선물로 여겨진다. 성경은 "대저 여호와는 지혜를 주시며 지식과 명철을 그 입에서 내심이며"(잠 2:6)라고 했다. 성경은 "지혜는 명철로 주소로 삼으며"(잠 8:12)라고 했다. 지혜는 명철로 주소를 삼으므로 지혜를 얻으려면 명철을 따라가면 지혜가 나온다. 지혜와 명철은 동등어다. 명철을 가진 사람이 지혜 있는 사람이다. 성경은 "요셉에게 이르되 하나님이 이 모든 것을 네게 보이셨으니 너와 같이 명철하고 지혜 있는 자가 없도다"(창 41:39). 애굽왕 바로는 요셉을 향하여 명철하고 지혜 있는 사람이라고 했다.

나라는 태평성대를 이루고 장구해지려면 주권자가 명철해야 한다. 만약 주권자가 명철함이 없으면 명철한 사람을 총리로 세워서 나라를 다스려야 한다. 애굽의 위기에 요셉이라는 이스라엘 사람 요셉을 총리로 세워서 다스리게 하여 7년 흉년을 지나가게 하신다. 그러면 명철은 어디서 만들어지나요? 죄인이 의인 되지 않으면 얻을 수가 없다. 아담이 범죄한 이후에 인간은 다 죄인이다. 성경은 "모든 사람이 죄를 범하였으매"(롬 3:23)라고 했다. 죄인의 죄를 사하기 위해서 예수님이 십자가에서 죽으셨다. 성경은 "우리가 아직 죄인 되었을 때에 그리스도께서 우리를 위하여 죽으심으로 하나님께서 우리에 대한 자기의 사랑을 확증하셨으니라 그러면 이제 우리가 그의 피로 말미암아 의롭다 하심을 받았으니 더욱 그로 말미암아 진노하심에서 구원을 받을 것이니"(롬 5:8-9)라고 했다. 죄인이 예수의 피로 의롭다 하심을 받았다. 이것을 믿어야 한다.

성경은 "믿음은 들음에서 나며 들음은 그리스도의 말씀으로 말미암았느니라"(롬 10:17). 믿음은 들어야 한다. 그리스도의 말씀이란 복음으로 예수의 피로 의롭다 함을 받는다고 들어야 한다. 이 일을 예수님의 피로 이루셨다. 의롭다는 것은 죄 없다는 것이다. 믿음이 없으면 죄 사함이 없고, 의롭다 하심이 없다. 그러므로 믿음을 가지려면 복음을 많이 들어야 한다. 나라가 장구해지려면 명철 있는 사람이 있어야



죄인과 의인

한다. 명철은 죄 사함으로 이루어진다. 죄 없는 의인이 명철한 사람이고, 지혜 있는 사람이다. 또 나라가 장구해지려면 지식이 있어야 한다. 지식 역시 의인이어야 한다. 의인에게 지식을 주신다.

성경은 "대저 여호와는 지혜를 주시며 지식과 명철을 그 입에서 내심이며"(잠 2:6)라고 했다. 명철도 지식도 하나님이 주신다. 하나님은 의인에게 지혜도 주시고, 지식도 주시고, 명철도 주신다. '지식'은 어떤 대상에 대하여 배우거나 실천을 통하여 알게 된 명확한 인식이나 이해이다. 지식은 어떤 대상에 대해서 명확하게 이해하는 것이다. 지식도 하나님이 의인에게 주시는 선물이다. 하나님이 명철과 지식 있는 주권자로 나라가 장구하게 만든다. 명철과 지식도 죄 사함 받은 의인에게 주어진다. 명철과 지식이 있으면 범죄는 사라진다. 요셉과 같이 명철과 지혜 있는 사람이 주권자가 되면 나라는 태평성대를 이룬다. '태평성대'는 어진 군주가 다스리는 태평한 시대를 말한다.

# 형통하지 못한 사람

사람은 형통한 사람과 형통하지 못한 사람이 있다. '형통'이란 모든 일이 뜻과 같이 잘되어 가는 것이다. 사람은 다 형통을 원하지만 형통하지 못하는 경우가 있다. 성경은 "자기의 죄를 숨기는 자는 형통하지 못하나"(잠 28:13)라고 했다. 사람의 형통은 죄와 관련이 있다. 죄가 없으면 형통하지만 죄가 있는 죄인은 형통이 이루어지지 않는다. 아담이 범죄하기 전에는 다 의인이었으나 아담이 범죄한 이후에는 다 죄인이다. 성경은 "모든 사람이 죄를 범하였으매"(롬 3:23)라고 했다. 죄인은 매사에 형통하지 못하나 의인은 형통하다. 성경은 "그는 시냇가에 심은 나무가 철을 따라 열매를 맺으며 그 잎사귀가 마르지 아니함 같으니 그가 하는 모든 일이 다 형통하리로다"(시 1:3). 그러나 악인은 형통하지 못하다. 악인은 죄인을 다른 말로 악인이라고 한다. 성경은 "악인들은 그렇지 아니함이여 오직 바람에 나는 겨와 같도다"(시 1:4). 악인이란 죄인으로 죄가 있는 사람이다. 죄가 있는 사람은 죄인으로 죄가 있으면 형통하지 못하다. 성경은 "자기의 죄를 숨기는 자는 형통하지 못하나 죄를 자복하고 버리는 자는 불쌍히 여김을 받으리라"(잠 28:13).

아담이 범죄한 이후에 태어난 사람은 죄인이며 악인이다. 죄인의 죄

 죄인과 의인

를 사하기 위하여 예수님이 십자가에서 피 흘리시고, 죽으셨다. 성경은 "이제 우리가 그의 피로 말미암아 의롭다 하심을 받았으니"(롬 5:9)라고 했다. 예수님의 피로 죄 사함을 받아 의롭다 함을 받으면 죄가 없는 의인이다. 아무리 예수님이 십자가에서 죄인의 죄를 사하였어도 믿지 아니하면 죄 사함은 없고, 그 사실을 믿으면 죄 사함이 있다. 그것을 믿느냐 안 믿느냐는 믿음에 있다.

성경은 "믿음은 들음에서 나며 들음은 그리스도의 말씀으로 말미암았느니라"(롬 10:17). 믿음은 하나님의 선물로 복음을 듣고 듣다가 믿음을 가지게 된다. 믿음이 있어야 죄 사함을 받는다. 아무리 예수님이 십자가에서 피 흘리시고 죽었어도 믿지 아니하면 죄 사함은 없다. 죄인에게 죄 사함이 없으면 죄는 그대로 있다. 형통은 죄를 숨기는 것이 아니라 죄 사함으로 죄를 자복하고 버리는 사람이 불쌍히 여김을 받는다. "불쌍히 여기다"는 말은 창자가 끊어지는 것 같은 고통을 느낄 정도로 가엾게 여기고 동정하는 것이다. 세상 죄 가운데 고통하는 무리들을 향한 예수님의 심정을 나타낼 때 자주 사용되었고 '민망히 여기다'로 묘사하기도 하고, 친절이나 자비나 관용으로, 연민으로 사용했다. 예수님의 사랑을 말한다. 죄를 숨기는 사람은 형통하지 못하고 죄인이라고 먼저 인정해야 죄의 사함을 받고 하나님이 사랑하신다. 예수님 당시에 바리새인들이 자신들은 죄가 없다고 하자 성경은 "예수께서 이르시되 너희가 맹인이 되었더라면 죄가 없으려니와 본다고 하니 너희 죄가 그대로 있느니라"(요 9:41). 예수님이 없이 본다고 하니 너희 죄가 그대로 있다고 한다.

예수님이 없이는 죄인이고 예수님의 피를 통해서 죄 사함으로 죄 없는 의인이다. 성경은 "불법이 사함을 받고 죄가 가리어짐을 받는 사람들은 복이 있고 주께서 그 죄를 인정하지 아니하실 사람은 복이 있도다"(롬 4:7-8). 복이 있는 사람은 죄가 없는 사람이다. 형통한 사람도 죄가 없는 사람이다. 형통을 기대하고, 형통을 원하는 사람은 죄가 없는 의인이어야 한다. 불법이 죄로 죄를 사함을 받는 사람이 복이 있고, 죄가 가리어짐을 받는 사람도 죄 사함을 받는 사람으로 이런 사람이 복이 있다.

성경은 "여호와의 눈은 의인을 향하시고 그의 귀는 그들의 부르짖음에 기울이시는도다"(시 34:15). 형통하지 못한 사람들은 생각하기를 일의 방법이 달라서 형통하지 않은 것으로 잘못 이해하고 있다. 아니다. 죄를 없이 함이 있어야 복이 있고, 형통하다. 다윗은 일찍이 이 일을 알았기에 성경은 "하나님이여 주의 인자를 따라 내게 은혜를 베푸시며 주의 많은 긍휼을 따라 내 죄악을 지워 주소서 나의 죄악을 말갛게 씻으시며 나의 죄를 깨끗하게 제하소서 무릇 나는 내 죄과를 아오니 내 죄가 항상 내 앞에 있나이다"(시 51:1-3) "우슬초로 나를 정결하게 하소서 내가 정하리이다 나의 죄를 씻어 주소서 내가 눈보다 희리이다"(시 51:7). 다윗은 죄를 사함 받았기에 의인이고 하나님이 불쌍히 여기는 사람이 되었다. 하나님이 그토록 사랑하는 사람이 되었다.

하나님은 외모를 보시지 않으시나 사람은 외모에 치중하고 있다. 성경은 "하나님께서 외모로 사람을 취하지 아니하심이라"(롬 2:11). 형통을 원하면 죄의 사함을 받는 것은 필수이다. 죄를 숨기면 형통은 없다. 성경은 "여호와의 손이 짧아 구원하지 못하심도 아니요 귀가 둔하여 듣지 못하심도 아니라 오직 너희 죄악이 너희와 너희 하나님 사이를 갈라 놓았고 너희 죄가 그의 얼굴을 가리어서 너희에게서 듣지 않으시게 함이니라 이는 너희 손이 피에 너희 손가락이 죄악에 더러워



죄인과 의인

졌으며 너희 입술은 거짓을 말하며 너희 혀는 악독을 냄이라"(사 59:1-
3). 죄를 숨기면 형통은 없고 죄를 사함을 받는 사람은 형통하다.

　기도의 응답도 죄 사함이 있어야 하고, 예배도 죄 사함이 있어야 한
다. 하나님께 기도하는데 죄악이 하나님과 사이를 갈라놓았고 죄가 있
음으로 하나님이 얼굴을 가리시고 듣지 않으신다는 것이다. 죄 사함이
없이는 기도의 응답은 그만두고 듣지 않으신다는 것이다. 죄 사함 받
고 기도할 때 들으시고, 응답하신다. 예배도 죄 사함이 있어야 예배를
받으신다. 성경은 "하나님은 영이시니 예배하는 자가 영과 진리로 예
배할지니라"(요 4:24). 영으로 예배란 죽은 영이 죄 사함으로 살아나야
예배가 제대로 이루어진다. 영이 죽으면 혼으로 예배한다. 이런 예배
는 정상적인 예배가 될 수 없다. 사람은 형통이 먼저가 아니라 죄 사함
이 먼저이다.

# 스스로 올무가 되는 악인의 범죄

세상에는 악인과 선인이 있다. 악인은 다른 말로는 죄인이고, 미련한 사람이고, 선인은 의인이고, 지혜로운 사람이다.

아담이 선악과를 먹기 전에는 다 의인이었으나 선악과를 먹은 후에는 다 죄인이다. 성경은 "모든 사람이 죄를 범하였으매"(롬 3:23)라고 했다. 죄인은 악인이고, 미련한 사람이다. 악인은 죄인으로 죄를 범하는 것은 당연하다. 이 범죄로 악인은 스스로 올무가 된다. 성경은 "악인이 범죄하는 것은 스스로 올무가 되게 하는 것이나"(잠 29:6)라고 했다. 악인은 죄인으로 범죄하는 것은 당연한데 이것이 그에게 올무가 된다. '올무'란 새나 짐승을 잡는 올가미 또는 사냥용 구덩이를 말한다. 악인은 죄인으로 그의 범죄로 스스로 올무가 된다는 말은 악인의 범죄가 스스로를 죽이는 올가미나 구덩이다. 그러므로 악인은 범죄를 하지 않아야 하는데 죄인이기에 범죄하다가 스스로 구덩이에 빠져 죽게 된다. 여기서 악인이 벗어나는 길은 의인이 되는 길이다. 악인은 죄인으로 죄인에서 죄 사함을 받아야 한다. 예수님은 십자가에서 피 흘리시고 죽으심으로 죄인의 죄를 사하였다.

성경은 "우리가 아직 죄인 되었을 때에 그리스도께서 우리를 위하여 죽으심으로 하나님께서 우리에 대한 자기의 사랑을 확증하셨느니



죄인과 의인

라 그러면 이제 우리가 그의 피로 말미암아 의롭다 하심을 받았으니”
(롬 5:8-9)라고 했다. 예수님의 피 흘리시고 죽으심이 죄인의 죄를 사
하여서 의롭게 되었다. ‘의롭다’라는 말은 죄 없다는 말로 죄인이 의인
이 된 것이다. 죄 사함으로 죄인이 의인이 되고, 죄 사함으로 성령을
받게 된다. 성경은 “너희가 회개하여 각각 예수 그리스도의 이름으로
세례를 받고 죄 사함을 받으라 그리하면 성령의 선물을 받으리니”(행
2:38)라고 했다. 죄 사함을 받으면 성령이 임하고 성령은 죽은 영을 살
린다. 성경은 “그는 허물과 죄로 죽었던 너희를 살리셨도다”(엡 2:1).
성경은 “예수께서 대답하시되 진실로 진실로 네게 이르노니 사람이 물
과 성령으로 나지 아니하면 하나님의 나라에 들어갈 수 없느니라”(요
3:5). 물은 육으로 태어나는 것이고 성령은 영으로 태어나는 것이다.
부모를 통하여 육으로 한 번 태어나고, 두 번째는 영이 태어나는 것으
로 죽은 영이 태어나는 것이다. 죄 사함과 거듭남으로 생명을 가진 사
람이 된다. 악인은 죄인으로 당연히 범죄하지만, 그 범죄가 스스로 올
무가 되어 죽게 된다. 노아 당시에도 의인 노아는 살지만, 그밖에는
죽게 된다.

성경은 “여호와께서 사람의 죄악이 세상에 가득함과 그의 마음으로
생각하는 모든 계획이 항상 악할 뿐임을 보시고 땅 위에 사람 지으셨
음을 한탄하사 마음에 근심하시고 이르시되 내가 창조한 사람을 내가
지면에서 쓸어버리되 사람으로부터 가축과 기는 것과 공중의 새까지
그리하리니 이는 내가 그것들을 지었음을 한탄함이니라”(창 6:5-7).
노아 당시에 죄인들은 그들의 마음으로 생각하는 모든 계획이 항상 악
해서 땅 위에 사람을 지으심을 마음으로 근심하셨다. 그러므로 하나님
은 내가 창조한 사람을 지면에서 쓸어버리시겠다고 했다. 성경은 “홍

수가 땅에 사십 일 동안 계속된지라 물이 많아져 방주가 땅에서 떠올랐고"(창 7:17) "물이 불어서 십오 규빗이나 오르니 산들이 잠긴지라 땅 위의 움직이는 생물이 다 죽었으니 곧 새와 가축과 들짐승과 땅에 기는 모든 것과 모든 사람이라 육지에 있어 그 코에 생명의 기운의 숨이 있는 것은 다 죽었더라"(창 7:20-22). 40일 동안 비를 내리어 악을 행하는 악인들을 다 죽였다. 악인은 죄인으로 범죄를 계속하다가 그것이 올무가 되어 죽는다. 성경은 "악인이 범죄하는 것은 스스로 올무가 되게 하는 것이나 의인은 노래하고 기뻐하느니라"(잠 29:6). 악인은 범죄를 계속하는 것이 자신에게 스스로 올무가 되어 죽지만 의인은 범죄를 멀리하다가 노래하고 기뻐한다.

성경은 "악인이 많아지면 죄도 많아지나니 의인은 그들의 망함을 보리라"(잠 29:16). 악인이 범죄하고 범죄하다가 망하는 것을 의인들이 보게 된다. 그때 악인들은 망하고 의인들은 노래하고 기뻐한다. 성경은 "의인들의 길은 여호와께서 인정하시나 악인들의 길은 망하리로다"(시 1:6). 악인과 죄인의 망함은 현세에서 망하고, 사후에 고통과 비참함이 있다. 그러므로 악인이 살려면 죄인의 자리에서 죄 사함을 받고, 거듭남으로 생명을 가져야 한다. 의인 노아와 같이, 의인 아브라함과 같이, 의인 요셉같이 살아야 한다.



죄인과 의인

# 자주 책망을 받으면서도 목이 곧은 사람

사람은 두 종류의 사람이 있다. 죄인과 의인이다. 죄인은 다른 말로는 악인, 미련한 사람이다. 의인은 다른 말로는 선인, 지혜로운 사람이다. 죄인은 자주 책망을 하고, 자주 책망을 받는다. 죄인은 미련한 사람으로 자주 책망을 받게 된다. 성경은 "말에는 채찍이요 나귀에게는 재갈이요 미련한 자의 등에는 막대기니라"(잠 26:3). 미련한 사람은 자주 책망을 받고 등에는 막대기란 매를 맞게 된다는 것이다. 미련한 사람은 맞고 자주 책망을 들어도 고쳐지지 않는다. 이것이 죄인의 특징이고 미련한 사람의 특징이다.

아담이 선악과를 먹은 후에 사람은 다 죄인이다. 성경은 "모든 사람이 죄를 범하였으매"(롬 3:23)라고 했다. 아담이 범죄하기 전에는 다 의인이었으나 범죄 후에는 다 죄인이다. 성경은 "한 범죄로 많은 사람이 정죄에 이른 것같이 한 의로운 행위로 말미암아 많은 사람이 의롭다 하심을 받아 생명에 이르렀느니라"(롬 5:18). 한 사람 아담의 범죄로 많은 사람이 정죄에 이르렀다는 것은 다 죄인이 되었다는 것이다. 죄인은 모두 미련하기에 자주 책망을 듣게 된다. 죄인이 의인 되지 아니하면 미련은 벗기어지지 않고 책망에서 벗어날 수 없다. 죄인의 죄를 사하기 위해서 예수님이 십자가에서 피 흘리시고 죽으셨다. 이것이 한 의로운 행위이고 이 행위로 많은 사람이 의롭다 하심을 받게 되었다. 의롭게 되었다는 것은 의인이 되었다는 것이다.

의인이란 죄가 없다는 것이다. 죄 사함으로 의인이 되면 성령을 주신다. 성경은 "너희가 회개하여 각각 예수 그리스도의 이름으로 세례를 받고 죄 사함을 받으라 그리하면 성령의 선물을 받으리니"(행 2:38)라고 했다. 아담의 범죄로 영은 죽었고 혼과 육만 있는데 혼이 죄 사함을 받으면 성령을 받게 된다. 죄 사함으로 성령은 죽은 영을 살린다. 성경은 "사람이 물과 성령으로 나지 아니하면 하나님의 나라에 들어갈 수 없느니라 육으로 난 것은 육이요 영으로 난 것은 영이니"(요 3:5-6)라고 했다. 육으로 한 번 태어나고 영으로 한 번 태어나는 것이 거듭남이다. 거듭나면 미련이 벗기어지고 지혜로운 사람이 된다. 그러면 책망을 듣는 것이 아니라 칭찬을 듣게 된다. 성경은 "요셉에게 이르되 하나님이 이 모든 것을 네게 보이셨으니 너와 같이 명철하고 지혜 있는 자가 없도다"(창 41:39).

죄인은 자주 책망을 받게 된다. 성경은 "자주 책망을 받으면서도 목이 곧은 사람은 갑자기 패망을 당하고 피하지 못하리라"(잠 29:1). 죄인은 미련한 사람으로 자주 책망을 받는다. '자주'란 같은 일을 잇따라 잦게 하는 것이다. 미련하므로 자주란 같은 일을 계속적으로 하는 것이다. 한 번, 두 번이 아니라 어떤 일을 계속하는 것이다. 죄인은 미련한 사람으로 자주 책망을 받는데 그 일을 계속하는 것이다.

'책망'은 잘못을 꾸짖거나 나무라며 못마땅히 여기는 것이다. 책망은 잘못을 꾸짖는 것이다. 이스라엘 백성들이 자주 책망을 받게 된다. 이스라엘의 지도자 모세가 이스라엘 백성들을 인도하는데 자주 책망을 한다. 그런데 그들은 그 책망을 듣지 않는다. 책망을 듣지 않는 것은 목이 곧은 사람이라고 했다. '목이 곧다'라는 말은 고집이 센 것을 말한다. 성경은 "네가 알 것은 네 하나님 여호와께서 네게 이 아름다운 땅을 기업으로 주신 것이 네 공의로 말미암음이 아니니라 너는 목이 곧은 백성이니라 너는 광야에서 네 하나님 여호와를 격노하게 하던 일을 잊지 말고 기억하라 네가 애굽 땅에서 나오던 날부터 이곳에 이르기까지 늘 여호와를 거역하였으되 호렙 산에서 너희가 여호와를 격노하게 하였으므로 여호와께서 진노하사 너희를 멸하려 하셨으니라"(신 9:6-8). 죄인인 이스라엘 백성들을 모세가 인도하는데 목이 곧았다는 것은 고집이 세서 자주 거역한다는 것이다. 그런 사람에게는 갑자기 패망을 당하게 되고 피하지 못한다는 것이다. 목이 곧은 사람은 거역하는 사람으로 하나님의 진노의 대상이다. 이런 사람은 죄인이고 미련한 사람이다. 이런 사람의 미련은 벗어지지 않고 마침내 하나님의 진노를 피하지 못하게 된다. '진노'는 존엄한 존재가 크게 노하는 것이다. 목이 곧은 사람은 하나님이 크게 노하는 것이다. 이런 사람은 멸망을 피하지 못한다.

성경은 "미련한 자를 곡물과 함께 절구에 넣고 공이로 찧을지라도 그의 미련은 벗겨지지 아니하느니라"(잠 27:22). 미련한 사람의 미련은 벗겨지지 않는데 벗겨지는 방법은 딱 한 가지이다. 죄인이 죄 사함을 받고, 죽은 영이 살아나 거듭나면 미련은 벗겨지고 지혜로운 사람이 된다. 죄인의 죄 사함을 위해서 예수님이 십자가에서 피 흘리시고 죽으셨다. 이 죽으심이 죄를 사했다고 믿는 것이다. 성경은 "이제 우리가 그의 피로 말미암아 의롭다 하심을 받았으니"(롬 5:9)라고 했다. 예수님의 피가 죄인의 죄를 사해서 의롭게 한다. 의롭다는 말은 죄가 없다는 말이다. 죄 없는 사람에게 성령을 부으시고, 죄 없는 사람에게 죽은 영을 살리신다. 이것이 거듭남이다.

성경은 "너희가 회개하여 각각 예수 그리스도의 이름으로 세례를 받고 죄 사함을 받으라 그리하면 성령의 선물을 받으리니"(행 2:38)라고 했고 성경은 "예수께서 대답하시되 진실로 진실로 네게 이르노니 사람이 물과 성령으로 나지 아니하면 하나님의 나라에 들어갈 수 없느니라"(요 3:5). 죄인에게 죄 사함과 거듭남이 미련을 벗겨주는 유일한 방법이다. 죄인의 죄를 사함을 받고, 거듭나면 미련한 사람이 아니라 지혜로운 사람으로 책망의 대상이 아니라 칭찬의 대상이 된다.

⟡

# 의인이 많아지면 백성이 즐거워하고

세상에는 두 종류의 사람이 살고 있다. 죄인과 의인이 있다. 죄인은 다른 말로는 악인, 미련한 사람으로 표현하고, 의인은 선인, 지혜로운 사람으로 표현한다. 아담이 범죄하기 전에는 다 의인이다. 아담이 범죄하기 전이란 아담이 선악과를 먹기 전이다. 성경은 "여자가 그 나무를 본즉 먹음직도 하고 보암직도 하고 지혜롭게 할 만큼 탐스럽기도 한 나무인지라 여자가 그 열매를 따 먹고 자기와 함께 있는 남편에게도 주매 그도 먹은지라"(창 3:6).

아담이 선악과를 먹기 전에는 다 의인이었다. 그러나 아담이 선악과를 먹은 후에는 의인이 하나도 없고, 다 죄인이다. 성경은 "의인은 없나니 하나도 없으며"(롬 3:10)라고 했다. 성경은 "모든 사람이 죄를 범하였으매"(롬 3:23)라고 했다. 아담이 선악과를 먹은 후에는 의인이 하나도 없고, 다 죄인이다. 죄인을 죄에서 구원하기 위해서 예수님이 유대 땅 베들레헴에 탄생하셨다.

성경은 "요셉도 다윗의 집 족속이므로 갈릴리 나사렛 동네에서 유대를 향하여 베들레헴이라 하는 다윗의 동네로 그 약혼한 마리아와 함께 호적하러 올라가니 마리아가 이미 잉태하였더라 거기 있을 그때에 해산할 날이 차서 첫 아들을 낳아 강보로 싸서 구유에 뉘었으니 이는 여관에 있을 곳이 없음이러라"(눅 2:4-7). 아기 예수는 베들레헴에서 탄생하여 강보에 싸서 구유에 뉘었다. '강보'는 갓 태어난 아기의 몸을 단단하게 싸매는 천이다. '구유'는 가축의 먹이를 담아주는 그릇 또는 말과 소나 돼지에게 먹이를 담아주는 그릇이다. 예수님은 낮고 천한 곳에 탄생하셨다. 그리고 십자가에서 피 흘리시고 죽으셨다.

성경은 "우리가 아직 죄인 되었을 때에 그리스도께서 우리를 위하여 죽으심으로 하나님께서 우리에 대한 자기의 사랑을 확증하셨느니라 그러면 이제 우리가 그의 피로 말미암아 의롭다 하심을 받았으니"(롬 5:8-9)라고 했다. 예수님이 십자가에서 피를 흘리시고 죽으신 것은 죄인의 죄를 사하여서 의롭게 하였다. '의롭다'라는 말은 죄가 없게 만들었다는 것이다. 죄인이 의인이 된 것이다. 의인은 죄인이 죄 사함을 받은 것이다. 아담의 범죄로 의인이 없다가 예수님의 죽으심으로 죄를 사하여 의인이 된 것이다. 성경에 "노아는 의인이요 당대에 완전한 자라 그는 하나님과 동행하였으며"(창 6:9)라고 했다. 노아는 의인이라고 했다. 구약의 사람은 의인이 나올 수가 없다.

예수님이 십자가에서 피 흘리심 이전이기에 죄 사함이 없었으나 구약은 제사가 있었다. 속죄제가 있었다. 죄를 범하면 제사장에게 소나 염소나 비둘기를 가지고 가서 대신 짐승이 죽었다. 이것이 그들이 범죄 후에 죄 사함이다. 그 당시에는 이런 제사밖에 없었지만 예수님이 죽으심으로 죄를 사함으로 구약의 속죄제로 죄를 사함을 받은 사람은 비로소 죄 사함이 이루어진다. 구약의 죄 사함은 단 일회적이지만 예수님의 죄 사함은 영원하다. 예수님의 죄 사함으로 의인이 되고, 지금도 의인은 죄 사함으로 이루어진다.

성경은 "의인이 많아지면 백성이 즐거워하고 악인이 권세를 잡으면

 죄인과 의인

백성이 탄식하느니라"(잠 29:2). 의인이 많다는 것은 죄인이 죄 사함을 받아 죄 없는 사람이 많다는 것이다. 의인은 하나님 관심의 대상이고 백성들의 관심 대상이다. 이런 의인이 없으면 하나님은 근심하시고 한탄하신다. 성경은 "여호와께서 사람의 죄악이 세상에 가득함과 그의 마음으로 생각하는 모든 계획이 항상 악할 뿐임을 보시고 땅 위의 사람 지으셨음을 한탄하사 마음에 근심하시고 이르시되 내가 창조한 사람을 내가 지면에서 쓸어버리되 사람으로부터 가축과 기는 것과 공중의 새까지 그리하리니 이는 내가 그것들을 지었음을 한탄함이니라 그러나 노아는 하나님께 은혜를 입었더라"(창 6:5-8). 하나님은 죄인으로 악을 행하는 사람을 보시고 근심하시고 한탄하셨다. 세상에 의인이 많으면 하나님이 좋아하시고, 백성들이 즐거워한다. 죄 사함은 그 어느 것보다 맨 먼저이다. 아담의 범죄로 사람의 영은 죽었고 혼과 육밖에 없는 사람에게 혼이 죄 사함을 받은 것이다. 죄 사함을 받은 사람에게 성령을 선물로 주신다.

성경은 "너희가 회개하여 각각 예수 그리스도의 이름으로 세례를 받고 죄 사함을 받으라 그리하면 성령의 선물을 받으리니"(행 2:38)라고 했다. 죄 사함을 받으면 성령의 선물을 받게 된다. 이때 비로소 성령이 임한 것이다. 성령의 임함은 기도해서 이루어지는 것이 아니라 죄 사함의 선물이다. 죄 사함을 받으면 그리하면 성령의 선물을 받으리니 했다. 죄 사함의 선물로 성령을 주신다. 죄 사함이 이루어지면 성령은 죽은 영을 살린다. 성경은 "그는 허물과 죄로 죽었던 너희를 살리셨도다"(엡 2:1). 이때 죽은 영은 사람의 영이나 살리는 영은 성령이다. 성경은 "예수를 죽은 자 가운데서 살리신 이의 영이 너희 안에 거하시면"(롬 8:11)이라고 했다. 성경은 "무릇 하나님의 영으로 인도함을 받는 사람은 곧 하나님의 아들이라"(롬 8:14). 죄 사함으로 하나님의 영이 살아난 사람이 많으면 하나님이 기뻐하시고, 백성들이 즐거워한다.

성경은 "악인이 권세를 잡으면 백성이 탄식하느니라"(잠 29:2). 의인이 없고 악인이 많아지고 악인이 권세를 잡으면 백성들은 탄식한다. 악인이란 죄인으로 죄 사함을 받지 못한 사람으로 그들이 권세를 잡으니 백성들이 탄식한다. '탄식하다'라는 한탄하며 한숨을 쉰다는 말이다. '한탄하다'라는 원통하거나 뉘우치는 일이 있을 때 한숨을 쉬며 탄식한다는 말이다. 백성들이 악인이 권세를 잡으면 원통하고 뉘우치면서 한숨을 쉬면서 잘못했다고 한다. 의인은 성경에서 "그는 시냇가에 심은 나무가 철을 따라 열매를 맺으며 그 잎사귀가 마르지 아니함 같으니 그가 하는 모든 일이 다 형통하리로다"(시 1:3). 성경에 "악인들은 그렇지 아니함이여 오직 바람에 나는 겨와 같도다"(시 1:4). 악인은 망한다. 성경은 "의인들의 길은 여호와께서 인정하시나 악인들의 길은 망하리로다"(시 1:6).



죄인과 의인

# 가난한 사람을 성실히 신원하는 왕

세상에는 두 종류의 사람이 살고 있다. 부자와 가난한 사람이 있다. 사람의 관심은 부자에게 있지만 하나님의 관심은 가난한 사람에게 있다. 성경은 "가난한 자와 부한 자가 함께 살거니와 그 모두를 지으신 이는 여호와시니라"(잠 22:2). 성경은 "가난한 자는 그의 형제들에게도 미움을 받거든"(잠 19:7)이라고 했다. 부자도 가난한 자도 하나님이 지으셨고 가난한 자는 그의 형제들에게 사랑의 대상이 아니라 미움의 대상이다. 가난한 사람은 사람에게는 미움의 대상이지만 하나님에게는 사랑의 대상이다. 가난한 사람을 미움의 대상으로 보는 사람이 있고, 사랑의 대상으로 보는 사람이 있다. 가난한 사람을 미움의 대상으로 보는 사람은 죄인이고, 가난한 사람을 사랑의 대상으로 보는 사람은 의인이다. 성경은 "의인은 가난한 자의 사정을 알아주나 악인은 알아줄 지식이 없느니라"(잠 29:7). 의인은 가난한 사람의 사정을 알아줄 지식이 있으므로 사랑한다.

아담이 선악과를 먹기 전에는 다 의인이었지만 선악과를 먹은 후에는 다 죄인이 되었다. 성경은 "모든 사람이 죄를 범하였으매"(롬 3:23)라고 했고, 성경은 "우리가 아직 죄인 되었을 때에 그리스도께서 우리를 위하여 죽으심으로 하나님께서 우리에 대한 자기의 사랑을 확증하셨느니라"(롬 5:8). 성경은 "한 범죄로 많은 사람이 정죄에 이른 것 같이 한 의로운 행위로 말미암아 많은 사람이 의롭다 하심을 받아 생명에 이르렀느니라"(롬 5:18). "한 범죄로 많은 사람이 정죄에 이른 것 같이"에서 한 범죄는 아담이 선악과를 먹음으로 많은 사람이 정죄에 이르렀다는 것은 모든 사람이 죄인이 되었다는 것이다. 아담이 선악과를 먹은 이후에는 의인은 하나도 없고, 다 죄인이 되었다. 온 인류는 아담 안에 있기에 아담이 선악과를 먹은 것은 온 인류가 선악과를 먹은 것으로 취급한다. 그러므로 모든 사람이 다 죄인이 되었다. 죄인의 죄를 사하기 위하여 예수님은 십자가에서 죽으셨다. 성경은 "이제 우리가 그의 피로 말미암아 의롭다 하심을 받았으니"(롬 5:9)라고 했다. 예수님이 피 흘리시고 죽으심으로 죄를 사하여 의롭다고 했다. '의롭다'란 말은 의인으로 죄가 없다는 것이다. 죄가 없으신 분이 죄 있는 사람을 위하여 죽으심으로 죄를 사했다.

죄를 사함 받은 의인은 가난한 사람의 사정을 알아줄 지식이 있어서 가난한 사람을 사랑한다. 성경은 "왕이 가난한 자를 성실히 신원하면 그의 왕위가 영원히 견고하리라"(잠 29:14). '신원하다'란 공정하게 재판한다는 말로 법정에서 진실 여부를 명확하게 가려 억울함을 풀어주는 것이다. 왕이 가난한 사람을 성실하게 신원한다는 말은 가난한 사람의 억울함을 풀어주어 억울함이 없게 하는 왕은 영원히 견고하리라고 했다. '견고하다'란 굳고 단단하다는 말로 사상이나 의지가 동요함이 없는 상태를 말한다. 왕이 가난한 사람의 억울함을 풀어주는 왕이면 그 왕위가 영원하다는 말이다. 이런 왕은 죄인이 아니라 의인이다.

성경은 "의인은 가난한 자의 사정을 알아주나 악인은 알아줄 지식이 없느니라"(잠 29:7)라고 했다. 의인은 가난한 사람의 사정을 알아줄 지식이 있어서 억울함이 없게 한다. 오직 의인만 가능하다. 이런 왕은 왕위가 영원히 견고하다. 다윗은 의인으로 살다가 왕위에 오르고 왕위가 견고했다. 성경은 "다윗이 나이가 삼십 세에 왕위에 올라 사십 년 동안 다스렸으되 헤브론에서 칠 년 육 개월 동안 유다를 다스렸고 예루살렘에서 삼십삼 년 동안 온 이스라엘과 유다를 다스렸더라"(삼하 5:4)고 했다. 다윗은 무려 40년을 다스렸다. 왕으로 10년 동안 다스려도 대단한 왕인데 40년을 다스렸다는 것은 대단하다. 이것은 그가 가난한 사람의 사정을 알아줄 지식이 있는 의인이기에 가능했다. 성경은 "이제 내 종 다윗에게 이와 같이 말하라 만군의 여호와께서 이와 같이 말씀하시기를 내가 너를 목장 곧 양을 따르는 데에서 데려다가 내 백성 이스라엘의 주권자로 삼고 네가 가는 모든 곳에서 내가 너와 함께 있어 네 모든 원수를 네 앞에서 멸하였은즉 땅에서 위대한 자들의 이름같이 네 이름을 위대하게 만들어 주리라 내가 또 내 백성 이스라엘을 위하여 한 곳을 정하여 그를 심고 그를 거주하게 하고 다시 옮기지 못하게 하며 악한 종류로 전과 같이 그들을 해하지 못하게 하여 전에 내가 사사에게 명령하여 내 백성 이스라엘을 다스리던 때와 같지 아니하게 하고 너를 모든 원수에게서 벗어나 편히 쉬게 하리라 여호와가 또 네게 이르노니 여호와가 너를 위하여 집을 짓고 네 수한이 차서 네 조상들과 함께 누울 때에 내가 네 몸에서 날 네 씨를 네 뒤에 세워 그의 나라를 견고하게 하리라"(삼하 7:8-12). 하나님은 다윗의 왕위를 견고하셨다.

# 미련한 사람과 지혜로운 사람이 다투면

사람은 미련한 사람과 지혜로운 사람이 있다. 미련한 사람은 다른 말로는 죄인이고, 악인이고, 지혜로운 사람은 의인이고 선인이다. 죄인은 미련한 사람이고, 의인은 지혜로운 사람이다. 아담이 선악과를 먹기 전에는 다 의인이었으나 선악과를 먹은 후에는 다 죄인이 되었다. 성경은 "모든 사람이 죄를 범하였으매"(롬 3:23)라고 했다. 성경은 "한 범죄로 많은 사람이 정죄에 이른 것 같이"(롬 5:18)라고 했다. 한 범죄로는 한 사람 아담으로 많은 사람이 정죄에 이르러 인류 전체가 다 죄인이 되었다는 것이다. 정죄란 죄인으로 규정한다는 말이고 죄가 있다고 공식적으로 선언하는 것이다. 한 사람 아담의 범죄로 인류는 다 죄인이 되었다. 죄인의 죄를 위해서 예수님이 십자가에서 죽으셨고, 그 죽음심으로 사람의 죄를 사하였다.

성경은 "우리가 아직 죄인 되었을 때에 그리스도께서 우리를 위하여 죽으심으로 하나님께서 우리에 대한 자기의 사랑을 확증하셨느니라 그러면 이제 우리가 그의 피로 말미암아 의롭다 하심을 받았으니"(롬 5:8-9)라고 했다. 예수의 죽으심으로 죄를 사하여 의로운 사람이 되었다. 죄인이 죄를 사함 받아서 의인이 되었고, 죄를 사함 받아서 성령을 받았다. 성경은 "너희가 회개하여 각각 예수 그리스도의 이름으



죄인과 의인

로 세례를 받고 죄 사함을 받으라 그리하면 성령의 선물을 받으리니"
(행 2:38)라고 했다. 죄 사함을 받으면 죽은 영이 살아난다. "예수께서
대답하시되 진실로 진실로 네게 이르노니 사람이 물과 성령으로 나지
아니하면 하나님의 나라에 들어갈 수 없느니라 육으로 난 것은 육이요
영으로 난 것은 영이니"(요 3:5-6)라고 했고, 성경은 "기록된 바 첫 사
람 아담은 생령이 되었다 함과 같이 마지막 아담은 살려 주는 영이 되
었나니"(고전 15:45)라고 했다. 죄인이 죄 사함을 받으면 죽은 영이 살
려주는 영이 된다. 죄인은 미련한 사람이지만 죄인이 죄 사함을 받고,
죽은 영이 살아나면 의인이 된다. 의인은 지혜로운 사람이고, 죄인은
미련한 사람이다.

미련한 사람은 다툰다. 성경은 "미련한 자마다 다툼을 일으키느니
라"(잠 20:3). 지혜로운 사람은 다툼을 멀리한다. 그런데 만약 지혜로
운 사람과 미련한 사람이 다투면 다툼은 그치지 않는다. 성경은 "지혜
로운 자와 미련한 자가 다투면 지혜로운 자가 노하든지 웃든지 그 다
툼은 그침이 없느니라"(잠 29:9). 지혜로운 사람과 미련한 사람이 다투
면 다툼은 그치지 않는다. 미련한 사람이 말이 안 되는 말을 하면 지
혜로운 사람은 웃든지 노하든지 한다. 성경은 "세상의 군왕들이 나서
며 관원들이 서로 꾀하여 여호와와 그의 기름 부음 받은 자를 대적하
며 우리가 그들의 맨 것을 끊고 그의 결박을 벗어 버리자 하는도다 하
늘에 계신 이가 웃으심이여 주께서 그들을 비웃으시로다"(시 2:2-4).
미련한 자들이 하나님과 그의 기름 부음 받은 자를 대적하고 그들에게
멍에를 매었는데 그것을 끊어버리자 한다. 하늘에 계신 하나님이 웃으
시면서 그들을 비웃는다. '비웃다'는 어떤 사람 또는 그의 행동이 터무
니없거나 어처구니없다고 여겨 얕잡거나 업신여긴다. 어떤 사람이나

행동에 대해서 터무니없기에 업신여기는 것이다. 하나님은 죄인인 인간의 모습을 보면서 웃으시면서 비웃는다는 말은 그들의 행동에 대해서 업신여기는 것이다. 지혜로운 하나님과 죄인의 미련한 사람 사이에는 웃음과 비웃음이 있고, 지혜로운 사람과 미련한 사람의 다툼은 웃음과 노함이 있다.

여기에 차이가 있다. 하나님은 웃으시고 비웃고, 인간은 웃고 노한다. 그러므로 지혜로운 사람과 미련한 사람은 다툼이 그치지 않으므로 다투지 말아야 한다. 그러면 다툼은 없다. 지혜로운 사람이 미련한 사람을 이해하면 이런 일은 쉽게 끝이 난다. 미련한 사람을 지혜로운 사람으로 생각하면 안 되고 미련한 사람이기에 그런 말을 하고, 그런 행동을 하지 이해하면 된다. 지혜로운 다윗은 미련한 압살롬이 반란을 일으킬 때 알았을까? 또 헤브론에 올라가서 하나님께 서약을 했다고 할 때 아버지 다윗은 알았을까? 생각해 본다. 그래서 압살롬이 어떻게 하고 결과는 어떻게 될지를 알았기에 이해하고 아버지 다윗은 도망을 가나 마침내 압살롬은 이스라엘 군대에 의해 죽임을 당한다. 그렇게 해서 지혜로운 사람과 미련한 사람의 일이 끝이 나게 된다.

# 정의로 나라를 견고하게 하는 왕

나라에는 법이 있다. 법은 입법기관이 국회가 만들고, 개정도 국회가 한다. 국가가 법을 만드는 것은 법을 국민과 대통령이 지키기 위함이다. 법이 존재 목적은 국민과 대통령을 지키기 위함이다. 법을 지키는 사람은 누구일까? 죄인일까? 의인일까?

아담이 범죄하기 전에는 다 의인이나 아담이 범죄한 이후에는 의인은 하나도 없고 다 죄인이다. 성경은 "의인은 없나니 하나도 없으며"(롬 3:10)라고 했으며 성경은 "모든 사람이 죄를 범하였으매"(롬 3:23)라고 했다. 예수님은 죄인의 죄를 사하기 위해서 십자가에서 죽으셨다. 성경은 "우리가 아직 죄인 되었을 때에 그리스도께서 우리를 위하여 죽으심으로"(롬 5:8)라고 했다. 예수님이 십자가에서 죽으심으로 죄인의 죄를 사하였다. 성경은 "이제 우리가 그의 피로 말미암아 의롭다 하심을 받았으니"(롬 5:9)라고 했다. 죄를 사함 받은 죄인은 의롭다고 하신다. 의롭다는 것은 죄를 사하였다는 말로 죄가 없다는 말이다. 죄가 없으면 의인이다. 의인은 법을 지킨다. 나라는 법으로 다스리어야 한다.

'정의'란 법이 추구하는 궁극적인 이념으로 인간이 언제 어디서나 추구하고자 하는 바르고 곧은 것이다. 나라는 법으로 다스리면 바르고 곧은 것이다. 정의는 바르게 다스리는 것으로 이렇게 다스리면 나라는 견고하게 된다. '견고하다'는 굳고 단단하다는 말로 사상이나 의지가 동요됨이 없이 확고한 것이다. 나라는 정의로 다스리면 동요함이 없이 확고한 상태가 된다. 왕이 나라를 다스리는데 법을 따라 바르게 다스리면 나라는 흔들림이 없다. 이런 일을 왕이 시행해야 한다. 법 앞에는 왕이나 국민이나 장관이나 국회의원이나 판사나 검사나 경찰이나 평등해야 한다. 법을 바르게 적용하려면 왕이 의인이고 국민이 의인이어야 한다. 왕이 죄인이고 국민이 죄인이면 어렵다. 죄인은 법을 지키지 않고 불법을 행한다. 대통령이 불법을 행하면 국민도 불법을 행한다. '불법'이란 법에 어긋나는 것이며 법에 위반된 행위이다. 불법이란 법을 위반하는 것이다. 나라는 법에 의해서 견고하게 된다. 법을 어기면 부정과 부패가 많아지고 나라는 망한다.

인간은 자유가 박탈당하고 자유가 짓밟히면 이것을 위해서 싸운다. 이만큼 중요한 것이 자유이다. 일본이 우리나라를 다스리는 때에는 우리는 자유가 없었다. 농사를 지어도 내 소유가 아니고 일본이 다 가져간다. 한글을 사용하지 못하게 하고, 일어를 사용하게 했다. 정의가 없으면 나라는 존재할 수 없다. 사회적, 경제적 불평등이 이루어지면 나라는 존재할 수 없다. 이런 일은 나라 안에서 있을 수 있고, 나라 밖에서도 있을 수 있다. 정의는 평등으로 죄인은 평등을 가지지 않고 불평등을 가진다. 나에게는 유익이 되고 타인에게는 손해가 되도록 한다. 경제적인 면에서도 마찬가지이다. 부동산에서도 투자가 아니라 투기를 해서 최고의 이익을 가지는 행위는 죄인이 하는 행위이다.

아담이 범죄한 이후에 태어난 사람은 다 죄인이다. 성경은 "모든 사람이 죄를 범하였으매"(롬 3:23)라고 했다. 죄인의 죄를 위하여 예수님

 죄인과 의인

이 십자가에서 죽으셨다. 성경은 "우리가 아직 죄인 되었을 때에 그리스도께서 우리를 위하여 죽으심으로 하나님께서 우리에 대한 자기의 사랑을 확증하셨느니라 그러면 이제 우리가 그의 피로 말미암아 의롭다 하심을 받았으니"(롬 5:8-9)라고 했다. 예수님의 피 흘리심과 죽으심으로 의롭게 되었다. '의롭다'라는 말은 죄가 없다는 말로 의인이라는 말이다. 의인은 죄 사함을 받은 사람으로 죽은 영이 살아난다. 아담의 범죄로 죽은 영이 죄 사함으로 살아나는 것이다. 성경은 "그는 허물과 죄로 죽었던 너희를 살리셨도다"(엡 2:1)라고 했다. 영이 살아나면 죄 사함과 거듭남으로 생명을 가진 사람이 된다. 이런 사람은 정의를 따라 살고, 평등을 따라 산다. 정의와 평등으로 나라를 다스리면 나라는 견고하게 된다. 그러나 반대로 정의와 평등이 사라지면 나라는 부정과 부패가 자리를 잡아 나라는 망하게 된다.

노아 당시에도 죄인들은 정의가 없어 하나님은 근심하시고 한탄하셨다. 성경은 "여호와께서 사람의 죄악이 세상에 가득함과 그의 마음으로 생각하는 모든 계획이 항상 악할 뿐임을 보시고 땅 위에 사람을 지으셨음을 한탄하사 마음에 근심하시고 이르시되 내가 창조한 사람을 내가 지면에서 쓸어버리되 사람으로부터 가축과 가는 것과 공중의 새까지 그리하리니 이는 내가 그것들을 지었음을 한탄함이니라"(창 6:5-7). 타락한 인간이 생각하는 모든 계획이 항상 악해서 땅 위의 사람을 지으셨음을 한탄하고 마음에 근심하고 그들을 40주야 비로 쓸어버린다. 하나님은 타락한 소돔과 고모라에 유황과 불로서 멸하신다. 성경은 "여호와께로부터 유황과 불을 소돔과 고모라에 비같이 내리사 그 성들과 온 들과 성에 거주하는 모든 백성과 땅에 난 것을 다 엎어 멸하셨더라"(창 19:24-25).

정의가 사라지고 평등이 사라진 나라는 망하게 된다. 반대로 정의가
자리 잡은 나라는 견고하게 세워진다. 흔들리지 않고 확고하게 세워
지는 나라는 의인이 다스리고 의인이 있는 백성들이 있을 때만 가능
하다.

 죄인과 의인

❧

# 기뻐하며 선을 행하라

세상에는 두 종류의 사람이 존재 한다. 악인과 선인이 있다. 아담이 선악과를 먹기 전에는 다 의인이고 선인이다. 선인은 다른 말로는 의인이며 지혜로운 사람이다. 성경은 "선을 행하는 자는 없나니 하나도 없도다"(롬 3:12)라고 했다. 성경은 "사람들이 사는 동안에 기뻐하며 선을 행하는 것보다 더 나은 것이 없는 줄을 내가 알았고"(전 3:12)라고 했다. 사람이 세상에 사는 동안 가장 값진 일이 있다면 그것은 선을 행하는 일이다. 아담이 선악과를 먹은 후에는 다 죄인이고, 다 악인이고, 다 미련한 사람이다.

예수님이 죄인의 죄를 사하려고 십자가에서 죽으셨다. 성경은 "우리가 아직 죄인 되었을 때에 그리스도께서 우리를 위하여 죽으심으로 하나님께서 우리에 대한 자기의 사랑을 확증하셨느니라 그러면 이제 우리가 그의 피로 말미암아 의롭다 하심을 받았으니"(롬 5:8-9)라고 했다. 예수님의 피로 죄 사함을 받아 의롭다 함을 얻었다. '의롭다'라는 말은 죄가 없다는 말이다. 죄인이 예수님의 피로 죄 사함을 받아 의인이 되었다. 선인은 의인이고 의인의 삶은 기쁘게 사는 것이다. 죄인의 삶은 기쁜 삶이 아니라 슬픈 삶이고, 걱정하는 삶이고 염려하는 삶이다. 의인의 삶은 기쁜 삶이다.

성경은 "항상 기뻐하라 쉬지 말고 기도하라 범사에 감사하라 이것이 그리스도 예수 안에서 너희를 향하신 하나님의 뜻이니라"(살전 5:16-18)고 했다. 성경은 '항상 기뻐하라'고 했지만, 의인은 가능해도 죄인은 불가능하다. 죄 사함으로 의인이 되고, 죄 사함을 받으면 성령을 받는다. 성경은 "너희가 회개하여 각각 예수 그리스도의 이름으로 세례를 받고 죄사함을 받으라 그리하면 성령의 선물을 받으리니"(행 2:38)라고 했다. 죄 사함을 받으면 성령은 죽은 영을 살린다. 성경은 "예수께서 대답하시되 진실로 진실로 네게 이르노니 사람이 물과 성령으로 나지 아니하면 하나님의 나라에 들어갈 수 없느니라 육으로 난 것은 육이요 영으로 난 것은 영이니"(요 3:5-6)라고 했다. 육으로 한 번 태어난 사람은 영으로 한 번 더 태어나야 한다. 죽은 영이 죄 사함으로 영이 살아나는 것이 거듭남이다. 죄 사함과 거듭남이 된 사람은 항상 기쁘게 살고, 선을 위하여 산다. 악한 자가 아니라 선한 자가 되었으니 선을 위해서 산다. 기뻐하며 선을 행하는 일보다 나은 일이 없다고 했다. '선'이란 하나님이 이루시는 일, 하나님이 명령하신 말씀을 지키는 일이다.

성경은 "아무에게도 악을 악으로 갚지 말고 모든 사람 앞에서 선한 일을 도모하라"(롬 12:17)고 했고, 성경은 "선한 일을 행한 자는 생명의 부활로 악한 일을 행한 자는 심판의 부활로 나오리라"(요 5:29) 했고, "우리는 그가 만드신 바라 그리스도 예수 안에서 선한 일을 위하여 지으심을 받은 자니 이 일은 하나님이 전에 예비하사 우리로 그 가운데서 행하게 하려 하심이니라"(엡 2:10)고 했다. 그리스도 예수 안에서는 '죄 사함을 받은 사람으로' 선한 일을 위하여 지으심을 받은 사람이라고 기록하고 있다. 그리스도 예수 밖에서는 선한 일을 행할 수 없지만



죄인과 의인

그리스도 예수 안에서만 가능하다. 선을 구체적으로 다 나열할 수는 없지만 하나님이 명령하신 말씀으로 사람에게 행하는 일이다.

요셉이 아버지의 사랑을 다 차지한다고 해서 아버지의 심부름을 간 요셉을 구덩이에 던지고, 요셉을 그곳을 지나가는 미디안 상인들에게 팔아 버리는 행위는 악한 일이다. 아버지 야곱은 요셉이 어떻게 되었는지 아느냐 했더니 요셉의 옷을 벗기어 짐승의 피를 발라서 짐승에게 물려 죽은 것 같다고 말한 요셉의 형제들의 행위는 악한 일이다. 요셉이가 구덩이에 빠졌으면 건지는 것은 선하지만 구덩이에 던지어 넣고 미디안 상인에게 파는 것은 악한 일이다. 다윗은 사울의 충실한 장수이었지만 사울이 항상 그를 죽이려고 한 것은 악한 일이지만 다윗이 언제나 사울 왕을 용서하고 허물을 덮는 일은 선한 일이다. 사울과 그의 아들 요나단이 블레셋 전투에서 죽임을 당한 후에도 다윗은 두 사람을 미화해서 유다 백성들에게 가르친 것은 선한 일이다.

성경은 "다윗이 이 슬픈 노래로 사울과 그의 아들 요나단을 조상하고 명령하여 그것을 유다 족속에게 가르치라 하였으니 곧 활 노래라 야살의 책에 기록되었으되 이스라엘아 네 영광이 산 위에서 죽임을 당하였도다 오호라 두 용사가 엎드려졌도다 이 일을 가드에도 알리지 말며 아스글론 거리에도 전파하지 말지어다 블레셋 사람들의 딸들이 즐거워할까 할례받지 못한 자의 딸들이 개가를 부를까 염려로다"(삼하 1:17-20)라고 했다. 사울은 용사도 아니지만 용사라고 부르고, 이방 나라 블레셋에게 이스라엘 왕과 그의 아들의 죽음이 알려지기를 원하지 않았다. 이것이 선한 일이다. 이 일을 하나님이 기쁘게 여기었다.

# 가난한 사람의 사정을 알아주는 의인

세상에는 두 종류의 사람 죄인과 의인이 살고 있다. 아담이 선악과를 먹기 전에는 다 의인이었으나 선악과를 먹은 후에는 다 죄인이 되었다. 성경은 "모든 사람이 죄를 범하였으매"(롬 3:23)라고 했다. 죄인의 죄를 사하기 위해서 예수님이 십자가에서 죽으셨다. 성경은 "우리가 아직 죄인 되었을 때에 그리스도께서 우리를 위하여 죽으심으로 하나님께서 우리에 대한 자기의 사랑을 확증하셨느니라 그러면 이제 우리가 그의 피로 말미암아 의롭다 하심을 받았으니"(롬 5:8-9)라고 했다. 예수님의 피로 죄인이 의롭게 되었다. '의롭다'는 말은 죄 없다는 말이다. 의롭다는 '의인이다'는 말이다. 의인이란 죄 없는 사람이란 말이다.

예수님의 피로 죄인의 죄를 없게 하였다. 복이 있는 사람은 죄 없는 사람이다. 성경은 "일한 것이 없이 하나님께 의로 여기심을 받는 사람의 복에 대하여 다윗이 말한 바 불법이 사함을 받고 죄가 가리어 짐을 받는 사람들은 복이 있고 주께서 그 죄를 인정하지 아니하실 사람은 복이 있도다"(롬 4:6-8). 죄 없는 사람이 의인이고 복이 있는 사람이다. 의인은 가난한 사람의 사정을 알아주는 사람이다. 성경은 "의인은 가난한 자의 사정을 알아주나 악인은 알아줄 지식이 없느니라"(잠

29:7). 의인은 가난한 사람의 사정을 알아주는 사람이다. 하나님은 가난한 사람에게 관심을 가지고 계신다. 성경은 "중한 변리로 자기 재산을 늘리는 것은 가난한 사람을 불쌍히 여기는 자를 위해 그 재산을 저축하는 것이라"(잠 28:8). 성경은 "가난한 자를 불쌍히 여기는 것은 여호와께 꾸어 드리는 것이니 그의 선행을 그에게 갚아 주시리라"(잠 19:17).

하나님은 "가난한 자를 불쌍히 여기는 것은 하나님께 꾸어 드리는 것이니"에서 '불쌍히 여기다'는 창자가 끊어지는 것 같은 고통을 느낄 정도로 가엾게 여기고 동정한다는 뜻이다. 다른 말로는 가난한 사람을 관심을 가지는 것이고 사랑하는 것이다. 하나님이 가난한 사람을 사랑하는 것 같이 의인도 가난한 사람을 사랑한다. 하나님은 가난한 사람을 불쌍히 여기면 하나님께 꾸어 드리는 것이라고 했다. 하나님께 꾸어 주면 하나님이 그 선행을 갚아주시리라고 했다. 하나님은 적어도 10배로 갚으시고, 더 갚으시면 100배로, 1,000배로, 10,000배로 갚으신다.

그러나 반대로 악인은 가난한 사람의 사정을 알아줄 지식이 없어서 가난한 사람에게 관심이 없다. 대표적으로 흥부와 놀부가 있다. 놀부는 흥부의 형이고 부자이나 흥부는 가난하고 자식이 많다. 그러나 놀부 형은 흥부 동생의 가난한 사정을 알아줄 지식이 없어서 도와주지 못하고 박대를 한다. 가난한 사람이 가난에서 벗어나는 길은 죄인이 의인이 되어야 한다. 의인이 되면 가난한 사람의 사정을 알아줄 지식이 있어서 가난한 사람을 도와주면 하나님은 그에게 갚으시는데 10배에서 많게는 10,000배로 갚아 주기에 가난에서 벗어날 수 있다. 가난한 사람일수록 가난한 사람에게 도움을 주어야 가난에서 벗어나서 부를 누릴 수 있다.

의인의 마음속에는 예수님의 마음이 자리를 잡기에 가능하다. 의인이면 죄 없는 사람이고, 죄 없는 사람에게 성령을 주신다. 성경은 "너희가 회개하여 각각 예수 그리스도의 이름으로 세례를 받고 죄 사함을 받으라 그리하면 성령의 선물을 받으리니"(행 2:38)라고 했다. 죄 사함을 받은 사람에게 성령을 선물로 주신다. 성령을 받기 전에도 성령의 역사가 있었지만 그때는 밖에서 성령의 감동이 있었고, 죄 사함으로 성령을 선물로 주시는 것은 성령이 밖에서 역사하는 것이 아니고, 성령이 임하는 것이다. 성령의 내주이다. 성령이 임하면 영원히 성령이 떠나지 않지만 성령의 감동은 성령이 임한 것이 아니기에 감동을 하면 은혜가 있어서 기쁘지만 그렇지 아니하면 기쁨을 느끼지 못하기에 냉랭하다. 성령이 임해야 성령의 충만을 기대할 수 있다.

스데반 집사는 성령이 충만했다. 성경은 "스데반이 성령 충만하여 하늘을 우러러 주목하여 하나님의 영광과 및 예수께서 하나님 우편에 서신 것을 보고 말하되 보라 하늘이 열리고 인자가 하나님 우편에 서신 것을 보노라 한대 그들이 큰 소리를 지르며 귀를 막고 일제히 그에게 달려들어 성 밖으로 내치고 돌로 칠새"(행 7:55-58)라고 했다. 성령을 받은 사람과 성령을 받지 아니한 사람의 차이가 확실하게 나타난다. 특별히 성령이 충만한 스데반의 모습을 볼 수 있다. 죄 사함을 받고, 성령을 받고, 성령의 충만하면 성령이 이끌어 가신다.

하나님은 일방적인 방법으로 사울을 이끌어 가신다. 이때는 사울이 성령이 임한 것도 아닌데 하나님이 그를 부르시고 일꾼으로 만드는 작업을 하신다. 다메섹에서 사울이 새사람이 되는 계기가 있다. 그토록 신앙인을 핍박하던 사울이 변화되는 계기기 있다. 하나님은 다메섹에서 사울은 만나시고 그를 새롭게 만드신다. 사울이 다메섹에 오는 날, 오는 시간을 아시는 분이 그날 그 시간에 사울을 만나서 하나님의 사람으로 만드신다. 성경은 "사울이 길을 가다가 다메섹 가까이 이르더니 홀연히 하늘로부터 빛이 그를 둘러 비추는지라 땅에 엎드려져 들으매 소리가 있어 이르시되 사울아 사울아 네가 어찌하여 나를 박해하느냐 하시거늘 대답하되 주여 누구시니이까 이르되 나는 네가 박해하는 예수라 너는 일어나 시내로 들어가라 네가 행할 것을 네게 이를 자가 있느니라 하시니 같이 가던 사람들은 소리만 듣고 아무도 보지 못하여 말을 못하고 서 있더라 사울이 땅에서 일어나 눈은 떴으나 아무것도 보지 못하고 사람의 손에 끌려 다메섹으로 들어가서 사흘 동안 보지 못하고 먹지도 마시지도 아니하니라"(행 9:3-9)고 했다. 그토록 똑똑하고 잘난 사울이 산산조각이 나는 시간이었다. 소경이 아니던 그가 소경이 되어서 다른 사람에 의해서 이끌려 가는 신세가 되었다. 하나님은 죄인을 깨뜨릴 때 산산조각으로 만들기도 하신다. 그리고 그에게 성령을 부어서 사용하신다. 죄인이 의인이 되지 아니하면 하나님의 마음을 가질 수 없고 가난한 사람의 사정을 알아줄 수가 없다.

# 부모에게 순종하라

사람은 부모를 통해서 태어난다. 부자도 부모를 통해서 태어나고, 가난한 사람도 부모를 통해서 태어난다. 부모를 통하지 않고 태어나는 사람은 한 사람도 없다. 성경은 "니고데모가 이르되 사람이 늙으면 어떻게 날 수 있사옵니까 두 번째 모태에 들어갔다가 날 수 있사옵니까 예수께서 대답하시되 진실로 진실로 네게 이르노니 사람이 물과 성령으로 나지 아니하면 하나님의 나라에 들어갈 수 없느니라 육으로 난 것은 육이요 영으로 난 것은 영이니"(요 3:4-6)라고 했다. 사람이 육으로 태어나는 것은 부모를 통해서 태어난다. 이것이 물로 태어나는 것이다. 사람이 태어남의 첫 번째는 육이고 두 번째 태어남은 영이다. 육으로 첫 번째 태어나게 하신 분이 부모이다. 누구도 부모 없이는 태어난 사람이 없다. 육으로 태어나게 한 부모에게는 순종하라고 한다.

성경은 "자녀들아 주 안에서 너희 부모에게 순종하라 이것이 옳으니라"(엡 6:1)고 했다. '옳다'란 사리에 맞고 바르다는 말이고, 격식에 맞아 탓하거나 흠잡을 데가 없다는 것이다. 육으로 태어나게 한 부모에게 순종하는 것은 사리에 맞고 바르다는 것이다. 부모에게 순종하는 것은 맞다. '순종하다'는 순순히 따르다, 시키는 대로 복종하는 것이다. 육으로 태어나게 한 부모에게 순종하는 것은 맞다. 그런데 네 부

 죄인과 의인

모에게 순종하는 사람이 있고, 불순종하는 사람이 있다. 죄인은 자기 부모에게 순종하지 않지만 의인은 자기 부모에게 순종한다.

아담이 선악과를 먹기 전에는 다 의인이지만 선악과를 먹은 후에는 다 죄인이 되었다. 성경은 "모든 사람이 죄를 범하였으매"(롬 3:23)라고 했다. 죄인의 죄를 위하여 예수님이 십자가에서 죽으셨다. 성경은 "우리가 아직 죄인 되었을 때에 그리스도께서 우리를 위하여 죽으심으로 하나님께서 우리에 대한 자기의 사랑을 확증하셨느니라"(롬 5:8)고 했다. 예수님의 죽으심은 죄인의 죄를 사하였다. 성경은 "그러면 이제 우리가 그의 피로 말미암아 의롭다 하심을 받았으니"(롬 5:9)라고 했다. 죄인의 죄 사함이 구원이다. 아담의 범죄로 영이 죽었다. 성경은 "한 사람의 범죄로 말미암아 사망이 그 한 사람을 통하여 왕 노릇 하였은즉"(롬 5:17)이라고 했다. 아담의 범죄는 죽은 영으로 사망이 왔다. 범죄한 사람으로 영이 죽고 혼과 육만 있는데 그중에 혼이 죄 사함을 받은 것이다. 죄 사함이 구원이고, 죄 사함으로 의인이 되었다. 죄 사함으로 성령을 받는다.

성경은 "너희가 회개하여 각각 예수 그리스도의 이름으로 세례를 받고 죄 사함을 받으라 그리하면 성령의 선물을 받으리니"(행 2:38)라고 했다. 죄 사함을 받으면 죽은 영이 살아난다. 물과 성령으로 나지 아니하면 하나님의 나라에 들어갈 수 없다는 것이다. 성경은 "예수께서 대답하시되 진실로 진실로 네게 이르노니 사람이 물과 성령으로 나지 아니하면 하나님 나라에 들어갈 수 없느니라 육으로 난 것은 육이요 영으로 난 것은 영이니"(요 3:5-6)라고 했다. 죄 사함으로 의인이 되고, 죄 사함으로 죽은 영이 살아나면 자기 부모를 순종한다. 그러나 죄인으로 살면 자기 부모에게 순종하지 않고 불순종하고 자기 부모에게 불순종하면 죽임을 당한다는 것이다.

성경은 "아비를 조롱하며 어미 순종하기를 싫어하는 자의 눈은 골짜기의 까마귀에게 쪼이고 독수리 새끼에게 먹히리라"(잠 30:17). '조롱하다'란 비웃거나 깔보면서 놀리다는 말이다. 자기 아버지에게 깔보든지 놀리는 것이다. 아버지에게 순종하지 않고 깔보고 놀리는 것은 죄인에게만 있을 수 있다. 이런 죄인과 악인은 골짜기 까마귀에게 눈이 쪼이고 독수리 새끼에게 죽는다. 죄인은 어미에게 불순종으로 골짜기 까마귀에게 눈이 쪼이고, 독수리 새끼에게 죽임을 당한다. 그러나 반대로 의인은 아버지와 어머니에게 순종한다.

성경은 "네 아버지와 어머니를 공경하라 이것이 약속이 있는 첫 계명이니 이로써 네가 잘 되고 땅에서 장수하리라"(엡 6:2-3). 자기 부모에게 순종하면 잘되고 땅에서 장수한다. '공경하다'란 공손히 받들어 모시다. 부모를 존경하고 순종하는 것이다. 부모를 공경한다면 반드시 순종해야 한다. 이런 의인에게 하나님이 잘 되게 하고 땅에서 장수하게 한다. 성경은 "자녀들아 주 안에서 너희 부모에게 순종하라 이것이 옳으니라"(엡 6:1)라고 했다. 자기 부모에게 순종은 주 안에서 순종하는 것이다. '주 안에서 순종'은 하나님의 말씀 안에서 순종하라는 것이다.

사사들이 치리하던 때에 유다 베들레헴에 흉년이 들었다. 엘리멜렉은 그의 아내 나오미와 두 아들 말론과 기론을 데리고 모압에서 살게 되었다. 나오미의 남편 엘리멜렉은 죽고 두 아들이 남았는데 그들은 모압 여자 중에서 그들의 아내를 맞이하는데 하나의 이름은 오르바요 또 하나의 이름은 룻이었다. 그들이 거기 거주한 지 10년쯤에 말론과 기론 두 사람이 다 죽었다. 그 후에 나오미는 모압 지방에서 유다 베들레헴으로 돌아가려고 며느리 둘에게 부탁을 한다. 모압에 남으라고 하자 두 여자 중에서 오르바는 모압에 남고 룻은 시어머니를 따르겠다고 강하게 이야기했다. 성경은 "룻이 이르되 내게 어머니를 떠나며 어머니를 따르지 말고 돌아가라 강권하지 마옵소서 어머니께서 가시는 곳에 나도 가고 어머니께서 머무시는 곳에서 나도 머물겠나이다 어머니의 백성이 나의 백성이 되고 어머니의 하나님이 나의 하나님이 되시리니 어머니께서 죽으시는 곳에서 나도 죽어 거기 묻힐 것이라 만일 내가 죽은 일 외에 어머니를 떠나면 여호와께서 내게 벌을 내리시고 더 내리시기를 원하나이다"(룻 1:16-17). 나오미는 룻이 자기와 함께 가기를 굳게 결심함을 보고 룻에게 말하기를 그쳤다. 시어머니 나오미를 공경하다가 룻은 보아스를 만나 결혼을 하게 된다. 성경은 보아스는 룻에게서 오벳을 낳았다. 오벳은 이새의 아버지이고 이새는 다윗의 아버지이다. 룻은 시어머니를 순종하고 공경하다가 예수님의 계보에 들어가게 되었다.

# 입을 열어 공의로 재판하라

두 종류의 사람이 있다. 죄인과 의인이다. 아담이 선악과를 먹기 전에는 다 의인이었으나 선악과를 먹은 후에는 다 죄인이 되었다. 예수님은 죄인의 죄를 사하기 위하여 십자가에서 죽으셨다. 성경은 "우리가 아직 죄인 되었을 때에 그리스도께서 우리를 위하여 죽으심으로 하나님께서 우리에 대한 자기의 사랑을 확증하셨느니라 그러면 이제 우리가 그의 피로 말미암아 의롭다 하심을 받았으니"(롬 5:8-9)라고 했다. 죄인이 죄를 사함으로 죄인이 의인이 되고, 죄 사함으로 성령을 받는다. 성경은 "너희가 회개하여 각각 예수 그리스도의 이름으로 세례를 받고 죄 사함을 받으라 그리하면 성령의 선물을 받으리니"(행전 2:38)라고 했다. 죄 사함으로 죽은 영이 살아난다. 성경은 "사람이 물과 성령으로 나지 아니하면 하나님의 나라에 들어갈 수 없느니라"(요 3:5). 물로 나는 것은 부모를 통해서 육으로 태어나는 것이고, 성령으로 나는 것은 죽은 영이 살아나는 것이다.

죄 사함으로 의인이 되고, 죄 사함으로 죽은 영이 살아나면 생명을 가지게 된다. 죄 사함으로 의인이 되면 공의로 재판을 하게 된다. 옛날은 왕이 재판을 했다. 지금은 검사가 있고, 변호사가 있고, 판사가 있어 재판을 판사가 한다. 성경은 "너는 입을 열어 공의로 재판하여 곤고한 자와 궁핍한 자를 신원할지니라"(잠 31:9). 르무엘 왕을 위해서 그의 어머니가 훈계한 잠언이다. 르무엘은 '하나님께 속함'이란 뜻으로 맛사 왕으로 맛사는 북아라비아에 있는 왕국의 왕이다. 르무엘의 어머니가 르무엘에게 왕으로 갖추어야 할 덕목으로 선정을 베풀고, 여색을 좇지 말고, 포도주를 탐하지 말라고 교훈하고 있다. 르무엘의 어머니는 의인이다. 르무엘이 의인이었는지는 모르지만, 의인이라면 어머니 의인의 말씀을 따라서 살았을 것이다. 르무엘의 어머니는 르무엘 왕에게 "너는 입을 열어 공의로 재판하여 곤고한 자와 궁핍한 자를 신원할지니라"(잠 31:9)). '공의로 재판하라'에서 공의는 택한 백성의 삶을 규정한 의로운 법으로 선과 악을 정확하게 분별하는 하나님의 거룩한 성품 가운데 심판, 법, 권리, 정의 등으로 해석될 수 있다. 하나님의 완전하고 의로운 법을 기준으로 잘못된 것이나 잘 된 것을 가감 없이 판단하고 심판하는 행위이다.

공의로 재판하라는 말은 의로운 법을 따라서 잘잘못을 가려두는 것이다. 이것이 곤고한 사람에게 적용이 된다. '곤고하다'란 형편이나 처지가 딱하고 어렵다는 뜻이다. '궁핍하다'란 몹시 가난하다는 뜻이다. 공의로 재판하면 형편이 어려운 사람을 위해서 신원하게 된다. '신원하다'란 공정하게 재판하여 진실 여부를 명확하게 가려서 억울함을 풀어주는 것이다. 공의의 재판은 의로운 법을 따라서 잘잘못을 따져 재판해서 형편이 어려운 사람의 억울함이 없게 하는 것이다. 르무엘 왕의 어머니는 의인으로 아들 르무엘에게 공의로 재판해서 억울함이 없게 하라고 했다. 의인만이 할 수 있다.

성경은 "왕이 가난한 자를 성실히 신원하면 그의 왕위가 영원히 견고하리라"(잠 29:14), "왕은 정의로 나라를 견고하게 하나"(잠 29:4)라고 했다. 옛날이나 지금이나 재판의 공정성이 가장 중요하다. 공의로 재판하는 판사는 의인이나 공의를 떠난 재판하는 판사는 죄인이다. 죄인 판사가 재판하면 억울한 사람이 나온다. 공의로 재판하는 나라는 견고하나 공의가 무너진 나라는 망한다. 성경은 "의인들의 길은 하나님께서 인정하시나 악인들의 길은 망하리로다"(시 1:6)라고 했다. 악인은 다른 말로는 죄인이다. 죄인이 다스리는 나라는 망하고, 죄인이 재판하는 나라는 망한다.

옛날은 왕이 재판하기에 르무엘 왕의 어머니는 공의의 재판을 아들 왕에게 부탁한다. 사람이 멋있는 생애를 사려면 두 여인이 있어야 한다. 한 여인이 어머니이고, 한 여인은 아내이다. 두 여인이 주위에 있으면 멋있는 생애를 살 수 있고, 한 여인만 있어도 멋있는 생애를 기대할 수 있다. 한 여인도 없다면 참으로 불행한 생애이다. 그러나 한 가지 멋있는 생애를 만들 수 있는 길은 자신이 의인이 되어서 성령의 인도를 따르면 멋있는 생애를 기대할 수 있다. 다윗에게는 하나님이 그의 목자가 되어 생애를 인도하시고 자신이 의인이 되어 목자 되신 그분을 따르니 멋있는 생애를 살게 되었다. 의인 어머니보다, 의인 아내보다, 자신이 의인 되어서 성령의 인도를 따르면 멋진 생애가 될 것이다.

성경은 "여호와는 나의 목자시니 내게 부족함이 없으리로다 그가 나를 푸른 풀밭에 누이시며 쉴 만한 물가로 인도하시는도다"(시 23:1-2). 죄인이 죄 사함을 받아 의인이 되고, 죄 사함을 받아 성령을 받으면 성령은 의인을 인도하신다. 내가 사는 것이 아니라 성령이 인도하심을 따라 살면 멋진 생애가 펼쳐진다. 요셉도 형들이 구덩이에 빠뜨리고, 미디안 상인에게 팔리어 애굽으로 가서 종살이하다가 애굽의 국무총리가 된다.

                                                    죄인과 의인

# 당신의 힘을 여자에게 쓰지 말라

사람은 관계 속에서 살고 있다. 첫 번째는 인간관계이고, 두 번째는 하나님 관계이다. 그 관계 가운데서 첫 번째 관계인 인간관계를 말하려고 한다. 인간관계를 다른 말로 표현하면 대인관계라고 한다. 인간관계를 잘하는 사람은 이 세상에서 성공적인 삶을 살고 있다.

십계명에 보면 1~4계명은 하나님과 인간관계이고, 5~10계명까지는 인간관계, 대인관계이다. 십계명을 보면 하나님 관계는 1~4계명으로 4계명이고, 대인관계는 5~10계명으로 6계명이다. 그러면 하나님 관계 계명은 4계명이고, 인간관계 계명은 6계명이라면 인간관계의 계명이 더 중요하다고 본다. 그러나 하나님과의 관계가 잘되지 않으면 인간관계가 잘되지 않는다. 첫 번째는 하나님 관계요 그다음은 인간관계이다. 그러나 많은 사람이 하나님 관계보다 인간관계를 중요시하나 그것은 바르지 않다.

인간관계 가운데 첫 번째는 부모이다. 5계명은 부모 공경이다. 성경은 "네 부모를 공경하라 그리하면 네 하나님 여호와가 네게 준 땅에서 네 생명이 길리라"(출 20:12)라고 했다. '공경'은 귀하게 여기는 것이다. 세상에서 부모를 무엇보다도 귀한 분으로 모시는 것이 공경이다. 하나님 관계를 잘하는 것도, 인간관계를 잘하는 것도 죄인은 어렵다. 아담이 선악과를 먹기 전에는 다 의인이었으나, 선악과를 먹은 후에는 다 죄인이 되었다. 성경은 "모든 사람이 죄를 범하였으매"(롬 3:23)라고 했다. 아담이 범죄한 이후에 태어난 사람은 다 죄인이다. 예수님은 죄인의 죄를 사하기 위해서 십자가에서 죽으셨다. 성경은 "우리가 아직 죄인 되었을 때에 그리스도께서 우리를 위하여 죽으심으로 하나님께서 우리에 대한 자기의 사랑을 확증하셨느니라 그러면 이제 우리가 그의 피로 말미암아 의롭다 하심을 받았으니"(롬 5:8-9)라고 했다. 예수님의 피로 의롭다 함을 받았다. '의롭다'란 죄 없다는 말이다. 죄인이 죄 없는 의인이 되었다는 말이다.

죄 사함을 받으면 성령을 선물로 받는다. 성경은 "너희가 화개하여 각각 예수 그리스도의 이름으로 세례를 받고 죄 사함을 받으라 그리하면 성령의 선물을 받으리니"(행 2:38)라고 했다. 죄 사함을 받으면 성령을 받고, 성령이 임하면 죽은 영을 살리신다. 성경은 "예수께서 대답하시되 진실로 진실로 네게 이르노니 사람이 물과 성령으로 나지 아니하면 하나님의 나라에 들어갈 수 없느니라"(요 3:5). 물이란 육으로 태어나는 것이고, 성령이란 영으로 태어남을 말한다. 성경은 "육으로 난 것은 육이요 영으로 난 것은 영이니"(요 3:6)라고 했다. 죄 사함과 죽은 영이 살아나면 하나님 관계를 잘하고, 인간관계를 잘할 수 있다.

인간관계 가운데 부모 공경을 잘할 수 있다. 6계명 살인하지 말라고 했는데 살인하지 않는다. 7계명 간음하지 말라고 했는데 간음하지 않는다. 8계명 도둑질하지 말라고 했는데 도둑질을 하지 않는다. 9계명 이웃에 대하여 거짓 증거하지 말라고 했는데 거짓 증거하지 않는다. 10계명 이웃집을 탐내지 말라고 했는데 탐내지 않는다. 부부는 이웃이 아니고 한 몸이다. 남자는 여자에게 힘을 쓰면 안 된다. 성경은 "네 힘을 여자들에게 쓰지 말며"(잠 31:3)라고 했다. 남편은 아내에게 남자의 힘을 쓰면 안 된다. 남편은 아내에게 폭력을 쓰면 안 된다. 남편은 아내에게 폭력의 대상이 아니라 사랑의 대상이다. 성경은 "남편들아 아내 사랑하기를 그리스도께서 교회를 사랑하시고 그 교회를 위하여 자신을 주심같이 하라"(엡 5:25)고 했다. 남편은 아내를 사랑하라고 했다. 어떻게 사랑하는지를 구체적으로 답을 하고 있다.

그리스도께서 교회를 사랑하시고 그 교회를 위하여 자신을 주심같이 하라고 했다. 이 말은 예수님이 교회를 사랑한다는 것은 성도를 사랑해서 성도를 위하여 죽으셨다는 것이다. 성경은 "우리가 아직 죄인 되었을 때에 그리스도께서 우리를 위하여 죽으심으로 하나님께서 우리에 대한 자기의 사랑을 확증하셨느니라"(롬 5:8)라고 했다. 예수님이 보시는 신부는 교회인데 교회를 위하여 사랑하기에 십자가에서 죽으셨다. 남편은 아내에게 힘을 쓰는 대상이 아니라 사랑의 대상이다. 남편은 아내를 사랑해야 한다. 아내를 사랑하기에 자신 몸을 주어야 한다. 남편은 아내를 사랑해야 한다. 남편이 아내를 사랑하는 사람은 죄 사함을 받은 의인이고, 죄 사함으로 죽은 영이 살아난 거듭난 사람이다. 남편만 아니라 남자는 어떤 여자에게든지 자신의 힘을 쓰면 안 된다. 여자에게 폭력을 사용하면 안 된다. 남자는 여자에게는 사랑하고, 아끼고 사랑해야 한다. 부모는 딸에게 폭력의 대상이 아니라 사랑의 대상이기에 딸을 사랑해야 한다. 회사에서도 남자 사원은 여자 사원에게 폭력을 사용하면 안 되고, 사랑해야 한다. 이것을 알고 사는 사람은 의인이요, 거듭난 사람이다.

# 학대받는 사람들의 눈물과 위로

세상에는 두 종류의 사람이 존재한다. 악인과 선인이다. 악인은 다른 말로는 죄인이며 미련한 사람이며, 선인은 의인이며 지혜로운 사람이다. 아담이 선악과를 먹기 전에는 다 의인이고 아담이 선악과를 먹은 후에는 다 죄인이 되었다. 성경은 "모든 사람이 죄를 범하였으매"(롬 3:23)라고 했다. 예수님은 죄인의 죄를 사하기 위하여 십자가에서 죽으셨다. 성경은 "우리가 아직 죄인 되었을 때에 그리스도께서 우리를 위하여 죽으심으로 하나님께서 우리에 대한 자기의 사랑을 확증하셨느니라"(롬 5:8). 예수님의 죽으심으로 죄인의 죄를 사하셨다. 성경은 "이제 우리가 그의 피로 말미암아 의롭다 하심을 받았으니"(롬 5:9)라고 했다. 죄인이 죄 사함을 받으면 의롭다 함을 받는다. 의롭다는 말은 죄 없다는 말로 죄인이 의인이 되었다는 말이다.

죄 사함을 받으면 성령을 선물로 받는다. 성경은 "너희가 회개하여 각각 예수 그리스도의 이름으로 세례를 받고 죄 사함을 받으라 그리하면 성령의 선물을 받으리니"(행 2:38)라고 했다. 죄 사함을 받으면 죽은 영이 살아난다. 성경은 "사람이 물과 성령으로 나지 아니하면 하나님의 나라에 들어갈 수 없느니라 육으로 난 것은 육이요 영으로 난 것은 영이니"(요 3:5-6)라고 했다. 사람은 육으로 한 번 태어나고, 두 번



죄인과 의인

째는 영으로 태어난다. 죄 사함을 받은 사람에게 육으로 태어난 사람을 영으로 다시 한번 태어나게 한다. 이것이 거듭남이다. 하나님은 죄인을 사랑하고 죄 사함을 받은 사람에게 더 사랑하신다.

　죄인들과 악인들이 권세를 잡으면 사람들을 학대한다. '학대'란 몹시 괴롭히거나 가혹하게 대우한다. 아동학대가 있고, 노인 학대가 있다. 이런 경우는 가정에서 부모나 자식을 통해서 학대하는 경우이다. 이런 경우에도 의인은 자녀를 학대하지 않지만 악인은 학대를 하고, 아동이 죽임을 당하기도 한다. 노인 학대는 자녀들에게 학대를 당하는 것이다. 몹시 괴롭힘을 당하는 경우이다. 장애인의 학대도 있다. 장애인의 경우는 선천적으로 장애인이 있고, 후천적으로 장애인이 있다. 선천적 장애인은 본래 태어날 때부터 장애인을 말하고, 후천적인 장애인은 중도에 장애인이 된 사람이다. 이들 모두 학대의 대상이 될 수 있다. 의인은 장애인에게 관심을 가지나 악인은 그렇지 못한 경우가 많다. 더 나아가서 권세자에 의해서 학대를 받는다. 이런 경우는 힘이 있는 사람이 학대를 하는 경우이다. 국회의원이 저녁에 술을 마시고 택시를 타고 가다가 집에 내릴 때에 폭력을 가하는 경우가 있다. 이런 경우는 권세자로서 학대이다.

　성경은 "내가 다시 해 아래에서 행하는 모든 학대를 살펴보았도다 보라 학대받는 자들의 눈물이로다 그들에게 위로자가 없도다 그들을 학대하는 자들의 손에는 권세가 있으나 그들에게는 위로자가 없도다"(전 4:1). 전도서 기자는 해 아래에서 행하는 학대를 보니까? 학대받는 자들의 눈물을 보았고, 그들을 위로하는 사람은 없었다. 이것이 해 아래에서 사는 이 세상이다. 이 세상은 공중 권세 잡은 자가 다스리고 있다. 공중 권세 잡은 자는 마귀이다. 성경은 "그때에 너희는 그 가운데서 행하여 이 세상 풍조를 따르고 공중의 권세 잡은 자를 따랐으니 곧 지금 불순종의 아들들 가운데서 역사하는 영이라"(엡 2:2). 죄인은 마귀의 종으로 산다. 권세자가 죄인이면 마귀의 종이고, 학대받는 사람도 죄인이면 마귀의 종이다. 권세자가 학대를 가하면 학대를 받는 사람은 눈물로 살지만 위로하는 사람이 없다고 했다. 위로자가 있다면 의인이다. 성경은 "왕이 가난한 자를 성실히 신원하면 그의 왕위가 영원히 견고하리라"(잠 29:14). 왕이 의인이면 가난한 사람을 성실히 신원하듯이 학대받는 자들을 신원한다. '신원'이란 공정하게 재판한다는 것이다. 법정에서 진실 여부를 명확하게 가려 억울함을 풀어주는 것이다. 학대받는 자들의 억울함을 풀어줘야 한다. 권세자들에게 학대를 당한다면 그들은 눈물을 흐르나 위로자가 없지만 신원하는 왕이나 재판관이 있다면 그들의 눈물을 닦는 위로자가 된다.

# 은으로 만족하지 못하는 사람

세상에는 죄인과 의인이 살고 있다. 아담이 선악과를 먹기 전에는 다 의인이었지만 선악과를 먹은 후에는 다 죄인이 되었다. 죄인을 다른 말로는 악인, 미련한 사람으로 부른다. 죄인에게는 만족함이 없다. 성경은 "은을 사랑하는 자는 은으로 만족하지 못하고, 풍요를 사랑하는 자는 소득으로 만족하지 아니하나니 이것도 헛되도다"(전 5:10). 은을 부르고 부르다가 은을 좋아하고 사랑하게 되어 은을 소유하게 되면 은으로 만족함이 없다는 것이다. 은이 없을 때에는 10돈이 있으면 좋겠다고 하나 10돈을 소유하면 100돈을 원하고, 그것을 소유하면 더 많은 은을 소유하기를 원한다. 그리고 은을 사랑하는 사람이 은으로 만족하지 못하고 금을 소유하기를 원한다. 은이 있으면 은으로 만족하지 못하고 금을 원하게 된다. 금을 소유하면 또 다른 것을 소유하기를 원한다.

풍요를 원하는 사람은 소득으로 만족하지 못한다. 이것이 죄인의 삶이다. 그러나 의인은 다르다. 의인은 소유에 만족이 아니라 마음의 만족이다. 의인은 마음으로 만족을 채운다. 죄인이 의인이 되려면 죄 사함을 받아야 한다. 예수님은 죄인의 죄를 사하기 위해서 십자가에서 죽으셨다. 성경은 "우리가 아직 죄인 되었을 때에 그리스도께서 우리를 위하여 죽으심으로 하나님께서 우리에 대한 자기의 사랑을 확증하셨느니라 그러면 이제 우리가 그의 피로 말미암아 의롭다 하심을 받았으니”(롬 5:8-9)라고 했다. 죄인이 죄 사함을 받으면 의롭다 함을 받게 된다. ‘의롭다’라는 말은 죄가 없다는 말로 죄인이 의인이 되었다는 말이다. 죄인이 죄 사함으로 의인이 되고, 죄 사함으로 성령을 받는다. 성경은 “너희가 회개하여 각각 예수 그리스도의 이름으로 세례를 받고 죄 사함을 받으라 그리하면 성령의 선물을 받으리니”(행 2:38)라고 했다. 성령을 받으면 죽은 영을 살리신다.

성경은 “사람이 물과 성령으로 나지 아니하면 하나님의 나라에 들어갈 수 없느니라 육으로 난 것은 육이요 영으로 난 것은 영이니”(요 3:5-6)라고 했다. 사람은 부모를 통해서 육으로 첫 번째 태어나고 두 번째는 성령으로 영이 태어난다. 아담의 범죄로 죽은 영이 성령으로 살아나는 것이다. 이것이 거듭남이다. 죄 사함으로 의인이 되고, 죄 사함으로 성령을 받고, 성령으로 영을 살리시면 생명을 가지게 된다. 성경은 “내가 온 것은 양으로 생명을 얻게 하고 더 풍성히 얻게 하려는 것이라”(요 10:10). 성경은 “하나님이 세상을 이처럼 사랑하사 독생자를 주셨으니 이는 저를 믿는 자마다 멸망하지 않고 영생을 얻게 하려 하심이라”(요 3:16). 죄 사함과 죽은 영이 살아남으로 생명을 가지면 소유로 만족이 아니라 마음으로 만족을 가지게 된다.

성경은 “내가 궁핍하므로 말하는 것이 아니니라 어떠한 형편에든지 나는 자족하기를 배웠노니 나는 비천에 처할 줄도 알고 풍부에 처할 줄도 알아 모든 일 곧 배부름과 배고픔과 풍부와 궁핍에도 처할 줄 아는 일체의 비결을 배웠노라 내게 능력 주시는 자 안에서 내가 모든 것을 할 수 있느니라”(빌 4:11-13). 바울은 비천에 처할 줄도 알고 풍부에



죄인과 의인

처할 줄을 알았다. 죄인은 "풍부를 사랑하는 자는 소득으로 만족하지 아니하나니"라고 했다. 풍부를 사랑해서 소득을 얻었는데 소득의 만족함이 없었다. 소득을 조금 얻어서 그렇지 더 많은 소득을 얻었지만 그것도 만족함이 없었다. 성경은 "스올과 아바돈은 만족함이 없고 사람의 눈도 만족함이 없느니라"(잠 27:20). 죄인은 눈으로 만족함을 가지려고 하나 만족함을 가질 수가 없었다. 은을 사랑하는 사람은 은으로 만족함이 없고, 풍부를 사랑하는 사람은 소득으로 만족함이 없었다. 죄인은 눈으로 만족을 누리려고 하고, 소유로 만족을 누리려고 하나, 의인은 마음으로 만족을 누린다. 죄인이 의인이 되면 소유의 만족에서 마음의 만족으로 바뀐다. 죄인에게 소유로 만족함을 누리지 못하면 불평과 원망이 나온다. 그러나 의인은 마음으로 만족함을 누리기에 원망과 불평 대신 기쁨과 감사로 산다. 죄인에게는 원망과 불평으로 일생을 살지만 의인은 일생을 기쁨과 감사로 산다.

의인 다윗은 원망과 불평이 없었고 감사만 있었다. 다윗은 헷 사람 우리아를 암몬 자손의 칼로 죽이고 그의 아내를 빼앗아 자기의 아내로 삼은 일에 대하여 나단 선지자가 다윗 왕을 찾아가서 이 일을 상세히 알리고 이 일로 말미암아 하나님의 원수에게 크게 비방 거리가 되며 당신의 낳은 아이가 반드시 죽으리라 하더니 7일 만에 그 아이가 죽었다. 그때 다윗은 땅에서 일어나 몸을 씻고 기름을 바르고 의복을 갈아입고 하나님의 전에 들어가서 경배하고 왕궁으로 돌아와 음식을 차리라 하고 먹었더라. 의인 다윗은 원망이 없고 자신의 지은 악에 대해서 겸손히 받아들인다. 이런 사람이 의인이다. 죄인은 소유로 만족함이 없고, 의인은 마음으로 만족을 누리며 산다.

# 지혜와 지식과 희락을 가지는 사람

이 땅에 두 종류의 사람이 살고 있다. 죄인과 의인이다. 아담이 선악과를 먹기 전에는 다 의인이었으나 선악과를 먹은 후에는 다 죄인이 되었다. 성경은 "모든 사람이 죄를 범하였으매"(롬 3:23)라고 했다. 죄인의 죄를 사하기 위해서 예수님이 십자가에서 죽으셨다. 성경은 "우리가 아직 죄인 되었을 때에 그리스도께서 우리를 위하여 죽으심으로 하나님께서 우리에 대한 자기의 사랑을 확증하셨느니라 그러면 이제 우리가 그의 피로 말미암아 의롭다 하심을 받았으니"(롬 5:8-9)라고 했다. 성경은 "그 아들 예수의 피가 우리를 모든 죄에서 깨끗하게 하실 것이요"(요일 1:7). 죄인의 죄를 예수님의 피로 사하시어 의롭게 하셨다. 죄 사함을 받으면 성령을 부으신다. 성경은 "너희가 회개하여 각각 예수 그리스도의 이름으로 세례를 받고 죄 사함을 받으라 그리하면 성령의 선물을 받으리니"(행 2:38)라고 했다. 죄 사함을 받으면 죽은 영이 살아난다. 성경은 "사람이 물과 성령으로 나지 아니하면 하나님의 나라에 들어갈 수 없느니라 육으로 난 것은 육이요 영으로 난 것은 영이니"(요 3:5-6)라고 했다. 물로 난다는 것은 육으로 태어나는 것이고 성령으로 난다는 것은 죽은 영이 살아나는 것을 말한다. 사람은 첫 번째는 육으로 태어나고, 두 번째는 영으로 태어나는 것이다. 이것



죄인과 의인

이 거듭남이다. 죄 사함을 받으면 죄인이 의인이 된다.

'의인'이란 죄가 없다는 말이다. 하나님은 죄인에게는 노고를 주시고, 의인에게는 지혜와 지식과 희락을 주신다. 성경은 "하나님은 그가 기뻐하시는 자에게는 지혜와 지식과 희락을 주시나 죄인에게는 노고를 주시고"(전 2:26)라고 했다. 죄인에게는 '노고'를 주시는데 '노고'란 힘들여 수고하고 애쓰는 것이다. 죄인에게는 힘들게 수고하고 애쓰게 한다. 성경은 "아담에게 이르시되 네가 네 아내의 말을 듣고 내가 네게 먹지 말라 한 나무의 열매를 먹었은즉 땅은 너로 말미암아 저주를 받고 너는 네 평생에 수고하여야 그 소산을 먹으리라 땅이 네게 가시덤불과 엉겅퀴를 낼 것이라 네가 먹을 것은 밭의 채소인즉 네가 흙으로 돌아갈 때까지 얼굴에 땀을 흘려야 먹을 것을 먹으리니 네가 그것에서 취함을 입었음이라 너는 흙이니 흙으로 돌아갈 것이니라"(창 3:17-19). 죄인에게 하나님은 노고를 주셨다. 평생에 수고해서 먹고 흙으로 돌아갈 때까지 얼굴에 땀을 흘려야 먹을 것을 먹게 했다, 그러니 빨리 죄인의 삶에서 벗어나야 한다. 의인은 하나님이 지혜와 지식과 희락을 주신다.

죄인이 죄 사함을 받으면 의인이 된다. 예수님의 피로 의롭게 하셨다. '의롭다'란 말은 죄가 없는 의인이 되었다는 말이다. 의인은 하나님을 기쁘게 한다. 성경은 "육신의 생각은 사망이요 영의 생각은 생명과 평안이니라 육신의 생각은 하나님과 원수가 되나니 이는 하나님의 법에 굴복하지 아니할 뿐 아니라 할 수도 없음이라 육신의 있는 자들은 하나님을 기쁘시게 할 수 없느니라"(롬 8:6-8). 육신의 생각과 육신의 있는 자들은 죄인이다. 아담의 범죄로 영이 죽은 상태로 혼과 육만 있는 사람이다. 이런 사람은 영이 죽었기에 하나님의 법에 굴복하지 않는다. 그러므로 죄인은 영이 죽은 사람이기에 하나님을 기쁘시게 할 수 없고, 의인은 영이 살아난 사람으로 하나님을 기쁘시게 한다. 하나님을 기쁘시게 하는 사람에게는 지혜와 지식과 희락을 주신다. 성경은 "내가 네게 지혜와 지식을 주고 부와 재물과 영광도 주리니 네 전의 왕들도 이런 일이 없었거니와 네 후에도 이런 일이 없으리라"(대하 1:12). 하나님은 솔로몬 왕에게 지혜와 지식과 부와 재물과 영광도 주셨다. 하나님을 기쁘게 하는 사람에게 주신다. 하나님을 기쁘게 하는 사람은 의인이다.

　구약에 죄 사함은 속죄제로 죄 사함을 받는다. 죄를 범하면 양이나 소나 비둘기를 가지고 제사장에게 가면 그 짐승에게 안수를 하고 그 짐승은 죽는다. 그 짐승에게 안수하는 것은 죄를 전가해서 대신 범죄한 사람의 죄를 위해서 죽고 죄 사함을 받는다. 단 일회적이다. 구약에 속죄제로 죄 사함을 받은 사람은 예수님이 오셔서 십자가에서 죽으심으로 완전한 죄 사함을 받게 된다. 솔로몬 역시 죄 사함을 받아 의인이 되어서 하나님을 기쁘게 한다. 아버지 다윗 왕이 죽은 후에 이스라엘 백성들의 재판을 위해서 지혜와 지식을 구하니 하나님이 기쁘시게 한 일로 지혜와 지식을 주신다. 하나님은 솔로몬에게 부나 재물이나 영광이나 원수의 생명 멸하기를 구하지 않고 지혜와 지식을 구하니 하나님은 기뻐하신다.

　죄인은 하나님을 기쁘게 할 수 없지만 의인은 하나님을 기쁘게 한다. 하나님을 기쁘게 하는 사람은 의인이고 의인은 하나님이 지혜와 지식과 희락을 주신다. '지혜'는 사물의 이치를 빨리 깨닫고 사물을 정확하게 처리하는 정신적 능력이고 '지식'은 어떤 대상에 대하여 배우거나 실천을 통하여 알게 된 명확한 인식이나 이해이고 '희락'은 기쁨과 즐거움이다.

　　　　　　　　　　　　　　　　　　　　　　　　　죄인과 의인

# 채소를 먹으며 사랑하는 사람

세상에는 사랑하며 사는 사람이 있고, 미워하면서 사는 사람이 있다. 아담이 선악과를 먹기 전에는 다 의인이었으나 선악과를 먹은 후에는 다 죄인이 되었다. 성경은 "모든 사람이 죄를 범하였으매"(롬 3:23)라고 했다. 죄인은 다른 말로는 악인이고, 미련한 사람이다. 죄인은 마귀의 종으로 사는 사람이다. 내가 아무리 똑똑하고 잘 났어도 마귀의 종이다. 성경은 "너희는 너희 아비 마귀에게서 났으니 너희 아비의 욕심대로 너희도 행하고자 하느니라 그는 처음부터 살인하는 자요 진리가 그 속에 없으므로 진리에 서지 못하고 거짓을 말할 때마다 제 것으로 말하나니 이는 그가 거짓말쟁이요 거짓의 아비가 되었음이라"(요 8:44). 죄인의 아비는 마귀이다.

부모에게서 육으로 태어났지만 죄인이고, 마귀의 종이다. 성경은 "한 사람이 순종하지 아니함으로 많은 사람이 죄인 된 것 같이 한 사람이 순종하심으로 많은 사람이 의인이 되리라"(롬 5:19). 죄인은 마귀의 종으로 살기에 미워하면서 산다. 마귀는 어찌하든지 미워하면서 살고, 다투면서 살고, 짜증 내면서 살게 한다. 그러나 의인이 되면 미워하면서 살던 사람이 사랑하면서 살게 된다. 성경은 "우리가 아직 죄인되었을 때에 그리스도께서 우리를 위하여 죽으심으로 하나님께서 우리에 대한 사랑을 확증하셨느니라 그러면 이제 우리가 그의 피로 말미암아 의롭다 하심을 받았으니"(롬 5:8-9)라고 했다. 예수님은 죄인의 죄를 위하여 십자가에서 죽으셨다. 이 죽으심으로 죄를 사하여 의롭게 하셨다. '의롭다'란 죄가 없다는 말이다. 죄인이 의인이 되었다는 말이다. 죄인이 죄 사함을 받으면 의인이 된다. 죄 사함을 받으면 성령을 받게 된다. 성경은 "너희가 회개하여 각각 예수 그리스도의 이름으로 세례를 받고 죄 사함을 받으라 그리하면 성령의 선물을 받으리니"(행 2:38)라고 했다. 죄 사함을 받으면 죽었던 영이 살아난다. 성경은 "사람이 물과 성령으로 나지 아니하면 하나님의 나라에 들어갈 수 없느니라 육으로 난 것은 육이요 영으로 난 것은 영이니"(요 3:5-6)라고 했다. 물로 나는 것은 부모를 통해서 육으로 태어나는 것이고 성령으로 나는 것은 죽었던 영이 살아나는 것이다.

죄 사함으로 의인이 되고, 죽었던 영이 살아 거듭남으로 생명을 얻은 사람은 이 세상에서 미워하지 않고, 사랑하면서 산다. 성경은 "채소를 먹으며 서로 사랑하는 것이 살진 소를 먹으며 서로 미워하는 것보다 나으니라"(잠 15:17). 채소를 먹으며 사랑한다는 것은 가난하게 살지만 서로 사랑하면서 산다는 것이다. 살찐 소를 먹으며 미워한다는 것은 부자로 살지만 미워하면서 사는 사람이다. 가난해도 사랑하면서 사는 사람은 의인이고, 부자이면서 미워하는 사람은 죄인이다. 채소를 먹으면서 사랑하면 건강은 최고이다.

육식보다 채식이 건강에는 좋다. 채식이란 야채 위주의 식사를 하는 것이다. 채식을 하는데 야채를 삶으면 안 되고 야채 그대로 먹어야 건강에 좋다. 야채가 가지고 있는 미네랄을 그대로 얻을 수가 있다. 배추, 고구마, 당근, 오이를 꾸준히 먹으면 건강을 잃은 사람도 병에서



죄인과 의인

치유가 되기 시작한다. 무슨 병을 앓든지 채소를 생야채로 식사를 하면 병이 낫게 된다. 그러므로 채소를 먹으며 서로 사랑하면 건강에는 너무 좋다. 그러나 채소를 먹어도 삶으면 병은 치료가 안 된다. 가난해도 사랑하는 것이 부자로 미워하면서 사는 것보다 낫다.

사랑이란 말로 사랑하는 것이 아니고 사랑에는 반드시 행동에 따라야 한다. 예수님은 사랑을 말씀으로 한 것이 아니라 행동으로 하셨다. 성경은 "우리가 아직 죄인 되었을 때에 그리스도께서 우리를 위하여 죽으심으로 하나님께서 우리에 대한 자기의 사랑을 확증하셨느니라"(롬 5:8). 하나님이 죄인을 사랑하심에 대하여 십자가에서 죽으심으로 사랑한다고 하셨다. 사랑은 결코 말이 아니고 행동이다. 그러므로 가난해도 서로 사랑하면 부자로 살면서 미워하는 것보다 훨씬 낫다. 부모는 자식을 사랑하고, 자식은 부모를 사랑하고, 남편은 아내를 사랑하고, 아내는 남편을 사랑하고, 형제는 형제를 사랑하고, 누나는 동생을 사랑하고, 동생은 누나를 사랑하면 의인의 가정이다.

# 재물을 해가 되도록 소유하는 사람

사람은 미련한 사람과 지혜로운 사람이 있다. 미련한 사람은 다른 말로는 죄인, 악인이라고 부르고, 지혜로운 사람은 다른 말로는 의인, 선인이라고 부른다. 죄인이나 의인이나 재물을 소유하기를 원한다. 얼마를 원하느냐에 따라서 죄인인지 의인인지 알 수 있다. 재물을 해가 되도록 소유하는 사람은 미련한 사람이고 죄인이다.

'재물'이란 돈이나 그 밖의 값나가는 모든 물건을 말한다. 보통 재물 하면 돈이라고 생각한다. '해가 되다'란 이롭지 아니하게 되거나 손상을 입이는 것을 말한다. 재물을 해가 되도록 소유한다는 것은 돈을 소유하는데 손상이 되도록 소유하는 것을 말한다. '손상'이란 병이 들거나 다치게 하는 것을 말한다. 재물을 소유하는데 해가 되도록 소유한다는 것은 재물을 소유하는데 병이 들고 다칠 정도가 되는 것을 말한다. 재물을 소유하는데 병이 들고 다칠 정도로 소유하는 사람은 미련한 사람이고, 죄인이고, 악인이다. 재물은 필요한 것이다. 재물을 소유하는데 어떻게 소유했느냐를 생각해 보아야 한다. 재물을 소유하는 과정을 생각한다.

어떤 택시 기사의 일화이다. 택시 기사가 택시가 노후가 되어 잦은 고장으로 새 택시를 할부로 구입했다. 새 택시를 구입하니 할부가 매달 나가니 잠시도 쉬지 않고 택시를 운전했다고 한다. 이것이 하루 이틀이 지나자 피곤이 몰려와도 이기고 이 일을 계속하다가 돈도 모으지 못하고 숨을 거두게 되었다는 불행한 소식을 들었다. 이런 재물은 해가 되는 재물이고 모아도 나중에 해가 되는 재물이 되어 몸을 병들게 한다. 이발이나 미용실을 운영하는 분에게 동일한 일이 벌어진다. 이발소나 미장원에 손님들이 몰려오면 점심을 먹을 시간이 정해지지 못하는 경우가 있다고 본다. 손님은 기다리고 있어 점심시간이 정해져 있지 않고 손님이 없으면 그때가 점심시간이다. 그러면 하루, 이틀, 한 달, 두 달, 1년, 2년이 지속이 되면 병이 들게 된다. 위에는 위산이 나오는 시간이 정해져 있는데 아무 때나 음식을 위에 넣으니 위산이 고르지 않게 나오다가 위에 이상이 생기게 된다. 그러므로 식사는 정한 시간에 먹어야 건강하다. 그러나 직업상 그렇게 할 수 없기에 손님들에게 양해를 구하고 "점심을 먹고 하겠습니다" 하고 점심을 정한 시간에 먹으면 건강하다.

재물을 소유하는데 정당한 방법으로 소유하는 것이 중요하다. 장사를 하든지, 사업을 하든지, 정당한 방법으로 재물을 소유해야 한다. 재물을 많이 소유하면 다 좋은 것이 아니므로 손상이 되는 경우도 있다. 성경은 "내가 해 아래에서 큰 폐단 되는 일이 있는 것을 보았나니 곧 소유주가 재물을 자기에게 해가 되도록 소유하는 것이라 그 재물이 재난을 당할 때 없어지나니 비록 아들을 낳았으나 그 손에 아무것도 없느니라"(전 5:13-14). 재물을 소유하는 데 수고를 많이 했는데 어느 날 재난을 당하여 없어지므로 그의 아들을 낳았으나 그에게 줄 재물이 아무것도 없었다는 말이다. 이것은 불행한 일이다.

성경은 "너희는 먼저 그의 나라와 그의 의를 구하라 그리하면 이 모든 것을 너희에게 더하시리라 그러므로 내일 일을 위하여 염려하지 말라 내일 일은 내일 염려할 것이요 한 날의 괴로움은 그날로 족하니라"(마 6:33-34). "먼저는 하나님의 나라와 하나님의 의를 구하라"라고 한다. 그런데 죄인은 이런 말이 있는지도 모르고 살지만 의인은 기억한다. 아담이 선악과를 먹기 전에는 다 의인이었으나 선악과를 먹은 후에는 다 죄인이 되었다. 성경은 "모든 사람이 죄를 범하였으매"(롬 3:23)라고 했다. 성경은 "한 범죄로 많은 사람이 정죄에 이른 것 같이 한 의로운 행위로 말미암아 많은 사람이 의롭다 하심을 받아 생명에 이르렀느니라"(롬 5:18). 아담 한 사람을 통해서 많은 사람이 정죄에 이르렀다는 것은 다 죄인이 되었다는 것이다.

예수님은 죄인의 죄를 사하기 위해서 십자가에서 죽으셨다. 성경은 "우리가 아직 죄인 되었을 때에 그리스도께서 우리를 위하여 죽으심으로 하나님께서 우리에 대한 자기의 사랑을 확증하셨느니라 그러면 이제 우리가 그의 피로 말미암아 의롭다 하심을 받았으니"(롬 5:8-9)라고 했다. 죄인이 죄 사함을 받으면 의인이 되고, 죄 사함을 받으면 성령을 받는다. 성경은 "너희가 회개하여 각각 예수 그리스도의 이름으로 세례를 받고 죄 사함을 받으라 그리하면 성령의 선물을 받으리니"(행 2:38)라고 했다. 죄 사함을 받으면 성령을 받게 되고, 성령은 죽은 영을 살리신다. 성경은 "사람이 물과 성령으로 나지 아니하면 하나님의 나라에 들어갈 수 없느니라"(요 3:5). 물로 나는 것은 부모를 통해서 육으로 태어나는 것이고, 성령으로 나는 것은 영으로 살아나는 것이다.

죄 사함과 죽은 영이 살아나면 재물을 해가 되도록 소유하지 않으나 죄인은 이것저것을 모르고 소유하다가 재물이 해가 된다는 사실을 알



죄인과 의인

아야 한다. 그러므로 먼저는 하나님의 나라와 하나님의 의를 구하라고 했다. 물과 성령으로 나면 하나님의 나라를 볼 수 있고, 하나님의 나라에 들어갈 수 있다. 의인은 '먼저 하나님의 나라와 하나님의 의를 구하고'란 죄 사함을 받고 죽은 영이 살아나면 하나님의 나라가 이루어진 것이다. 이런 사람은 먹고, 마시고, 입는 일을 하나님이 해결하신다. 그러므로 재물을 해가 되도록 소유하지 않을 것이고 재물을 소유하면 하나님의 나라를 생각하게 된다. 그리고 재물을 나눈다.

# 사람의 장래의 일

사람은 현재가 있고, 과거가 있고, 미래가 있다. 누구든지 현재와 과거와 미래가 있다. 왕도, 장관도, 국회의원도, 판사도, 검사도, 변호사도, 교수도, 과거와 현재와 미래가 있다. 과거는 다 알 수 있지만 현재도 모르고, 미래는 더더욱 모르고 살고 있다. 사람이 현재를 알고, 미래를 안다면 이렇게 살지 않을 일이 많다. 현재 권력을 잡고 있어도 미래를 모른다. 성경은 "하나님께서 행하시는 일을 보라 하나님께서 굽게 하신 것을 누가 능히 곧게 하겠느냐 형통한 날에는 기뻐하고 곤고한 날에는 되돌아 보아라 이 두 가지를 하나님이 병행하게 하사 사람이 그의 장래 일을 능히 헤아려 알지 못하게 하셨느니라"(전 7:13-14). 하나님이 한 사람, 한 사람의 장래 일을 능히 헤아려 알지 못하게 하셨다. 어떤 때는 일이 형통하게 진행이 되도록 하고. 어떤 때는 곤고하게 일이 진행이 되도록 하신다.

구약 성경에 나오는 요셉의 경우를 한 번 생각해 본다. 요셉은 야곱의 열한 번째 아들로 태어났다. 그는 아버지 야곱의 사랑을 많이 받으면서 성장했다. 어느 날 아버지 야곱은 아들 요셉에게 형들이 세겜에서 양들을 치는데 형들이 잘 있는지 다녀오라고 한다. 요셉은 예하고 형들이 있는 세겜으로 갔다. 그때 형들은 아버지의 사랑을 혼자 독

　죄인과 의인

차지한 요셉을 보자 그를 물이 없는 구덩이에 던지어 넣었다. 구덩이에 던지어 넣고 나니 미디안 상인이 그곳을 지나자 그를 그곳에서 건지어 미디안 상인에게 팔았다. 미디안 상인에게 팔린 요셉은 애굽으로 가게 되었다. 애굽의 장터에서 보디발의 집에 종으로 팔리어 갔다. 그곳에서 종으로 일을 하다가 애굽의 총리가 되었다. 이런 일을 보면 요셉이 미디안 상인에게 팔리고 애굽의 보디발의 종으로 사는 삶은 곤고한 삶이다. '곤고하다'라는 형편이나 처지가 딱하고 어려운 것이다. 이렇게 요셉이 곤고한 삶은 형편이 어려운 삶이다. 성경은 곤고한 날에는 자신을 되돌아보라고 했다. 요셉이 과거를 되돌아보면 아버지가 요셉을 다른 형제들보다 너무 사랑했다는 것이고, 또 하나는 형들에게 꿈을 이야기했던 일이다. 그 꿈의 내용은 형들이 나에게 절을 하고 아버지도 나에게 절을 했다는 것이다. 이것이 형들의 미움을 받았던 것이다. 이 일로 애굽에 오게 되었고, 보디발의 집에서 종으로 있으면서 애굽의 총리가 되었다. 애굽의 총리가 된 일은 요셉에게 형통한 일이다. 이런 형통한 일에는 기뻐하라고 했다. '형통하다'란 일이 막힘이 없이 잘 되어가는 것이다. 일이 잘되면 기뻐하라고 했다. 죄인이나 의인이나 모두에게 예외는 없다. 죄인에게도 의인에게도 형통한 일이 있고, 곤고한 날이 있다. 이런 일이 수차례 병행하게 된다. '병행하다'란 둘 이상의 사물이 나란히 가는 것이다.

　사람에게는 형통한 날이 오기도 하고, 곤고한 날이 오기도 한다. 이런 일이 여러 번 반복이 되어 장래의 일을 헤아려 알지 못하게 하시는 것이 하나님의 목적이다. 사람은 하나님이 하시는 이런 일, 형통한 날이 오고, 곤고한 날이 오므로 장래를 알 수 있는 사람은 아무도 없다. 이 일을 철저하게 숨기고 계신다. 그러므로 사람이 알 수 있는 일은 죄인으로 살면 장래가 어떻게 되고, 의인으로 살면 장래가 어떻게 되는지에 대해서 기록한 책이 성경이다. 성경은 하나님의 말씀이다. 성경이 하나님의 말씀이란 하나님이 하신 말씀을 담고 있는 책이 성경이다.

하나님은 성경의 기록대로 일을 하신다. 죄인에게 대해서, 의인에 대해서 장래 일을 상세하게 기록하고 있다. 죄인에 대해서 어떻게 기록하고 있지요. 아담이 선악과를 먹기 전에는 다 의인이었으나 선악과를 먹은 후에는 다 죄인이 되었다. 성경은 "모든 사람이 죄를 범하였으매"(롬 3:23)라고 했다. 예수님은 죄인의 죄를 사하기 위하여 죽으셨다. 성경은 "우리가 아직 죄인 되었을 때에 그리스도께서 우리를 위하여 죽으심으로 하나님께서 우리에 대한 자기의 사랑을 확증하셨느니라 그러면 이제 우리가 그의 피로 말미암아 의롭다 하심을 받았으니"(롬 5:8-9)라고 했다. 죄인이 죄 사함으로 의인이 되고, 죄 사함으로 성령을 받게 된다. 성경은 "너희가 회개하여 각각 예수 그리스도의 이름으로 세례를 받고 죄 사함을 받으라 그리하면 성령의 선물을 받으리니"(행전 2:38)라고 했다. 죄 사함으로 성령을 받으면 성령은 죽은 영을 살리신다. 성경은 "사람이 물과 성령으로 나지 아니하면 하나님의 나라에 들어갈 수 없느니라 육으로 난 것은 육이요 영으로 난 것은 영이니"(요 3:5-6)라고 했다. 아담의 범죄로 죽은 영이 죄 사함으로 살아난다. 부모를 통해서 육으로 한 번 태어나고, 또 한 번은 성령으로 죽은 영이 살아난다. 이것이 거듭남이다.

죄인은 망하고 의인은 형통하게 된다. 성경은 "그는 시냇가에 심은 나무가 철을 따라 열매를 맺으며 그 잎사귀가 마르지 아니함 같으니 그가 하는 모든 일이 다 형통하리로다 악인들은 그렇지 아니함이여 오직 바람에 나는 겨와 같도다"(시 1:3-4) "의인들의 길은 여호와께서 인정하시나 악인들의 길은 망하리로다"(시 1:6). 의인들의 길은 형통하지만 악인들의 길은 망한다. '악인'이란 다른 말로는 죄인, 미련한 사람이다. 사람의 장래에 대해서 죄인이나 악인은 망하고, 의인이나 선인은 형통하게 된다. 의인의 과정은 형통한 때도 있고, 곤고한 때도 있지만 마침내 형통하게 된다. 악인의 과정도 형통한 때도 있고, 곤고한 때도 있지만 마침내 망하게 된다. 죄인의 망함은 두 가지로 망한다. 현세에서 망하고, 사후에도 망한다. '사후'란 사람이 죽은 후에 영원한 고통과 슬픔이 기다리고 있다. 그러므로 의인은 범사에 감사한다. '범사'란 매사에 감사하라는 것이다. 형통해도 감사하고, 곤고해도 감사하라는 것이다. 마침내 의인의 길은 형통하게 되기 때문이다. 성경은 "범사에 감사하라 이것이 그리스도 예수 안에서 너희를 향하신 하나님의 뜻이니라"(살전 5:18). 의인들은 감사하며 기쁘게 산다.

# 자기의 입을 위하는 사람의 수고

아담이 범죄한 이후에 사람은 평생 수고하여 먹게 되었다. 성경은 "아담에게 이르시되 네가 네 아내의 말을 듣고 내개 네게 먹지 말라 한 나무의 열매를 먹었은즉 땅은 너로 말미암아 저주를 받고 너는 네 평생에 수고하여야 그 소산을 먹으리라"(창 3:17). 하나님은 아담에게 선악과를 먹지 말라고 하셨다. 성경은 "선악을 알게 하는 나무의 열매는 먹지 말라 네가 먹는 날에는 반드시 죽으리라"(창 2:17)고 했다. 그런데 아담은 선악과를 먹었다. 성경은 "여자가 그 나무를 본즉 먹음직도 하고 보암직도 하고 지혜롭게 할 만큼 탐스럽기도 한 나무인지라 여자가 그 열매를 따 먹고 자기와 함께 있는 남편에게도 주매 그도 먹은지라"(창 3:6).

하나님은 선악과를 먹지 말라고 하셨는데 하와가 따먹고 그 열매를 자기 남편 아담에게 주었더니 먹었다. 그 후로 사람은 죽었다. 사람은 영과 혼과 육으로 되어 있는데 혼과 육이 죽은 것이 아니고 영이 죽었다. 만약 혼이 죽었다면 사람은 한 사람도 산 사람은 없었을 것이다. 그러나 그 후에 사람이 살고 있었다. 아브라함, 이삭, 야곱, 노아가 있었다. 그렇다면 영이 죽은 것이고 혼과 육은 전적으로 부패한 것이다. 아담이 선악과를 먹은 후에 사람은 다 죄인이 되었다. 아담이 선악과를 먹기 전까지는 다 의인이었으나 선악과를 먹은 후에는 다 죄인이 되었다. 성경은 "모든 사람이 죄를 범하였으매"(롬 3:23)라고 했다.

성경은 "한 사람의 범죄로 말미암아 사망이 그 한 사람을 통하여 왕 노릇하였은즉"(롬 5:17)라고 했다. 아담의 범죄로 온 사망은 영이 죽은 사망이다. 사람은 영이 죽으면 혼과 육으로만 사는 것이다. 혼과 육으로 사는 사람은 죄인이고 죄인은 평생 수고하여야 그 소산을 먹게 되었다. 성경은 "사람의 수고는 다 자기의 입을 위함이나 그 식욕을 채울 수 없느니라"(전 6:7). 죄인은 평생 수고가 자기 자신의 입을 위해서이다. 그런데 입으로 들어가는 식욕을 채울 수 없다는 것이다. '식욕'은 음식을 먹고 싶어 하는 욕망이며 음식을 먹고 싶어 하는 욕심이다. 아무리 수고하고 수고해도 음식을 먹고 싶어 하는 욕망을 채울 수가 없다. 음식을 먹으면서 많이 먹어요, 라고 말하기도 하고 배가 터지겠다고 말도 한다. 배가 고파도 못 살지만 배가 터지도록 먹고 나면 더 살기 어렵다.

이런 책이 있다. 『절반만 먹어야 두 배 오래 산다』라는 책은 후나세 순스케가 저자이다. 그는 그의 책에서 사람들은 아프면 병원부터 달려가 약을 챙겨 먹는다. 그런데 모든 약은 부작용을 동반한다. 건강해지려면 부작용 없이 단식을 하면 된다고 한다. 속을 비우면 자연스럽게 질병이 나을 뿐 아니라 젊음을 유지할 수 있다. 의사의 아버지라 부르는 히포크라테스는 "속을 비워두는 것이 바로 병을 고치는 비결이다"라고 말했다. 옛날은 먹지 못해서 문제였으나 지금은 너무나 많이 먹어서 문제이다. 현재는 과음과 과식이 문제이다. 과식을 하지 않으면 건강하고 수고도 덜 해도 된다. 죄인의 수고는 입을 위해서 평생 수고한다. 이것을 벗어나는 길은 죄인이 의인이 되는 길이다.

　의인이 되는 길은 죄인이 죄 사함을 받아야 한다. 아담이 선악과를 먹은 후에 사람은 다 죄인이다. 성경은 "모든 사람이 죄를 범하였으매"(롬 3:23)라고 했다. 예수님은 죄인의 죄를 사하기 위하여 십자가에서 죽으셨다. 성경은 "우리가 아직 죄인 되었을 때에 그리스도께서 우리를 위하여 죽으심으로 하나님께서 우리에 대한 자기의 사랑을 확증하셨느니라 그러면 이제 우리가 그의 피로 말미암아 의롭다 하심을 받았으니"(롬 5:8-9)라고 했다. 죄인이 죄 사함으로 의롭게 되었다. '의롭다'란 죄 없다는 말이다. 죄인이 죄 없는 의인이 되었다. 죄인이 죄 사함을 받으면 의인이 되고, 죄 사함을 받으면 성령을 부으신다. 성경은 "너희가 회개하여 각각 예수 그리스도의 이름으로 세례를 받고 죄 사함을 받으라 그리하면 성령의 선물을 받으리니"(행 2:38)라고 했다. 죄 사함을 받으면 성령을 받게 되고 성령은 죽은 영을 살리신다. 성경은 "사람이 물과 성령으로 나지 아니하면 하나님의 나라에 들어갈 수 없느니라 육으로 난 것은 육이요 영으로 난 것은 영이니"(요 3:5-6)라고 했다. 부모를 통해서 육으로 태어나고 다음은 성령으로 영이 태어난다. 아담의 범죄로 죽은 영이 살아난다.

　죄인은 입을 위해서 수고하지만 의인은 입만 위해서 수고하지 않고 하나님의 나라를 위해서 수고한다. 성경은 "하나님의 나라는 먹는 것과 마시는 것이 아니요 오직 성령 안에 있는 의와 평강과 희락이라"(롬 14:17). 죄인의 수고는 입을 위하고 식욕을 위하여 평생을 수고하나 식욕은 채우지 못하므로 평생을 식욕을 위하여 살게 된다.

　　　　　　　　　　　　　　　　　　　　　　　　죄인과 의인

<h1 style="text-align:center">사망보다 더 쓴 여인을 피하는 길</h1>

사람은 누군가를 만나면서 살고 있다. 남자는 여자를 만나고, 여자는 남자를 만나고, 남자는 남자를, 여자는 여자를 만나고 있다. 특별히 남자는 여자를 만나 결혼을 해서 살고 있다. 남자가 여자를 만날 때 사망보다 쓴 여자를 만나면 안 된다. 성경은 "마음은 올무와 그물 같고 손은 포승 같은 여인은 사망보다 더 쓰다는 사실을 알아내었도다"(전 7:26). '사망보다 쓰다'라는 말은 죽음보다 쓰다는 말로 사람은 죽음을 피하려고 병원에서 수술도 하고, 병원에 입원도 한다. 사망은 두 가지다. 육의 사망이 있고, 영의 사망이 있다. 여기서 말하는 사망은 육의 사망이다. 육의 사망은 이 땅에서 피할 수 없다. 성경은 "한 번 죽는 것은 사람에게 정해진 것이요"(히 9:27). 육은 한 번은 죽게 되었다. 사망보다 더 쓰다는 것은 사망보다 더하다는 말이다.

사망보다 더한 말 할 수 없는 고통과 슬픔의 여인의 마음은 "올무와 그물 같다"라고 했다. '올무'는 새나 짐승을 잡는 덫이나 함정이고, '그물'은 노끈이나 실, 쇠줄로 여러 코의 구멍이 나게 얽은 물건으로 날짐승이나 물고기를 잡는 데 사용하고, '포승'은 죄인을 잡아 묶는 노끈이다. 사망보다 쓴 것은 올무와 그물과 포승으로 새를 잡든지, 물고기를 잡든지, 죄인을 잡아 묶든지 하기에 죽이려고 사용하는 도구로 고통을 주고 슬픔을 주는데 이것을 피하는 길이 있다. 사망보다 더 쓴 올무와 그물과 포승을 피하는 길은 하나님을 기쁘게 하는 길이다. 성경은 "마음은 올무와 그물과 같고 손은 포승 같은 여인은 사망보다 더 쓰다는 사실을 내가 알아내었도다 그러므로 하나님을 기쁘게 하는 자는 그 여인을 피하려니와 죄인은 그 여인에게 붙잡히리로다"(전 7:26). 하나님을 기쁘게 하면 올무와 그물과 포승을 피한다고 했다. 하나님을 기쁘게 하려면 죄인이 의인이 되어야 한다. 아담이 선악과를 먹기 전에는 다 의인이었으나 선악과를 먹은 후에는 다 죄인이 되었다. 성경은 "모든 사람이 죄를 범하였으매"(롬 3:23)라고 했다. 아담이 범죄한 이후에 태어난 사람은 다 죄인이다.

  죄인은 "사망보다 더 쓴 올무와 그물과 포승에 붙잡힌다"라고 했다. 그러나 죄인이 죄 사함으로 의인이 되면 다르다. 예수님은 죄인의 죄를 사하기 위해서 십자가에서 죽으셨다. 성경은 "우리가 아직 죄인 되었을 때에 그리스도께서 우리를 위하여 죽으심으로 하나님께서 우리에 대한 자기의 사랑을 확증하셨느니라 그러면 이제 우리가 그의 피로 말미암아 의롭다 하심을 받았으니"(롬 5:8-9)라고 했다. 죄인이 죄 사함으로 의인이 되고, 죄 사함으로 성령을 받게 되고, 성령은 아담의 범죄로 죽은 영을 살리신다. 이것이 거듭남이다. 성경은 "사람이 물과 성령으로 나지 아니하면 하나님의 나라에 들어갈 수 없느니라 육으로 난 것은 육이요 영으로 난 것은 영이니"(요 3:5-6). 죄 사함으로 죽은 영이 살아난다. 죄 사함으로 의인이 되고, 성령이 죽은 영을 살리면 하나님의 나라가 이루어진다. 이런 사람은 올무와 그물과 포승보다 더 쓴 사망을 피하지만 죄인은 피하지 못하고 붙잡힌다. 이런 사람 죄인이라고 했다.



죄인과 의인

　죄인은 마귀의 종으로 마귀에게 붙잡히어서 마귀의 종노릇을 하면서 살기에 사망보다 쓴 올무와 그물과 포승으로 산다. 이런 사람은 불행한 사람이다. 성경은 "너희는 너희 아비 마귀에게서 났으니"(요 8:44)라고 했다. 마귀에게 붙잡힌 여인은 사망보다 더 쓴 올무와 그물과 포승으로 살기에 불행하다. 하와가 마귀의 말을 듣고 그의 남편 아담에게 선악과를 주니 그도 먹었고 이 일로 사람은 평생 저주받은 사람으로 마귀의 종으로 살게 되었다. 예수님의 피로 저주에서 해방되고 마귀의 종에서 하나님의 종이 되었다.

　하나님을 기쁘게 하는 일은 죄 사함과 죽은 영이 살아나면 된다. 그렇지 않으면 평생 하나님과 원수가 된다. 성경은 "육신의 생각은 하나님과 원수가 되나니 이는 하나님의 법에 굴복하지 아니할 뿐 아니라 할 수도 없음이라"(롬 8:7). 육신의 생각이란 영은 죽은 상태에서 혼과 육만 있는 상태의 생각을 말한다. 혼과 육으로 사는 사람의 생각은 항상 하나님과 원수가 된다. 이런 사람은 사망보다 더 쓴 올무와 그물과 포승에 붙잡힌 여인을 만나니 불행하게 산다. 자신이 하나님을 기쁘게 하는지 하나님과 원수가 되는지도 모르고 사는 사람이 많이 있다. 교회 밖에는 있는 사람은 다 하나님과 원수이고, 교회 안에도 죄 사함과 죽은 영이 살아나지 아니하면 하나님과 원수로 산다.

# 지혜의 그늘 아래 있는 사람

세상에는 미련한 사람과 지혜로운 사람이 살고 있다. 미련한 사람을 다른 말로는 죄인, 악인이라고 부르고, 지혜로운 사람을 다른 말로는 의인, 선인이라고 부른다. 아담이 선악과를 먹기 전에는 다 의인이었으나 선악과를 먹은 후에는 다 죄인이 되었다. 성경은 "모든 사람이 죄를 범하였으매"(롬 3:23)라고 했다. 예수님은 죄인의 죄를 사하기 위해서 죽으셨다. 성경은 "우리가 아직 죄인 되었을 때에 그리스도께서 우리를 위하여 죽으심으로 하나님께서 우리에 대한 자기의 사랑을 확증하셨느니라 그러면 이제 우리가 그의 피로 말미암아 의롭다 하심을 받았으니"(롬 5:8-9)라고 했다. 죄인이 죄 사함을 받으면 의인이 되고, 죄 사함을 받으면 성령을 받는다.

성경은 "너희가 회개하여 각각 예수 그리스도의 이름으로 세례를 받고 죄 사함을 받으라 그리하면 성령의 선물을 받으리니"(행 2:38)라고 했다. 죄 사함을 받으면 성령을 선물로 받게 된다. 이때 성령은 감동이 아니고 임한 것이다. 성령의 임함은 성령이 내주한 것으로 영원히 떠나지 않지만 성령의 감동은 임함과는 다르게 그때 잠깐 감동을 준다. 그것을 사람들이 이해를 못하고 있다. 성령의 감동은 언제나 성령이 임한 것과는 다르게 언젠가는 심령이 냉랭해진다. 이러면 사람들은 다시 기도원을 찾게 되어 성령의 감동을 받으면 은혜를 받았다고 하면서 산에서 하산을 한다. 죄 사함으로 성령을 받으면 성령의 충만을 위해서 기도할 수 있다. 성령의 감동으로는 충만을 기대할 수 없다.

죄 사함을 받으면 성령은 죽은 영을 살리신다. 성경은 "사람이 물과 성령으로 나지 아니하면 하나님의 나라에 들어갈 수 없느니라 육으로 난 것은 육이요 영으로 난 것은 영이니"(요 3:5-6)라고 했다. 물로 나는 것은 부모를 통해서 육으로 태어나는 것이고, 성령으로는 죽은 영이 살아나는 것이다. 성령이 죽은 영을 살리는 것이 거듭남이다. 거듭나면 하나님의 나라가 이루어진다. 성경은 "하나님의 나라는 볼 수 있게 임하는 것이 아니요 또 여기 있다 저기 있다고도 못하리니 하나님의 나라는 너희 안에 있느니라"(눅 17:20-21). 죄 사함을 받고 거듭나면 하나님의 나라가 우리 안에 이루어진 것이다. 죄 사함을 받으면 의인이고, 지혜로운 사람이고, 선인이다.

지혜로운 사람에게 지혜를 주신다. 성경은 "지혜는 진주보다 귀하니 네가 사모하는 어떤 것으로도 이에 비교할 수 없도다"(잠 3:15). 성경은 "지혜가 제일이니 지혜를 얻으라 네가 얻은 모든 것을 가지고 명철을 얻을지니라"(잠 4:7). 성경은 "내가 네게 지혜와 지식을 주고 부와 재물과 영광도 주리니 네 전의 왕들도 이런 일이 없었거니와 네 후에도 이런 일이 없으리라"(대하 1:12). 솔로몬은 수많은 백성들을 재판을 위해서 하나님께 지혜와 지식을 구하니 하나님이 주셨다. 죄 사함을 받고, 죽은 영이 살아나면 하나님께 구하면 지혜를 주신다. 성경은 "지혜의 그늘 아래에 있음은 돈의 그늘 아래에 있음과 같으나 지혜에 관한 지식이 더 유익함은 지혜가 그 지혜 있는 자를 살리기 때문이니라"(전 7:12). 지혜의 그늘 아래 있으면 돈의 그늘 아래 있는 것이라고 했다.

사람들은 돈을 가지려고 여러 가지 방법을 사용하지만 지혜를 가지면 돈은 저절로 따라오게 되어 있다. 죄인이 죄 사함을 받으면 미련한 사람이 지혜로운 사람이 되고, 지혜로운 사람이 기도하면 지혜를 주신다. 그 지혜가 부를 가져오고 그 지혜에 관한 지식으로 지혜로운 사람이 살게 된다.

죽을 자리에서 사는 비결은 지혜에 관한 지식으로 이루어진다. 성경은 "요셉에게 이르되 하나님이 이 모든 것을 네게 보이셨으니 너와 같이 명철하고 지혜 있는 자가 없도다"(창 41:39). 애굽 왕 바로가 요셉에게 말하기를 너와 같이 명철하고 지혜 있는 사람이 없다고 했다. 그 후로 요셉은 이방 나라 애굽의 총리가 되었다. 우리는 먼저 돈을 가지려고 하지 말고 죄인이 죄 사함으로 의인이 되면 지혜로운 사람으로 지혜의 그늘 아래에 있음으로 돈의 그늘 아래 있게 된다. 더 나아가서 하나님이 기쁘고 마음에 들면 솔로몬 같이 부와 재물과 영광도 주신다. 하나님이 기뻐하는 사람은 죄 사함을 받고, 죽은 영이 살아나야 한다. 성경은 "하나님은 영이시니"(요 4:24)라고 했다. 사람도 죽은 영이 살아나서 영이 있고, 하나님도 영이므로 통하게 되어 있다. 이런 사람은 하나님을 기쁘게 할 수 있다. 성경은 "육신의 있는 자들은 하나님을 기쁘게 할 수 없느니라"(롬 8:8). 영은 죽고 혼과 육으로는 하나님과 통할 수 없고, 하나님을 기쁘게 할 수 없다.

# 잠을 달게 자는 사람

세상에서 복이 있는 사람이 있고, 복이 없는 사람이 있다. '복'이란 삶에서 누리는 만족할 만한 행운이나 행복을 말한다. 복이란 만족할 만한 행복으로 삶에서 즐거움과 만족이다. 세상에서 복은 여러 가지가 있다. 건강도 복이고, 재물도 복이고, 권세도 복이고, 잠도 복이다. 밤에 잠을 잘 자는 사람은 복 받은 사람이고, 밤에 잠을 자지 못하는 사람은 불행한 사람이다.

성경은 "노동자는 먹는 것이 많든지 적든지 잠을 달게 자거니와 부자는 그 부요함 때문에 자지 못하느니라"(전 5:12). 노동하는 사람은 낮에 노동을 하고 밤에 잠을 달게 잔다. 낮에 땀을 흘리고 고생을 했으니 밤에 잠이 오는 것은 당연하다. 성경은 "아담에게 이르시되 네가 네 아내의 말을 듣고 내가 네게 먹지 말라 한 나무의 열매를 먹었은즉 땅은 너로 말미암아 저주를 받고 너는 네 평생에 수고하여야 그 소산을 먹으리라 땅이 네게 가시덤불과 엉겅퀴를 낼 것이라 네가 먹을 것은 밭의 채소인즉 네가 흙으로 돌아갈 때까지 얼굴에 땀을 흘려야 먹을 것을 먹으리니 네가 그것에서 취함을 입었음이라 너는 흙이니 흙으로 돌아갈 것이니라"(창 3:17-19). 하나님은 아담에게 네가 네 아내의 말을 듣고 내가 네게 먹지 말라고 한 나무의 열매를 먹었은즉 땅은 너로 말미암아 저주를 받았다고 했다. '저주'란 재앙이나 불행을 말한다. 아담의 범죄로 저주를 받았다. 성경은 "그리스도께서 우리를 위하여 저주를 받은 바 되사 율법의 저주에서 우리를 속량하셨으니"(갈 3:13)라고 했다. 아담의 범죄로 죄인이 되었고, 저주를 받은 사람이 되었다. 저주를 받은 죄인들을 위하여 속량하셨다. 죗값을 다 치르신 것이다. 아담의 죗값으로 땅은 가시덤불과 엉겅퀴를 내서 사람은 평생 얼굴에 땀을 흘려 먹게 되었다. 이런 일이 노동자의 일이다. 죄인은 평생 땀을 흘리게 되었다. 아담의 범죄로 사람은 다 죄인이 되었다.

성경은 "모든 사람이 죄를 범하였으매"(롬 3:23)라고 했다. 아담이 범죄하기 전에는 다 의인이었으나 아담의 범죄로 인하여 다 죄인이 되었다. 죄인은 평생 얼굴에 땀을 흘리고 먹게 되었다. 그러면 죄인은 이렇게 땀을 흘리고 사는데 의인은 땀을 흘리지 않아도 되나요. 아니요. 흘리지만 저주를 다 담당하셨으므로 수고하고 수고해도 끝이 없는 저주를 해결하시므로 의인이 된 사람은 땀을 흘리지만 저주받은 사람이 아니고 저주받은 땅이 아니기에 수월하다. 결실도 따른다. 죄인의 죄를 사하기 위하여 십자가에서 죽으셨다. 성경은 "우리가 아직 되었을 때에 그리스도께서 우리를 위하여 죽으심으로 하나님께서 우리에 대한 자기의 사랑을 확증하셨느니라 그러면 이제 우리가 그의 피로 말미암아 의롭다 하심을 받았으니"(롬 5:8-9)라고 했다. 죄 사함으로 죄인이 의인이 되고, 죄 사함으로 성령을 부으신다. 성경은 "너희가 회개하여 각각 예수 그리스도의 이름으로 세례를 받고 죄 사함을 받으라 그리하면 성령의 선물을 받으리니"(행 2:38)라고 했다. 죄 사함으로 성령을 받는다. 성령이 임하면 죽은 영을 살리신다. 성경은 "사람이 물과 성령으로 나지 아니하면 하나님의 나라에 들어갈 수 없느니라 육으

　　　　　　　　　　　죄인과 의인

로 난 것은 육이요 영으로 난 것은 영이니"(요 3:5-6)라고 했다. 부모를 통해서 육으로 태어나고, 성령으로 죽은 영이 살아나는 것이다.

죄 사함과 죽은 영이 살아나면 생명이 있는 사람이다. 노동자는 땀을 흘리지만 많이 먹을 수도 있고, 적게 먹을 수도 있다. 그러나 수입이 적다. 부자가 아니라 가난한 사람이다. 이들은 잠은 달게 잔다. 성경은 "노동자는 먹는 것이 많든지 적든지 잠을 달게 자거니와 부자는 그 부요함 때문에 자지 못하느니라"(전 5:12), 가난한 사람은 육체적 노동을 하기에 잠을 달게 잔다. 가난하기에 오늘 일해서 먹고, 내일 일해서 먹으니 재산을 탐내는 사람도 없고 훔쳐 갈 것도 없으니 단잠을 잔다. 그러나 반대로 부자는 부요함으로 잠을 자지 못한다. '부요하다'라는 재물을 풍부하게 가지고 있는 것을 말한다. 재물이 많기에 누가 가져갈까? 훔쳐 갈까 걱정이나 염려가 되어서 잠을 자지 못한다. 잠을 잘 자는 사람은 의인이고 복 있는 사람이다. 그러나 부자로 재물이 많으므로 자지 못한다면 의인이 아니라 죄인이요 미련한 사람이다. 재물이 많으면 나보다 못한 사람에게 나누고 베풀면 잠을 달게 자게 될 것이다. 나만을 위하여 간직하니 도적질을 당하고, 재산을 훔치려고 죽이기도 할 것이다.

의인은 나누면서 산다. 성경은 "왕이 가난한 자를 성실히 신원하면 그의 왕위가 영원히 견고하리라"(잠 29:14). 왕이 가난한 사람을 신원한다는 것은 억울함이 없게 하니 왕위가 영원히 견고하리라고 했다. 성경은 "선한 눈을 가진 자는 복을 받으리니 이는 양식을 가난한 자에게 줌이니라"(잠 22:9). 의인은 나누고 베풀기에 잠을 달게 잔다. 죄인은 나누지 않고 자신을 위해서 창고에 쌓고, 창고를 늘리기에 잠을 자지 못한다. 죄인은 잠을 자지 못하나 의인은 잠을 달게 잔다.

잠을 달게 자는 사람은 복 있는 사람이다. 성경은 "너희가 일찍 일어나고 늦게 누우며 수고의 떡을 먹음이 헛되도다 그러므로 여호와께서 그의 사랑하시는 자에게는 잠을 주시는도다"(시 127:2).



죄인과 의인

# 왕을 저주하지 말라

사람은 입으로 말을 한다. 입에 기능은 먹는 기능과 말하는 기능이 있다. 입은 사람의 지체 가운데 작은 지체이지만 큰일을 한다. 성경은 "내 사랑하는 형제들아 너희가 알지니 사람마다 듣기는 속히 하고 말하기는 더디 하며 성내기도 더디 하라"(약 1:19). 사람은 듣기는 속히 하고 말하는 것은 더디 하라고 한다. 성경은 이렇게 기록하고 있지만 사람들은 성경의 기록과 반대로 살고 있다. 듣기는 더디 하고, 말하기는 속히 하고 있다. 다시 정리하면 듣기는 속히 하고, 말하기는 더디 하라는 말을 기억해야 한다.

왜 그럴까요. 말하는 것을 속히 하면 실수가 있기 때문이고, 듣는 것을 잘 들어야 말을 할 때에 실수가 없다. 성경은 "내 형제들아 너희는 선생 된 우리가 더 큰 심판을 받을 줄 알고 선생이 많이 되지 말라 우리가 다 실수가 많으니 만일 말에 실수가 없는 자라면 곧 온전한 사람이라 능히 온몸도 굴레 씌우리라"(약 3:1-2). 성경은 기록하기를 "우리가 다 실수가 많으니"라고 했다. 우리라는 말은 사람들을 지칭하고 있다. 사람들은 누구나 말에 실수가 많다고 했다.

성경은 말하기를 더디 하라고 했다. 말에 실수를 줄이는 방법은 말하기를 더디 하는 것이다. '더디'란 움직임이 느리고 시간이 걸리는 것이다. '더디'란 시간이 걸리는, 느리고 천천히 하라는 것이다. 말의 실수를 줄이는 방법은 느리고 천천히 하라는 것이다. 사람은 입으로 말을 하지 않을 수는 없고, 하기는 해야 되는데 실수를 하지 않으면서 말을 하려면 말을 천천히 하라는 말이 아니고 생각하고 말을 하라는 것이다.

사람이 말하는 대상이 친구에게 말하기도 하고, 부모에게 말하기도 하고, 형제에게 말하기도 하고, 왕에게 말하기도 하고, 왕이 백성에게 말하기도 한다. 왕이 백성에게 말할 때에 아무렇게나 말하면 안 되고, 생각하고, 또 생각해서 말을 해야 한다. 특별히 기자회견이라든지 신년사라든지 담화라든지는 신중해야 한다. 백성은 왕에게 아무렇게나 말을 하면 되는가? 아니다. 성경은 "심중에라도 왕을 저주하지 말며 침실에서라도 부자를 저주하지 말라 공중의 새가 그 소리를 전하고 날짐승이 그 일을 전파할 것임이니라"(전 10:20). 성경을 보면 왕은 백성이 선택하는 것이 아니고 하나님이 선택하고 세운다.

이스라엘 왕 다윗을 선택하고 기름을 부어 세울 때에 백성이 한 것이 아니고, 하나님이 선택하고 세웠다. 사무엘이 베들레헴에 이르러 하나님께 제사하려고 이새와 그의 아들을 제사에 청했다(삼상16:5). 이새의 아들이 8명이지만 사무엘의 앞을 지난 아들은 7명이었다. 사무엘이 기름병을 첫째 아들에게 부으려고 하니까 하나님이 아니다. 첫째가 너무나 잘 생기었는데 하나님은 아니다라고 했다. 둘째도 아니고 셋째도 아니고, 넷째도 아니고, 일곱째까지 하나님은 아니다라고 했다. 사무엘이 이새에게 아들이 다입니까? 아니요. 밖에서 양을 치는 아들이 하나 있습니다. 빨리 불러오라고 했다. 그래서 다윗이 사무엘 앞에 왔는데 하나님이 이 사람이라고 했다. 이렇게 하나님이 선택하고

 죄인과 의인

기름을 부어 세웠다. 그러면 왕은 백성이 세운 것이 아니고 하나님이 세운 것이다. 하나님이 왕을 세웠으면 백성이 함부로 말을 하면 안 된다. 백성이 세웠으면 백성이 말을 할 수 있지만 백성이 세우지 않았기에 말을 함부로 하면 안 된다. 그리고 왕에게는 저주를 하면 안 된다.

옛날은 왕을 세웠고 지금도 왕을 세우는 나라가 있다. 그러나 대다수가 대통령을 세운다. 왕과 대통령은 조금 다르다. 왕이나 대통령이나 한 국가를 다스리는 데는 차이가 없다. 그러나 왕을 세우고, 대통령을 세우는 방법에서는 차이가 있다. 왕은 하나님이 세우고 대통령은 투표로 백성이 세운다. 거기에 차이가 있다. 왕을 세운 분이 하나님이기에 함부로 말을 하면 안 되고, 저주는 더더욱 안 된다. '저주'란 남에게 재앙이나 불행이 일어나도록 빌고 바라는 것이다. 왕에게 저주는 왕에게 재앙이 일어나도록 바라고 기도하면 안 되고, 불행한 일이 일어나도록 바라면 안 된다. 왜 그런지를 성경은 자세히 기록하고 있다.

왕에게 저주하면 그것도 심중에라도 저주하면 안 된다고 했다. 성경은 "심중에라도 왕을 저주하지 말며 침실에서라도 부자를 저주하지 말라 공중의 새가 그 소리를 전하고 날짐승이 그 일을 전파할 것임이니라"(전 10:20). 왕을 저주하면 공중의 새가 그 소리를 전하고 날 짐승이 그 일을 전파한다는 것이다. 이 말은 왕을 저주하면 공중의 새가 어떻게 그 저주한 말을 전하며 날짐승이 어떻게 그 말을 전할 수 있겠는가? 그것은 어느 사람을 통해서든지 그 저주한 말을 왕이 전해 듣게 된다는 말이다. 왕은 무슨 일이든지 다 할 수 있다. 성경은 "왕은 자기가 하고자 하는 것을 다 행함이니라"(전 8:3). 왕을 저주했다는 말을 들으면 왕은 모진 고문을 가할 수 있고, 죽일 수도 있다. 그러므로 심중에라도 왕을 저주하지 말라고 한다. 많은 사람들이 모여 있는 곳에

서는 물론 하지 말고, 심중에는 마음속에라도 저주를 하지 말라는 것
이다.

또 부자를 저주하지 말라고 했다. 부자는 저주하면 안 된다. 삼성을
저주하고, 현대를 저주하면 안 된다. 그들이 있기에 얼마나 많은 사람
들의 일자리가 창출되는지 모른다. 그들이 잘되기를 바라지는 못할망
정 저주는 해서는 안 된다. 왜 그런가요. 그 저주한 말을 언젠가는 부
자들이 듣게 되기 때문이다. 왕에게도 저주는 하지 말고 복을 빌고,
부자에게도 저주하지 말고 복을 빌어야 한다. 그러면 그와 그들이 합
당하면 그와 그들에게 임하지만 그렇지 않으면 그와 그들에게 빈 복이
자신에게 돌아온다. 죄인은 저주할 수 있지만 의인은 타인을 저주하지
않고 복을 받을 수 있게 기도한다.

 죄인과 의인

# 악을 행하기에 담대한 사람들의 최후

세상에는 악인과 선인 두 종류의 사람이 살고 있다. 악인은 다른 말로는 죄인, 미련한 사람이라 부르고, 선인은 의인, 지혜로운 사람이라 부른다. 아담이 선악과를 먹기 전에는 다 의인이었으나 선악과를 먹은 후에는 다 죄인이요, 악인이 되었다. 악인은 선을 행할 수 없고 악만 행할 수밖에 없다. 성경은 "선을 행하는 자는 없나니 하나도 없도다"(롬 3:12). 아담이 범죄한 이후에 태어난 사람은 선을 행하는 사람은 한 사람도 없었다. 성경은 "모든 사람이 죄를 범하였으매"(롬 3:23)라고 했다. 아담이 선악과를 먹은 후에 태어난 사람은 다 죄인이고, 다 악인이다. 이런 악인들이 선을 행할 수 없고 악을 행하는데 담대하였다. 왜냐하면 악을 행하였는데 속히 징벌이 실행되지 아니하기에 때문이다.

성경은 "악한 일에 관한 징벌이 속히 실행되지 아니하므로 인생들이 악을 행하는 데에 마음이 담대하도다"(전 8:11). '징벌'이란 옳지 아니한 일을 하거나 죄를 지은 데 대하여 벌을 주는 것이다. 악을 행하면 거기에 합당한 벌을 주어야 하는데 그 벌이 속히 실행되지 아니하므로 또 악을 행하기에 담대하다는 것이다. '담대하다'라는 겁이 없고 배짱이 두둑한 것이다. 악을 겁 없이 행하는 것이다. 성경은 "악을 행하는 자

들 때문에 불평하지 말며 불의를 행하는 자들을 시기하지 말지어다 그
들은 풀과 같이 속히 베임을 당할 것이며 푸른 채소같이 쇠잔할 것임
이로다"(시 37:1-2). 악을 행하면 풀과 같이 속히 베임을 당하게 될 것
이다. 속히 베임을 당한다고 하지만 그때는 하나님의 때가 되어야 징
벌이 실행되기에 악을 행하는 사람이 볼 때 늦게 실행이 되기에 악을
담대하게 행한다. 만약 악을 행하고 바로 징벌이 실행되면 악을 행하
기에 담대하지 않을 것이다. 그러나 악을 행하면 반드시 징벌은 실행
된다.

성경은 "여호와의 얼굴은 악을 행하는 자를 향하사 그들의 자취를
땅에서 끊으려 하시는도다"(시 34:16). 악인이 선인이 되지 않고. 악인
이 의인 되지 않으면 악인은 계속 악을 행한다. 악인이 악을 행하기를
계속하면 하나님은 징벌의 시기를 앞 당기도 한다. 악인이 악을 행하
고 징벌이 속히 실행되지 않는다는 것은 악인의 생각이다. 악인이 악
을 행하고 징벌이 실행하는 것은 밥을 하기 위해 밥통에 쌀을 넣자마
자 밥이 되어야 한다고 생각하는 것과 같다. 밥통에 쌀을 넣고 밥을 하
려면 최소한 30분 정도는 걸린다. 손님이 갑자기 집을 방문하면 밥을
해서 대접하려고 해도 30분은 걸린다. 중국집에 짜장을 주문해도 30
분은 기다려야 하는 것과 같다. 어떤 사람은 짜장을 주문하고 10분 정
도 되어 짜장 언제 옵니까 묻는다. 짜장을 하려면 면은 최소한 익어야
된다. 그러면 중국집은 무엇이라고 대답을 하는지 아나요. 예 지금 출
발합니다. 그렇지 않으면, 예 출발했어요 한다. 악인이 악을 행하는
것도 마찬가지이다. 하나님은 악을 행하는 현장을 듣고, 보기도 하신
다. 그러면 그것에 맞게 징벌을 내리기에 중국집 면을 익을 수 있는 시
간이 필요한 만큼 되면 반드시 징벌을 실행하신다.

 죄인과 의인

소돔과 고모라는 아브라함의 조카 롯이 살고 있는 곳으로 악을 행한다는 소식을 듣고 하나님은 천사를 그곳에 파견해서 실제로 그런지를 파악하고 거기에 합당한 징벌을 내리신다. 성경은 "롯이 소알에 들어갈 때에 해가 돋았더라 하나님께서 하늘 곧 하나님께로부터 유황과 불을 소돔과 고모라에 비같이 내리사 그 성들과 온 들과 성에 거주하는 모든 백성과 땅에 난 것을 다 엎어 멸하셨더라"(창 19:23-25) "롯이 거주하는 성을 엎으실 때에 하나님이 아브라함을 생각하사 롯을 그 엎으시는 중에서 내보내셨더라"(창 19:29). 노아 때에 악을 행하는 일로 사람을 지으셨음을 한탄하시고 마음에 근심하시고 내가 창조한 사람을 지면에서 쓸어버리겠다고 하셨다. 성경은 "하나님께서 사람의 죄악이 세상에 가득함과 그의 마음으로 생각하는 모든 계획이 항상 악할 뿐임을 보시고 땅 위에 사람을 지으셨음을 한탄하사 마음에 근심하시고 이르시되 내가 창조한 사람을 내가 지면에서 쓸어버리되 사람으로부터 가축과 기는 것과 공중의 새까지 그리하리니 이는 내가 그것들을 지었음을 한탄함이니라"(창 6:5-7). 죄인이 망하고, 악인이 망한다. 성경은 "의인들의 길은 여호와께서 인정하시나 악인들의 길은 망하리로다"(시 1:6). 아담이 선악과를 먹기 전에는 다 의인이었으나 선악과를 먹은 후에는 다 죄인이고, 다 악인이다.

예수님은 죄인의 죄를 사하기 위해서 십자가에서 죽으셨다. 성경은 "우리가 아직 죄인 되었을 때에 그리스도께서 우리를 위하여 죽으심으로 하나님께서 우리에 대한 자기의 사랑을 확증하셨느니라 그러면 이제 우리가 그의 피로 말미암아 의롭다 하심을 받았으니"(롬 5:8-9)라고 했다. 죄인이 죄 사함으로 의인이 되고, 죄 사함으로 성령을 받고 성령은 죽은 영을 살리신다. 성경은 "너희가 회개하여 각각 예수 그리스도의 이름으로 세례를 받고 죄 사함을 받으라 그리하면 성령의 선물을 받으리니"(행 2:38)라고 했다. 성경은 "사람이 물과 성령으로 나지 아니하면 하나님의 나라에 들어갈 수 없느니라"(요 3:5). 물로 나는 것은 부모를 통해서 육으로 태어나는 것이고, 성령으로 나는 것은 죽은 영이 살아나는 것이다. 죽은 영이 살아나면 악을 행하지 않고 선을 행하고 성령의 인도를 따라서 살게 된다.



죄인과 의인

# 정직을 버리고 많은 피로 사는 사람

사람은 정직하게 사는 사람이 있고, 거짓으로 사는 사람이 있다. '정직'이란 마음에 거짓이나 꾸밈이 없이 바르고 곧은 것을 말한다. 마음에 거짓이 없이 정직하게 사는 사람이 있다. 아담이 선악과를 먹기 전에는 다 의인이었으나 선악과를 먹은 후에는 다 죄인이 되었다. 성경은 "모든 사람이 죄를 범하였으매"(롬 3:23)라고 했다. 죄인은 다른 말로는 악인, 미련한 사람이다. 죄인은 마귀의 종으로 거짓으로 산다. 성경은 "너희는 너희 아비 마귀에게서 났으니 너희 아비의 욕심대로 너희도 행하고자 하느니라 그는 처음부터 살인한 자요 진리가 그 속에 없으므로 진리에 서지 못하고 거짓을 말할 때마다 제 것으로 말하나니 이는 그가 거짓말쟁이요 거짓의 아비가 되었음이라"(요 8:44). 마귀는 거짓의 아비요 거짓말쟁이다. 죄인은 거짓으로 살지만 의인은 정직으로 산다. 예수님은 죄인의 죄를 사하기 위해서 십자가에서 죽으셨다.

성경은 "우리가 아직 죄인 되었을 때에 그리스도께서 우리를 위하여 죽으심으로 하나님께서 우리에 대한 자기의 사랑을 확증하셨느니라 그러면 이제 우리가 그의 피로 말미암아 의롭다 하심을 받았으니"(롬 5:8-9)라고 했다. 죄인이 죄 사함으로 의인이 되었다. 성경은 "내가 깨달은 것은 오직 이것이라 곧 하나님은 사람을 정직하게 지으셨으나 사람은 많은 꾀들을 낸 것이니라"(전 7:29). 아담이 선악과를 먹기 전에는 다 의인이었고 정직했다. 그러나 선악과를 먹은 후에는 다 죄인이 되었다. 죄인은 마귀의 종으로 거짓으로 살고, 많은 꾀로 산다. '꾀'란 일을 잘 꾸며 내거나 해결해 내거나 하는 묘한 생각의 수단이다. 꾀란 일을 잘 꾸며 내거나 해결하는 생각이다. 생각을 하나님이 주시기도 하고, 마귀가 생각을 주기도 한다. 죄인에게는 마귀가 생각을 준다. 성경은 "마귀가 벌써 시몬의 아들 가룟 유다의 마음에 예수를 팔려는 생각을 넣었더라"(요 13:2). 죄인의 주장하는 꾀는 마귀의 생각에서 나온 것으로 살기가 불행하다.

죄인들은 생각이 자신의 생각으로 알지만 마귀의 생각을 따른 생각이라는 것을 알지 못한다. 죄인이 죄 사함을 받아 의로운 사람이 되지 않으면 많은 꾀로 사는데 이것이 마귀의 생각에서 나오는 꾀이다. 죄 사함을 받은 의인은 정직하게 산다. 성경은 "여호와여 주의 장막에 머무를 자 누구 오며 주의 성산에 사는 자 누구 오니이까 정직하게 행하며 공의를 실천하며 그의 마음에 진실을 말하며"(시 15:1-2)라고 했다. 주님의 장막에 머무르는 사람과 주의 성산에 사는 사람은 정직하게 행하는 사람이다.

하나님이 처음 사람을 창조할 때에는 정직했다. 그때는 다 의인이다. 성경은 "무릇 의인들의 길은 여호와께서 인정하시나 악인들의 길은 망하리로다"(시 1:6). 정직하게 행하는 의인들의 길은 하나님께서 인정하신다. 그러나 죄인은 다른 말로는 악인, 미련한 사람으로 그들의 길은 망하는 길이다. 의인과 같이 정직하지 못한 죄인들의 길은 마귀의 종으로 거짓으로 살고, 많은 꾀로 살면 망한다. 죄인이 아무리 꾀를 써도 마귀의 종으로 살기에 그들은 망한다. 성경은 "세상의 군왕

 죄인과 의인

들이 나서며 관원들이 서로 꾀하며 여호와와 그의 기름 부음 받은 자를 대적하며 우리가 그들의 맨 것을 끊고 그의 결박을 벗어 버리자 하는도다"(시 2:2-3). 세상 왕들과 권원들이 서로 꾀를 내서 하나님을 대적하며 하나님의 기름 부음 받은 자들을 대적하고 맨 것을 끊고 결박을 벗어버리자 하니 하늘에 계신 이가 웃으시고 그들을 비웃었다. 자신들의 꾀로 하나님을 대적하며 하나님의 기름 부음 받은 자들을 대적하였다. '대적'이란 적이나 어떤 세력이나 힘 따위에 맞서 싸우는 것이다. 자신들의 꾀로 마귀의 생각으로 하나님을 대하여 싸우고 하나님의 기름 부음 받은 자들과 싸웠다. 이길 수 있나요. 없어요. 그래서 하나님이 웃으시면서 그들을 비웃었다는 것이다. 터무니없는 짓을 하고 있구만 했다. 하나님과 싸우면 산산조각이 난다.

하만이 유다인 모르드개를 죽이려고 장대를 맨 꾀에 장대에 매달려 죽었다. 자신이 함정을 파고 자기가 판 함정에 죽는 것과 같다. 압살롬이 아버지 다윗의 왕권을 노리다가 마침내 자신이 나뭇가지에 걸려서 다윗의 장수들에게 죽임을 당했다. 이것이 자신의 꾀요, 마귀의 생각이다. 죄인이 의인이 되면 마귀의 생각에서 하나님의 생각으로 바뀌는 것이고, 하나님이 주신 정직으로 사는 것이다. 하나님의 나라는 성령 안에서 의와 평강과 희락이다.

❧

# 의인의 마음에 둔 기쁨

세상에는 죄인과 의인 두 종류의 사람이 살고 있다. 죄인은 많으나 의인은 아주 적다. 아담이 선악과를 먹기 전에는 다 의인이었으나 선악과를 먹은 후에는 다 죄인이 되었다. 성경은 "모든 사람이 죄를 범하였으매"(롬 3:23)라고 했다. 한 사람 아담이 선악과를 먹었지만 성경은 모든 사람이 죄를 범하였다고 했다. '모든'이란 전체라는 말로 아담이 한 사람이 선악과를 먹은 것이 아니라 다 먹었다는 것이다. 우리가 언제 선악과를 먹었는지 먹은 기억이 없다. 우리가 먹은 것은 아담 안에 있었다는 말이다. 물고기로 말하면 물고기가 알을 수천 개, 수만 개를 가지고 있듯이 물고기가 만약 어떤 이유인지는 몰라도 죽는다면 물고기만 죽는 것이 아니라 물고기 안에 있는 수천 개, 수만 개의 알이 죽는 것과 같다. 아담 한 사람이 선악과를 먹었지만, 우리 온 인류가 그 안에서 먹었다는 것이다. 그러므로 우리는 먹지 않았지만, 하나님은 그렇게 취급하는 것이다. 그러므로 우리 한 사람, 한 사람은 모두 죄인이다.

의인의 마음에는 하나님이 두신 기쁨이 있다. 그 기쁨이 성경에 기록하고 있다. 성경은 "주께서 내 마음에 두신 기쁨은 그들의 곡식과 새 포도주가 풍성할 때보다 더 하니이다"(시 4:7). 죄인은 소유에 대한



죄인과 의인

기쁨으로 곡식과 새 포도주가 풍성할 때에 누리는 기쁨이다. 어린아이들이 울다가 무엇인가 주면 바로 울음을 그친다. 과자나 빵을 주면 어린아이는 울음을 그친다. 죄인의 기쁨도 마찬가지다. 죄인은 무엇인가 가지면 기뻐하지만 가지지 않으면 기쁨은 없다. 죄인의 기쁨은 가지면 누리는 기쁨이고, 의인의 기쁨은 가지는 기쁨이 아니라 하나님이 마음에 두신 기쁨이다. 하나님이 다윗의 마음에 죄인이 누리는 기쁨보다 더한 기쁨을 주었다. 그래서 그들의 곡식과 새 포도주가 풍성할 때에 누리는 기쁨보다 더한 기쁨으로 표현하고 있다. 죄인은 곡식과 새 포도주가 풍성해야 기쁨이 있다. 죄인은 풍성해야 기쁨이 있고, 언제나 넘쳐야 기쁨이 있다. 이런 기쁨은 언제나 가질 수 있는 기쁨이 아니다. 의인의 기쁨은 언제나 누리는 기쁨이다. 아침에도, 점심에도, 저녁에도, 누리는 기쁨이고, 어느 곳에 있든지 누리는 기쁨이고, 계절에 관계 없이 봄, 여름, 가을, 겨울 어느 계절에도 누리는 기쁨이다.

아담이 선악과를 먹은 후에는 다 죄인이다. 예수님은 죄인의 죄를 사하기 위해서 십자가에서 죽으셨다. 성경은 "우리가 아직 죄인 되었을 때에 그리스도께서 우리를 위하여 죽으심으로 하나님께서 우리에 대한 자기의 사랑을 확증하셨느니라 그러면 이제 우리가 그의 피로 말미암아 의롭다 하심을 받았으니"(롬 5:8-9)라고 했다. 죄인이 죄 사함을 받으면 의롭다고 하신다. '의롭다'란 죄가 없다는 것으로 의인이 되었다는 것이다. 죄인이 죄 사함으로 의인이 되고, 죄 사함으로 성령을 받는다. 성경은 "너희가 회개하여 각각 예수 그리스도의 이름으로 세례를 받고 죄 사함을 받으라 그리하면 성령의 선물을 받으리니"(행 2:38)라고 했다. 죄 사함으로 성령을 받고, 성령은 죽은 영을 살리신다. 성경은 "사람이 물과 성령으로 나지 아니하면 하나님의 나라에 들어갈 수 없느니라 육으로 난 것은 육이요 영으로 난 것은 영이니"(요 3:5-6)라고 했다. 죄 사함으로 아담의 범죄로 죽은 영이 살아난다. 이 때의 영은 사람의 영이 아니라 하나님의 성령을 받는다. 성경은 "하나님의 영으로 인도함을 받는 사람은 곧 하나님의 아들이라 너희는 다시 무서워하는 종의 영을 받지 아니하고 양자의 영을 받았으므로 우리가 아빠 아버지라고 부르짖느니라"(롬 8:14-15).

주님의 기쁨이 의인의 마음에 있다. 성령이 충만한 스데반에게 이런 기쁨이 있었다. 성경은 "스데반이 성령이 충만하여 하늘을 우러러 주목하여 하나님의 영광과 및 예수께서 하나님의 우편에 서신 것을 보고 말하되 보라 하늘이 열리고 인자가 하나님의 우편에 서신 것을 보노라"(행 7:55-56). 바울에게도 이런 의인의 기쁨이 있었다. 성경은 "주 안에서 항상 기뻐하라 내가 다시 말하노니 기뻐하라"(빌 4:4). 바울은 주님이 두신 기쁨이 넘치기에 빌립보에 사는 성도들에게 "주 안에서 항상 기뻐하라"라고 했다. 의인에게 주시는 기쁨은 언제나 누리는 기쁨이기에 항상 기뻐할 수 있다.

이런 기쁨은 의인에게만 있고 죄인에게는 없다. 대통령에게도 없고, 장관에게도 없고, 국회의원에게도 없고, 교수에게도 없고, 판사와 검사에게도 없는 기쁨이다. 오직 의인에게만 있다. 의인이면 회사원이고, 공무원이고, 일반 백성이라도 이런 기쁨을 마음에 둔다. 다윗에게는 이런 기쁨을 주께서 내 마음에 두신 기쁨이라고 표현하고 있다. 성경은 "하나님의 나라는 먹는 것과 마시는 것이 아니요 오직 성령 안에 있는 의와 평강과 희락이라"(롬 14:17). 육을 가진 사람이기에 먹는 것, 마시는 것이지만 하나님의 나라는 먹는 것도 아니고 마시는 것도 아니고 성령 안에서 의와 평강과 희락이다. 하나님의 나라는 희락이다. '희

  죄인과 의인

락'이란 기뻐하고 즐거워하는 것으로 기쁨, 환희이다. 하나님의 나라
는 기쁨이다.

하나님 나라의 기쁨은 의인에게만 있다. 죄인이 죄 사함을 받고 의
인이 되고, 죄 사함을 받아서 성령을 받고, 성령이 죽은 영을 살리면
하나님의 나라에 들어간 것이다. 성경은 "사람이 물과 성령으로 나지
아니하면 하나님의 나라에 들어갈 수 없느니라"(요 3:5). 성경은 "예수
께서 대답하여 이르시되 하나님의 나라는 볼 수 있게 임하는 것이 아
니요 또 여기 있다 저기 있다고도 못하리니 하나님의 나라는 너희 안
에 있느니라"(눅 17:20-21). 의인은 잠을 달게 잔다. 성경은 "내가 평안
히 눕고 자기도 하리니 나를 안전히 살게 하시는 이는 오직 여호와이
시니이다"(시 4:8). 의인은 잠도 깊은 잠, 단잠을 자고, 안전을 보장받
는 삶을 살게 된다.

# 죄인과 의인

**초판 1쇄 인쇄** 2026년 03월 26일
**초판 1쇄 발행** 2026년 04월 06일
**지은이** 최남열 목사

**펴낸이** 김양수
**펴낸곳** 도서출판 맑은샘
**출판등록** 제2012-000035
**주소** 경기도 고양시 일산서구 중앙로 1456 서현프라자 604호
**전화** 031) 906-5006
**팩스** 031) 906-5079
**홈페이지** www.booksam.kr
**블로그** http://blog.naver.com/okbook1234
**페이스북** facebook.com/booksam.kr
**이메일** okbook1234@naver.com

ISBN 979-11-5778-749-4 (03230)